L'ÉTRANGETÉ FRANÇAISE

DU MÊME AUTEUR

La Science et le Prince
Denoël, 1970

La Politique du bonheur
Seuil, 1973

La Logique de l'honneur
Seuil, 1989
et « Points Essais », n° 268, 1993

Le Chômage paradoxal
PUF, 1990

Vous serez tous des maîtres
Seuil, 1996

Cultures et Mondialisation
(en collaboration avec A. Henry, J.-P. Segal,
S. Chevrier et T. Globokar)
Seuil, 1998
et « Points Essais », n° 482, 2002

Le Tiers-Monde qui réussit
Odile Jacob, 2003

PHILIPPE D'IRIBARNE

L'ÉTRANGETÉ FRANÇAISE

ÉDITIONS DU SEUIL
*27, rue Jacob, Paris VIe*

ISBN 2-02-086038-4

www.seuil.com

Introduction

La France est en accusation. On avait pu penser, au cours des dernières décennies, qu'elle allait enfin, grâce à l'ouverture de ses élites sur le monde, grâce à l'Europe, cesser de se complaire dans ce qui apparaît de plus en plus comme des archaïsmes ; que les Français allaient se rendre compte que la référence solitaire au modèle « républicain », avec ce qu'il implique de primauté du politique sur le droit, de laïcité crispée, de rejet de la discipline du marché, d'exaltation de la nation ou de défense des services publics, méritait de prendre définitivement place dans le musée des grandeurs passées ; que le temps était venu de tourner enfin la page et d'abandonner un attachement nostalgique à des temps révolus. Et puis…

Ces dernières années, divers événements, de l'élection présidentielle de 2002 à la vigueur qu'a revêtue la défense de la laïcité face au « voile islamique », ont amené à se demander si la France était bien en passe de devenir un pays « normal ». Le référendum sur le projet de Constitution européenne a conduit plus que jamais à se poser des questions radicales. Certes, les élites se sont massivement converties à l'émergence d'un monde plus ouvert. Mais le peuple résiste. En même temps qu'il est brocardé, le « modèle social français » se trouve brandi comme un drapeau face à un impérialisme anglo-saxon accusé de transformer la planète en un vaste marché. Après avoir été à la pointe de la construction européenne, la France paraît prête à en être le fossoyeur. Pendant que le « modèle français d'intégration » est en crise, l'horreur du « communautarisme » demeure. Et reviennent en mémoire les propos de Tocqueville qui, concluant *L'Ancien Régime et la Révolution*, s'étonnait des bizarreries d'un peuple « plus capable [...] de génie que de bon sens, propre à concevoir d'immenses desseins plutôt qu'à parachever de grandes entreprises », d'un peuple à la fois « inaltérable dans ses principaux instincts » et tellement « mobile dans ses pensées journalières et dans ses goûts » qu'il « demeure souvent aussi surpris que les étrangers à la vue de ce qu'il vient de faire »[1].

D'où peuvent bien provenir toutes ces singularités, qui concernent tout ce qui touche, de près ou de loin, à l'organisation de la société : le « modèle social », certes, mais aussi l'école, la vie politique, la gestion de l'immigration, le rôle des intellectuels, le fonctionnement de la recherche, et bien d'autres domaines ? S'agit-il d'une simple collection d'héritages singuliers ? Ou de quelque chose de plus vaste, d'une grande conception de la vie en société qui régit tous les aspects de l'existence ? Dans d'autres sociétés, comme les États-Unis ou l'Allemagne, on croit discerner sans trop de mal une certaine cohérence. Mais en France ? Il est sans doute peu de pays où l'on célèbre autant la raison, les idées générales, l'universel, l'ouverture au monde, ce qui est grand, neuf, généreux. Et, simultanément, elle n'a rien à envier à personne en ce qui concerne la défense des particularismes, des statuts, des terroirs, des situations acquises. On y brocarde volontiers les puissants et l'on est dans l'attente de grands hommes. Y a-t-il une unité dans tout cela, et si oui laquelle ?

1. Alexis de Tocqueville, *L'Ancien Régime et la Révolution* (1856), Gallimard, 1952, p. 249.

Par ailleurs, comment comprendre cet attachement persistant chez un grand nombre à une organisation de la société que quasi tous ceux qui réfléchissent, de droite comme de gauche, s'accordent à juger surannée ? Suffit-il de croire que le peuple, plus ou moins égaré par quelques mauvais bergers, s'aveugle sur les réalités du monde où nous vivons, construit son malheur en refusant d'emprunter la voie de la raison et du progrès ? Ou y aurait-il aussi quelque aveuglement du côté des élites qui refuseraient de voir, dans ce qu'elles qualifient de progrès, un vice de construction que le peuple ressentirait plus ou moins confusément ?

Travaillant pour ma part à comprendre la diversité des manières dont les humains s'organisent, d'un bout à l'autre de la planète, pour vivre et travailler ensemble, j'ai perçu de plus en plus nettement, au fur et à mesure que les points de comparaison avec d'autres sociétés se sont multipliés, ce que la France a de singulier, ne serait-ce que par la place qu'y conserve, dans les pratiques sinon dans les discours, une référence aussi archaïque que l'honneur[1]. Cherchant la source de l'attachement à une manière d'exister dans son travail que n'enseigne aucun manuel, que personne ne revendique ouvertement, je me suis trouvé confronté à des questions fondamentales concernant la vie en société. Qu'est-ce qu'être un homme libre ? Un homme accompli ? Qu'est-ce qu'être égal ? Si toutes les sociétés apportent des réponses à ces questions, chacune a les siennes, marquées par les singularités d'une culture. Et ce qui les sépare en la matière a des répercussions dans tous les domaines de la vie sociale.

Quels liens l'organisation de la vie quotidienne peut-elle donc avoir avec des considérations relatives aux conceptions de la liberté, de l'égalité et de la dignité ? Il est peu usuel de les rapprocher. Du fait d'un découpage disciplinaire entre économie, sociologie, philosophie, dont la rigueur n'a pour

1. Philippe d'Iribarne, *La Logique de l'honneur*, Éd. du Seuil, 1989.

elle que le poids des habitudes, les domaines du savoir concernés vivent des vies séparées. Pourtant le lien est très direct. Les situations les plus humbles de la vie courante sont l'occasion de nouer de multiples rapports entre les hommes : les instructions qu'un chef de service donne à un cadre, la décision de faire ou non passer un élève dans la classe supérieure, le choix entre deux candidats à l'embauche, le ton que prend une cliente pour parler à une caissière de supermarché. Et chacun de ceux qui interagissent ainsi avec leurs congénères se demande, au moins implicitement : Suis-je bien traité ? Suis-je respecté ? Fait-on preuve de considération à mon égard ? De justice ?

Or, une loi fondamentale des sociétés humaines est que les réponses à ces questions ne dépendent pas seulement de la matérialité des situations et des actes, mais du sens qu'ils prennent dans l'univers mental de ceux qui les vivent. Chaque culture a sa manière de donner sens, parfois bien difficile à comprendre pour ceux qui lui sont étrangers. Ce sens lui-même trouve ses racines dans de grandes conceptions de ce qui élève et de ce qui abaisse, de ce qui rend pur et de ce qui souille, de ce qui est juste et de ce qui bafoue la justice. Quand il cherche à comprendre une société dite primitive, l'ethnologue sait bien qu'il doit mettre en rapport ses pratiques et ses mythes, que les premières ne peuvent prendre sens que si on prête attention aux seconds. Les sociétés modernes ont sans doute cru que, la raison ayant triomphé en leur sein, elles avaient échappé à l'univers des mythes[1]. En fait, il n'en est rien. Elles ont aussi leurs mythes, et c'est dans les grandes visions que proposent leurs philosophes que ceux-ci se donnent le mieux à lire.

Mais, quand on y appartient, peut-on adopter vis-à-vis de la société française le regard distancié qui convient à l'ethnologue ? Ne doit-on pas, au premier chef, prendre parti

1. Marcel Detienne, *Les Grecs et Nous,* Perrin, 2005.

par rapport à ce qui la singularise ? En la matière, Pascal peut faire référence. Il est sans illusions sur la comédie sociale, sur l'arbitraire qui régit celle-ci, sur le caractère souvent inconsistant des critères du bien et du juste qui y sont mis en œuvre. Il la regarde avec une infinie distance. Il se gausse, par exemple, de la croyance selon laquelle il pourrait être fondé que celui qui a quatre laquais ait le pas sur celui qui n'en a que deux [1]. Pourtant, il n'est pas prêt à écouter ceux qu'il qualifie de « demi-habiles », qui, conscients de cet arbitraire et de cette naïveté, sont prêts à croire qu'il va être possible de s'en affranchir ; que par exemple on pourra faire en sorte que ce soit sur la base de critères vraiment fondés que certains auront le pas sur d'autres. Pour Pascal, ils rejoignent celui qui voulant « faire l'ange, fait la bête ». Les « habiles » savent, pour éviter des affrontements aussi inutiles que destructeurs, respecter des coutumes pour lesquelles ils n'ont qu'indifférence.

Pour ma part, je ne suis pas prêt à partager le pessimisme radical de Port-Royal, et je suis convaincu que bien des pratiques sociales méritent qu'on travaille à les changer. Mais l'attitude pascalienne me semble convenir parfaitement vis-à-vis des visions du monde propres à chaque culture. Si chacune est à bien des égards arbitraire, les autres le sont aussi. Et comme, à vue humaine, on ne peut changer la culture de son pays, il ne reste qu'à s'en accommoder comme une sorte de fait de nature. Cela reste vrai, qu'on ait tendance à la regarder (en passant peut-être selon les moments d'un registre à l'autre) avec admiration, indignation, amusement ou affection.

Cet ouvrage est consacré pour l'essentiel à la France. Mais, pour saisir ce qu'elle a d'original, pas seulement dans

1. Pascal, *Pensées* (1662), éd. par Francis Kaplan, Éd. du Cerf, 1982, p. 219.

ce qu'elle donne immédiatement à voir mais dans la vision profonde de l'homme et de la société qui l'anime, il fallait quelques points de comparaison. Dans une époque où l'insertion de notre pays dans un monde très marqué par les conceptions américaines fait particulièrement problème, il a semblé essentiel de tenter de saisir systématiquement en quoi ces conceptions lui sont étrangères. Par ailleurs, pour éviter de trop voir le monde à travers le prisme américain, certaines références au monde germanique ont paru utiles [1].

Dans une première partie, prenant du recul par rapport aux questions qui se posent aujourd'hui, nous partirons à la recherche d'un univers mythique. Celui-ci est à la fois omniprésent et jamais explicité comme tel. On en trouve une trace particulièrement parlante dans la conception de la liberté qui marque la France. Cette conception diffère de celles que l'on trouve chez ses voisins, Anglais ou Allemands, et cela apparaît bien quand on rapproche les théories des philosophes qui, tels Locke, Kant ou Sieyès, ont été des apôtres de la liberté [2]. Croyant penser celle-ci dans son essence universelle, chacun d'eux reste malgré tout marqué par les évidences propres à la culture au sein de laquelle son esprit s'est formé. En France, l'image mythique de l'homme libre n'est ni le propriétaire, protégé par la loi de l'intervention de quiconque dans ce qui le concerne en propre, ni celui qui gère, en commun avec ses pairs, les affaires de la communauté. C'est le « vrai noble », à travers qui l'huma-

1. Appréhender ainsi des singularités proprement françaises par comparaison avec d'autres cultures européennes, au sens large, ne veut pas dire que l'on sous-estime ce qui singularise ces cultures, prises globalement, au sein de la planète. En ce qui me concerne, ayant réalisé une bonne part de mes recherches sur d'autres continents, je ne peux qu'y être sensible. Mais cette question ne m'a pas paru centrale dans la perspective adoptée dans cet ouvrage.

2. Philippe d'Iribarne, « Trois figures de la liberté », *Annales,* octobre-novembre 2003.

nité s'élève au-dessus de la trivialité du quotidien, et dont le sens du devoir est à la hauteur des privilèges que lui vaut son état. À quoi peut bien correspondre concrètement une telle image quand la noblesse comme catégorie sociale s'est transformée en objet de haine ? Quels sont ses traits distinctifs ? La théorie n'en a pas été faite. Mais ce qu'elle pourrait être se laisse entrevoir chez Proust, à travers le portrait qu'il offre de la sorte de fossile vivant qu'était le monde où il a vécu. Les grandes manières de concevoir un idéal de noblesse qu'il met en scène subsistent dans leurs traits fondamentaux, même si, dans le monde contemporain, elles s'incarnent tout autrement et de manière plus discrète.

Une deuxième partie considère le « modèle social français », avec ses lumières et ses ombres, de l'attachement au service public à l'intensité des résistances face aux exigences de « flexibilité » du marché du travail, en passant par la « préférence pour le chômage », dont ce modèle est accusé d'être porteur. Dans chaque société, la subordination du salarié prend sens à l'aune de la manière dont est conçue l'opposition entre une dépendance servile et une dépendance d'homme libre. Aux États-Unis, les idéaux démocratiques incitent à organiser des négociations équilibrées au sein de relations de travail qui restent inspirées par une logique marchande. En France, au contraire, les mêmes idéaux demandent d'échapper à une telle logique. Cela est vrai là où prévaut un ordre coutumier : ainsi pour la manière de définir les responsabilités de chacun au sein d'une entreprise. On retrouve les mêmes orientations là où prévaut un cadre institutionnel élaboré : ainsi pour les questions d'embauche et de licenciement. Dans tous les pays, le choc de la mondialisation et l'avènement d'une économie hautement concurrentielle déstabilisent les rapports sociaux. Les institutions et les pratiques qui ont permis, en des temps moins troublés, de concilier la dépendance du salarié et la dignité du citoyen sont ébranlées. Nous examinerons ce qu'il en est en France. Nous chercherons pourquoi le chômage y sévit de façon persistante et nous nous interrogerons sur le réalisme des solutions proposées pour sortir de la crise actuelle de son modèle social.

Une troisième partie porte sur l'école et la place des immigrés. Elle vise à montrer que le même univers mythique régit le sens que prennent les situations dans les domaines les plus divers ; qu'il est, là encore, à la racine des « bizarreries » qui résistent à tous les efforts faits pour y mettre fin.

Ainsi, la « noblesse scolaire » est devenue, dans la France républicaine, un déterminant majeur de la place que chacun occupe dans la hiérarchie sociale. La hiérarchie des filières (générales et professionnelles), des disciplines (mathématiques et technologie), des catégories d'enseignants (agrégés et professeurs des écoles) oppose le plus noble au moins noble. La place de cette référence, jointe au refus républicain d'admettre sans fard que, dans une France vouée à l'égalité, certains soient plus nobles que d'autres, fait qu'il est impossible de trouver une manière légitime de gérer l'hétérogénéité de la population scolaire. On est bien loin d'une vision américaine, qui prend sens dans des repères beaucoup plus marchands.

De même, la manière de traiter la question de l'immigration qui prévaut dans les pays anglo-saxons, en cherchant à combiner une égalité de traitement dans la sphère publique et un droit souverain de chacun à se tenir à part dans la sphère privée, met en pratique des conceptions de la liberté et de l'égalité auxquelles l'univers français n'accorde que peu de crédit. La vision politique et juridique de la société, qui veut ignorer toute appartenance ethnique, a en principe triomphé. Mais le corps social reste porteur d'une autre vision, attentive à ce qui, y compris leurs origines, différencie les humains ; une vision qui les classe, les hiérarchise, incite à traiter chacun conformément au statut qui lui est concédé. Et alors que, dans d'autres domaines de la vie sociale, des compromis pratiques ont émergé entre la vision égalitaire et la vision hiérarchique elles s'affrontent ici sans merci.

Pour conclure, nous nous interrogerons sur la pérennité d'une vision du monde qui, dans une époque qui attend l'avènement d'une humanité où tous se regarderaient comme semblables, accorde une place aussi centrale aux distinctions entre les hommes. Nous nous demanderons pourquoi les Français ont tant de mal à admettre que leur pays n'est ni un modèle pour l'ensemble de l'humanité ni un mouton noir dont il est temps qu'il rentre dans le rang, mais que, comme tout autre, il est simplement différent. Et nous chercherons à quelles conditions le désir de grandeur qui les habite peut conduire effectivement à la grandeur plutôt qu'au déclin.

Une brève annexe situera enfin notre approche au sein des sciences sociales.

Dans une telle démarche, il est essentiel de distinguer deux éléments, qu'il est courant de confondre. Qu'y a-t-il d'effectivement obsolète dans cette France du début du XXIe siècle, dans des habitudes, des pratiques, des institutions qui ont pu avoir leur mérite, voire leur heure de gloire, mais qui sont inadaptées à l'état du monde ; qui, mises en place dans un certain contexte historique pour répondre à certaines questions, ont fait leur temps ? Et qu'y a-t-il au contraire qui exprime une vision beaucoup plus permanente de l'homme et de la société, vision qui a résisté à tant de bouleversements – dont la Révolution française, la révolution industrielle et bien d'autres choses encore – qu'il serait vain, quoi qu'on puisse en penser, de prétendre s'en affranchir ? Vision sur laquelle il convient peut-être, au contraire, de s'appuyer pour réaliser les transformations qui s'imposent dans nos institutions et nos pratiques. À ne pas faire cette distinction entre des archaïsmes et une culture, on est condamné à osciller entre deux attitudes aussi dommageables l'une que l'autre. Soit sacraliser indûment, au nom de la défense du « modèle social français », des aspects de notre société qu'il est temps de transformer ; croire que l'on peut ne rien changer à nos habitudes à condition de dresser quelque ligne Maginot contre l'impérialisme anglo-saxon. Soit, au contraire, se lamenter sur le « déclin français », sur le « mal français », et nourrir des rêves illusoires au sein desquels les Français deviendraient, sans coup férir, semblables à ceux qui pense-t-on montrent la voie, qu'ils soient, selon les moments et les rêveurs, américains, anglais, danois ou autres.

Je n'aurai pas l'inconscience de proposer un programme d'action fournissant « la » solution à une crise dont il serait téméraire d'affirmer qu'elle va bientôt s'achever. Chaque domaine a ses experts. Mais est-ce par hasard que ceux-ci peinent simultanément à trouver les moyens de sortir pour les uns de la crise de l'emploi, pour d'autres de celle de l'école, pour d'autres encore de celle de l'intégration des immigrés ? Il y a, dans la manière usuelle de regarder les questions qui se posent dans ces divers domaines (comme dans les autres domaines de l'action publique), une sorte de cécité commune par rapport à la forme spécifique qu'elles prennent dans un contexte culturel singulier. Il en résulte une grande difficulté à imaginer des réponses adaptées à ce contexte. Il semble temps d'échapper à cette cécité pour mieux saisir, au-delà de ce que les difficultés présentes doivent à ses pesanteurs, les perspectives qu'offre une culture pour peu qu'on sache en discerner les ressorts.

PREMIÈRE PARTIE

Un univers mythique

Nul n'ignore que les sociétés dites modernes, et la société française en particulier, n'ont pas pleinement accompli le projet qui les vouait à s'affranchir des préjugés du passé ; qu'il demeure en chacune d'elles des traces de ce qu'elles ont été naguère, la Chambre des lords anglaise, l'Académie française, la monarchie belge, les crucifix dans les prétoires italiens. Mais la vision dominante est que toutes ces survivances plus ou moins transitoires de mondes disparus ne font que coexister sans s'y mêler avec une organisation de la société, des institutions, construites sur de tout autres fondements : non plus les traditions et les préjugés propres à chaque terroir, mais la raison universelle, avec tout ce qu'elle implique, les droits de l'homme, la liberté de la presse ou l'économie de marché.

Pourtant, quand on observe avec attention le fonctionnement réel des sociétés contemporaines, y compris de celles qui sont allées le plus loin dans le mouvement de modernisation qui les anime, une tout autre vision s'impose. Il n'y a pas seulement, en chacune d'elles, juxtaposition du traditionnel, de l'archaïque et du moderne, mais union intime de ces deux éléments. Ce qui, au sein de chaque société particulière, est le plus véridiquement inspiré par des idéaux modernes reste malgré tout imprégné par des manières propres à chacune d'elles de regarder le monde, d'interpréter les événements, de distinguer les situations, les actions, les positions sociales. Et quand on passe des grandes affirmations de principe, énoncées en utilisant des termes abstraits, à ce qu'implique en pratique, dans l'organisation concrète de l'existence, la mise en œuvre de ces principes, on s'aperçoit qu'il est bien des manières de comprendre ces notions.

Cette imbrication du moderne et du traditionnel n'épargne pas les idéaux de liberté et d'égalité qui sont au cœur de la modernité politique.

Les exigences de toute vie en société font que les humains voient leur liberté d'action entravée par mille nœuds créés par la loi ou par les mœurs. Ils reçoivent des ordres, sont soumis à des contrôles, ont des comptes à rendre sur la manière dont ils organisent leur existence. Dès lors, on ne peut concilier l'idéal et la réalité qu'en dessinant une sorte d'image conventionnelle de la liberté et en élaborant un mythe qui conduit à déclarer libre celui qui est soumis exclusivement aux contraintes compatibles avec cette image (par exemple le citoyen américain soumis à la loi et au marché). Il en est de même pour l'égalité. À une liberté et à une égalité concrètes, somme toute fort relatives, le mythe associe des réalités transcendantes, la Liberté, l'Égalité, que l'on peut représenter du reste, la statue de la Liberté en témoigne, comme des sortes d'êtres divins auxquels, dans de grandes circonstances, certains sont prêts à sacrifier leur vie.

Or, allons-nous voir, ces images conventionnelles diffèrent d'une société à l'autre. Ce qui paraît ici contrainte intolérable, ingérence insupportable dans ce qui ne devrait relever que de la décision souveraine de chacun, sera vu là comme un élément nécessaire d'une vie en société civilisée, voire comme une manière de guider chacun sur un chemin où il sera à la hauteur de son destin d'homme. La vision de la Liberté en majesté à laquelle chaque société est prête à croire doit beaucoup à l'image sociale de l'homme libre qui y prévalait dans les temps anciens. Et, de ce fait, on trouve en chaque lieu un lien intime entre une vision politique – quelle forme de pouvoir peut-on accepter ? – et une vision sociale – qu'est-ce qu'un homme respectable ?

CHAPITRE I

Qu'est-ce qu'être libre ?

Il existe un moment particulièrement crucial dans l'idée que les sociétés européennes se sont faite de la liberté : celui où, abandonnant une vision ancienne qui la regardait comme un privilège associé à une position sociale, elles sont passées à une vision moderne qui y voit le premier des droits de l'homme. Dans ce mouvement, elles ont largement mis en commun les réflexions de leurs philosophes et partagé la mémoire de moments forts. On a retrouvé partout la protection par la loi contre l'arbitraire des gouvernants, un parlement librement élu, une justice relativement indépendante et autres traits d'institutions libres. Mais les manières de concevoir les exigences de la liberté sont restées distinctes. La singularité d'une vision française apparaît nettement quand on la compare à celles qui ont prédominé dans les univers anglo-saxon et germanique.

Pour saisir ces visions, nous ferons appel à un ensemble d'auteurs qui ont en commun d'avoir été, à divers titres, des combattants de la liberté. Nous nous attacherons aux évidences qui sous-tendent leurs propos, à ce qu'ils considèrent comme allant de soi, au sens qu'ils donnent, sans le discuter, aux termes qu'ils emploient pour parler de liberté. Nous considérerons, au sein de chaque univers, des penseurs ayant des positions politiques aussi contrastées que possible (ainsi Locke et Burke en Angleterre). Cela nous aidera à distinguer, au sein de chaque univers, ce qui relève, d'une part, d'options politiques divergentes et, d'autre part, de repères culturels communs.

I. Le monde anglo-saxon et la figure du propriétaire

En Angleterre comme aux États-Unis, il existe un lien intime entre l'idée de liberté et celle de propriété. C'est à partir de la notion de propriété que celle de liberté est comprise. Ce n'est pas seulement que la propriété, au sens où on l'entend en français, comme propriété des biens, soit défendue plus qu'ailleurs au nom de la liberté. C'est que, plus généralement, la liberté dans toutes ses dimensions, qu'il s'agisse de rapport aux autres ou au pouvoir, est une liberté de propriétaire, maître chez lui, protégé par la loi contre tout empiétement auquel il n'aurait pas personnellement consenti. Ce propriétaire peut à son gré garder l'usage de son bien, le confier ou l'aliéner dans les limites qu'il lui appartient de fixer souverainement. Il est en relation avec d'autres propriétaires, détenteurs des mêmes droits et susceptibles de consentir dans les mêmes conditions à aliéner leur propriété. On a pu dire que l'on ne définit pas là la conception anglo-saxonne mais la conception moderne de la liberté[1]. Nous verrons combien, en fait, cette représentation n'a jamais pleinement pris racine que dans le terreau anglo-saxon.

Locke, bien sûr, est un témoin privilégié d'une telle vision[2]. La conception qu'il a de la propriété est extrême-

1. Benjamin Constant, *De la liberté des Anciens comparée à celle des Modernes* (1819), in *De la liberté chez les Modernes,* textes politiques de Constant, éd. par Marcel Gauchet, Hachette, coll. « Pluriel », 1980.

2. Locke, *Two Treatises of Government* (1690), ed. by Peter Laslett, Cambridge University Press, 1960 ; traduction française par David Mazel, limitée au deuxième traité, *Traité du gouvernement civil* (1728), Garnier-Flammarion, 1992. On citera la traduction française, avec référence en

ment extensive. Chacun n'est pas seulement propriétaire de ses biens, mais de tout ce qui le concerne : « Par ce qui appartient en propre, il faut entendre ici, aussi bien que dans tous les autres endroits de cet ouvrage, *le droit de propriété qu'on a sur sa personne et sur ses biens* » (§ 173) [1]. La liberté est incluse dans la propriété. « Chacun a, par la *nature*, le pouvoir [...] de conserver ses biens propres *(his Property)*, c'est-à-dire, sa vie, sa *liberté* et ses richesses, contre toutes les entreprises, toutes les injures et tous les attentats des autres » (§ 87) [2].

Il résulte de cette vision que l'exercice de la liberté s'apparente à l'usage qu'un propriétaire peut faire de son bien. Cette liberté existe dans l'état de nature. Un « état de parfaite *liberté* » est « un état dans lequel, sans demander de permission à personne, et sans dépendre de la volonté d'aucun autre homme, ils [les hommes] peuvent faire ce qu'il leur plaît, et disposer de ce qu'ils possèdent et de leurs personnes, comme ils jugent à propos, *pourvu qu'ils se tiennent dans les bornes de la loi de la Nature* » (§ 4) [3]. Cette loi correspond au respect des autres propriétés. Si elle ne se traduit pas seulement par des devoirs envers autrui mais par des devoirs envers soi-même, c'est, dans cette logique, au titre de respect de la propriété du Créateur dans la manière dont on agit envers soi-même : « Les hommes étant tous l'ouvrage

---

note à l'original pour les passages essentiels ; toutefois, quand la traduction classique conduit à une francisation du texte qui masque ce en quoi il témoigne d'une conception anglaise, nous nous en sommes écarté. Les mots soulignés le sont dans l'original des textes cités.

1. *« By* Property *I must be understood here, as in other places, to mean that Property which Men have in their Persons as well as Goods. »*

2. *« Man [...] hath by Nature a Power [...] to preserve his Property, that is, his Life, Liberty and Estate, against the Injuries and Attempts of other Men. »*

3. La comparaison entre l'original anglais et la traduction ne manque pas d'intérêt ; ainsi le terme « bornes » traduit, en plus honorable, l'anglais *« bonds »*.

d'un ouvrier tout-puissant et infiniment sage [...] ils lui appartiennent en propre *(they are his Property),* et son ouvrage doit durer autant qu'il lui plaît» (§ 6).

C'est parce que, dans l'état de nature, les hommes voient leur «propriété» menacée qu'ils se constituent en société, sans cesser pour autant de se concevoir comme propriétaires, en particulier comme propriétaires de leur liberté, et qu'ils s'organisent pour mieux assurer la sauvegarde de leur propriété, sous toutes ses formes. Ils forment une société «pour la conservation mutuelle de leurs vies, de leurs libertés et de leurs biens; choses que j'appelle d'un nom général, *propriétés*» (§ 123). Dans cet acte, ils consentent à transférer à un corps politique ceux des droits attachés à leur propriété dont l'exercice permet d'assurer la protection de celle-ci (§ 88, 129), tout en conservant rigoureusement ceux qu'ils n'ont pas transférés (§ 139). Les détenteurs d'un pouvoir politique se voient, en quelque sorte, confier, en bons trustees, la tâche d'administrer au mieux les biens de leurs mandants, conformément aux intérêts de ces derniers (et non aux leurs)[1].

Dans ses *Traités,* Locke adopte une position politique particulière, qu'il était loin de partager avec tous ses concitoyens. Son attachement pour la liberté et la manière dont cet attachement l'a conduit à lutter contre le pouvoir absolu des monarques n'étaient nullement communs à tous. De même, le fait qu'il regarde la liberté comme un droit que tous les hommes possèdent relève d'une position qui n'était pas encore partagée, loin s'en faut, par tous ses contemporains anglais, sans parler de ses compatriotes des siècles antérieurs. Il était un précurseur en la matière et il peut en cela être caractérisé comme moderne, et non comme anglais. Par contre, la conception qu'il a de ce que veut dire être

1. Sur la conception des détenteurs du pouvoir comme *trustees,* cf. la préface de Peter Laslett, p. 113-117.

libre et le lien qu'il fait entre liberté et propriété lui sont beaucoup moins personnels. Ils traduisent une vision qui marque profondément l'Angleterre et que l'on retrouve, de manière parfois étonnante pour un regard étranger, associée à des positions politiques notablement différentes de la sienne, plus « radicales » ou plus conservatrices, et ce à des époques très diverses, en Angleterre comme aux États-Unis.

On trouve un témoignage particulièrement instructif de cette vision anglo-saxonne chez un auteur comme Burke, qui a la caractéristique remarquable d'être considéré aux États-Unis comme un combattant de la liberté (cf. sa statue à Washington) et en France comme un ennemi particulièrement décidé de celle-ci ; quand il se pose en adversaire résolu de la Révolution française, après avoir soutenu l'émancipation américaine, c'est en les jugeant l'une et l'autre à l'aune d'une conception de la liberté qui l'associe intimement à l'idée de propriété[1].

Pour Burke, contrairement à Locke, la liberté n'est pas un droit de nature, mais un héritage spécifique du peuple anglais : « Dans cette loi mémorable de la troisième année du règne de Charles Ier que nous appelons la Pétition des droits, le Parlement dit au roi : "Vos sujets ont *hérité* cette liberté." Ainsi, ils n'entendaient pas fonder leur liberté sur des principes abstraits tels que les "droits de l'homme", mais bien sur les droits qu'ils possédaient de père en fils en tant qu'Anglais[2]. » En ce sens, Burke (whig modéré) est conservateur. Mais quand il regarde la liberté comme un des « biens les plus précieux de l'homme et du citoyen », comme quelque chose que la nation « possède »[3], il ne s'agit pas d'une simple rhétorique, mais d'une vision qui oriente toutes ses

1. Edmund Burke, *Réflexions sur la révolution de France* (1790), Hachette, coll. « Pluriel », 1989.

2. *Ibid.*, p. 41.

3. *Ibid.*, p. 41, 42.

positions. Il voit dans la liberté quelque chose qu'il faut défendre, à la manière d'un bien, contre les empiétements de ceux, et au premier chef les gouvernants, qui seraient tentés de ne pas la respecter. Dans cette perspective, la protection de la propriété au sens restreint (propriété des biens) lui paraît à la fois un élément essentiel de la liberté et un rempart contre d'autres atteintes à celle-ci, ce qui le conduit à stigmatiser, en la regardant comme une forme de despotisme, la manière dont l'Assemblée nationale française traite la propriété (et en particulier les biens du clergé). « J'espère que nous ne serons jamais assez totalement dénués du sentiment des devoirs qui nous sont imposés par la loi de l'union sociale, pour confisquer, sous aucun prétexte d'intérêt public, les biens d'un seul citoyen paisible. Quel homme, si ce n'est un tyran [...], pourrait imaginer s'emparer de la propriété d'autres hommes, sans accusation préalable, sans les entendre, sans les juger, et cela par centaines, par milliers, par classes tout entières ? » ; n'y a-t-il pas là « un despotisme inouï » [1] ?

Cette conception de la liberté se retrouve de l'autre côté de l'Atlantique. Ainsi, elle est à l'œuvre, quelques années avant la Révolution française, au moment où les États-Unis se dotent d'une nouvelle Constitution et où le débat fait rage entre partisans et adversaires du projet soumis à la ratification des États. C'est alors que sont écrits les *Federalist Papers* pour défendre celui-ci [2]. À l'image de la propriété, et dans un même mouvement, la liberté est vue comme un bien que chacun détient et qu'il faut mettre en sécurité en le

1. *Ibid.*, p. 134, 194.

2. Alexander Hamilton, James Madison et John Jay, *The Federalist or the New Constitution* (1787, 1788), Londres, Everyman, 1992. Il s'agit certes d'une suite d'articles de journaux, non d'une œuvre philosophique qui comporterait, à l'instar des *Traités* de Locke, une soigneuse définition des notions utilisées. Mais, s'il n'est pas théorisé, le lien entre liberté et propriété n'en apparaît pas moins clairement.

préservant contre les empiétements d'autrui et en particulier des gouvernants. Le lien entre les deux notions se fait largement à travers la référence aux droits, conçus eux aussi (et l'on retrouve Locke) comme une forme de biens à protéger des convoitises qui les menacent. La « sécurité des droits », civils et religieux, est un trait essentiel d'un « gouvernement libre »[1]. On peut parler d'« empiéter sur les droits » *(invade the rights),* comme s'il s'agissait d'un territoire. Les droits sont quelque chose qu'il faut « protéger » *(secure),* que, tel un bien, on peut « céder » au gouvernement ; « chaque fois qu'il [un gouvernement] est institué, et de quelque manière qu'il le soit, les citoyens doivent lui céder certains de leurs droits naturels de façon à l'investir des pouvoirs nécessaires »[2].

Au cours de l'histoire des États-Unis, de nombreux débats, souvent passionnés, ont porté sur la manière de traduire en actes l'attachement proclamé à la liberté. Ils se sont tous situés à l'intérieur d'une conception de la liberté la regardant comme une forme de propriété, que celle-ci ait été vue, à la manière traditionnelle, initialement dominante, comme un héritage spécifiquement anglais ou, d'une manière moderne, qui a progressivement pris le dessus, comme une conséquence de la « loi naturelle[3] ». La notion de propriété a été appliquée à de multiples aspects de la liberté. « Un homme », déclarait ainsi Madison à la Convention constitutionnelle de 1787, « a la propriété de ses opinions et peut les communiquer librement, il a la propriété [...] de la sûreté et de la liberté de sa personne ». Quelques années plus tard, il parlera de « la propriété qu'un citoyen a de ses droits » *(a citizen's « property » in his rights)*[4].

1. *Ibid.,* n° 51, p. 268.
2. *Ibid.,* n° 10, p. 47 ; n° 2, p. 5 (notre traduction).
3. Eric Foner, *The Story of American Freedom,* New York, Norton, 1998, p. 13 (notre traduction).
4. *Ibid.,* p. 17 (notre traduction).

II. La liberté allemande : avoir voix au chapitre dans une communauté

Dans sa conception germanique, l'homme libre est celui qui, au sein d'une communauté, a voix au chapitre dans des décisions collectives auxquelles il est prêt à se soumettre. Pour Troeltsch, « la liberté de l'Allemand est discipline voulue, avancement et développement du moi propre dans un tout et pour un tout [1] ». On sait combien, en Allemagne, la réaction romantique aux Lumières a mis l'accent sur ce « tout » au sein duquel l'existence de l'individu prend sens. Cette façon de voir est loin d'être propre aux romantiques. Ainsi on la rencontre chez un représentant aussi peu contestable de l'*Aufklärung* que Kant.

Kant a de la liberté dans l'état de nature, où chacun est individuellement son propre maître, une vision bien différente de celle de Locke. Pour Locke, l'homme est, dans l'état de nature, « le seigneur absolu de sa personne et de ses possessions, égal au plus grand ». Il ne lui manque rien pour être pleinement humain. Il souffre seulement du fait que la sorte de royauté à laquelle il accède « est très incertaine, et constamment exposée aux empiétements des autres [2] ». Ce n'est que pour mettre sa « propriété », dont font partie sa propre personne et sa liberté, à l'abri des autres qu'il a besoin du soutien de la société. Au contraire, pour Kant, ce n'est qu'à travers une forme de soumission à la société que l'on peut devenir un homme accompli.

Pour Kant, dans l'ordre politique, « l'homme [...] a besoin d'un *maître* qui brise sa volonté particulière et le force d'obéir à une volonté universellement valable ». Il s'agit

1. Ernst Troeltsch, « *Die deutsche Idee der Freiht* » (1916), traduit par Louis Dumont dans *L'Idéologie allemande,* Gallimard, 1991, p. 61.
2. Locke, *op. cit.,* II, § 123 (notre traduction).

bien sûr de l'empêcher de nuire à autrui « afin que chacun puisse être libre »[1]. Mais c'est aussi que, pour accomplir son humanité, l'homme a besoin d'être forcé par les contraintes qu'engendre la vie avec ses semblables à échapper à ses mauvais penchants pour accéder au « développement de toutes ses dispositions » : « Ainsi, dans une forêt, les arbres, justement parce que chacun essaie de ravir à l'autre l'air et le soleil, se contraignent réciproquement à chercher l'un et l'autre au-dessus d'eux, et par suite ils poussent beaux et droits, tandis que ceux qui lancent à leur gré leurs branches en liberté et à l'écart des autres poussent rabougris, tordus et courbés[2]. » Un tel processus de civilisation permettra de « former un peuple » de ce qui n'était qu'une « horde de sauvages »[3]. Il s'agit de transformer les hommes en profondeur. « Ce n'est pas à la morale d'amener une bonne constitution, mais à celle-ci à produire la réforme morale des hommes[4]. »

En même temps qu'elle est nécessaire pour permettre à chacun de s'accomplir, cette contrainte qu'exerce le tout est vue par Kant comme une source de prodiges. Convenablement agencée, elle est capable de permettre de bien vivre ensemble même à « un peuple de démons ». Il suffit pour obtenir pareil résultat de « diriger tellement la contrariété des intérêts personnels, que tous les individus, qui composent un peuple, se contraignissent eux-mêmes les uns les autres à se ranger sous le pouvoir coercitif d'une législation, et amenassent ainsi un état pacifique de législation »[5].

La mission civilisatrice ainsi accordée au tout va de pair

1. E. Kant, *Idée d'une histoire universelle d'un point de vue cosmopolitique* (1784), in *Œuvres philosophiques,* Gallimard, coll. « Bibliothèque de la Pléiade », t. II, 1986, p. 195.

2. *Ibid.*, p. 194.

3. E. Kant, *Projet de paix perpétuelle* (1795), in *Œuvres philosophiques, op. cit.,* t. III, p. 366.

4. *Ibid.*, p. 360.

5. *Ibid.*

avec une exaltation de sa souveraineté et une vision très limitative des droits de l'individu, en tant qu'individu singulier. Toute propriété privée n'est considérée que comme un démembrement provisoire d'une propriété fondamentalement collective, le souverain (le peuple pris comme un tout) étant « propriétaire suprême » du pays [1]. Ce n'est pas en tant qu'individu autonome, mais en tant que « sujet » du tout que l'on a des droits : « C'est en lui (le peuple) que se trouve originairement le pouvoir suprême duquel il faut dériver tous les droits des particuliers en tant que simples sujets [2]. » Corrélativement, le tout peut exiger de chacun de ceux qui le composent une soumission extrême. La « loi est si sacrée (si inviolable) qu'*au point de vue pratique* c'est déjà un crime de la mettre seulement en doute, donc d'en suspendre l'effet un moment ». « Il n'y a contre le souverain législateur de l'État aucune résistance légale du peuple, car ce n'est que par la soumission à sa volonté universellement législatrice qu'un état juridique est possible » [3].

Dans cette soumission, où se trouve la liberté ? « Un peuple, affirme Kant, ne doit se constituer en État que d'après les idées de droit de liberté et d'égalité [4] ». On retrouve chez lui la vision classique, déjà présente chez Locke, de l'individu qui, ayant abandonné la liberté qu'il possédait dans l'état de nature, retrouve celle-ci, en tant que créateur des lois qui le régissent, dans l'état de société. Il évoque « la *liberté* légitime de n'obéir à aucune autre loi que celle à laquelle chacun a donné son accord [5] ». Mais sa vision des rapports entre l'individu et le tout diffère là encore de celle de Locke, et ce doublement.

1. E. Kant, *Métaphysique des mœurs* (1796), in *Œuvres philosophiques, op. cit.*, t. III, p. 591.
2. *Ibid.*, p. 613.
3. *Ibid.*, p. 585, 586.
4. *Projet de paix perpétuelle, op. cit.*, p. 374.
5. *Métaphysique des mœurs, op. cit.*, p. 579.

L'opposition entre la liberté possédée dans l'état de nature et celle qui est possédée dans l'état de société n'est pas, comme chez Locke, une opposition entre une liberté précaire et une liberté sûre d'un individu resté inchangé, mais une opposition entre une « liberté sauvage [1] », sorte de fausse liberté, et une liberté d'un individu transformé, civilisé, par la dépendance où il se trouve par rapport au tout.

De plus, quand Kant évoque l'accord que chacun a donné aux lois qui le régissent, il ne s'agit pas, à la manière de Locke, d'une série d'accords d'individus confiant chacun pour sa part à l'ensemble qu'ils forment la défense de ce qu'il a en propre. Il s'agit d'un accord d'un tout uni, du souverain collectif formé par un ensemble d'individus transformés, civilisés, par cette intégration dans un tout, et dont chacun agit dès lors en tant qu'élément de ce tout. « Il n'y a donc que la volonté concordante et unifiée de tous, pour autant que chacun pour tous et tous pour chacun décident la même chose, il n'y a par conséquent que la volonté du peuple universellement unifiée qui puisse être législatrice [2]. »

En même temps qu'il témoigne de conceptions suffisamment communes au sein du monde germanique pour que l'on puisse parler à leur propos d'une culture allemande, Kant est bien sûr un individu singulier, vivant en un temps particulier, représentant certaines tendances particulières au sein de cette culture. La vision allemande de la liberté est compatible avec des conceptions fort diverses de ce que peut être concrètement la communauté au sein de laquelle l'individu est appelé à être libre (de même que la conception anglaise est compatible avec des appréhensions très diverses de ce que chacun peut considérer comme sa propriété). Cette communauté peut être une principauté, un groupe social, ou

1. *Idée d'une histoire universelle d'un point de vue cosmopolitique, op. cit.*, p. 194.
2. *Métaphysique des mœurs, op. cit.*, p. 578.

s'étendre à l'humanité dans son ensemble. Ce qui est, avec constance, une caractéristique de la pensée allemande de la liberté, qui peut donc être regardée comme une constante de la culture politique allemande, est la place qu'y occupe la référence à une forme de communauté. On trouve cette place aussi bien chez ceux qui ont le culte de la singularité allemande, de l'identité allemande, que chez ceux qui manifestent le plus de méfiance vis-à-vis de cette singularité et verraient volontiers les Allemands comme des humains en général que rien ne distingue de leurs congénères.

Prononcés en un temps de défaite, les fameux discours de Fichte *à la Nation allemande*[1] expriment une vision particulièrement exaltée de l'identité allemande, et ils sont, à ce titre, singuliers. Simultanément, on y retrouve bien la continuité d'une vision allemande de la liberté dans la façon dont est vue l'insertion de l'individu dans une forme de communauté.

La liberté dont Fichte est le héraut est d'abord la liberté collective d'une communauté maîtresse de sa destinée. C'est fondamentalement en tant que membre d'une communauté, partageant solidairement le destin de celle-ci, que les individus sont esclaves ou libres. C'est collectivement que l'on lutte pour la liberté, tels les glorieux ancêtres dans leur résistance aux Romains : « Pour eux, la liberté consistait à rester Allemands, conduire leurs affaires en toute indépendance, conformément à leur esprit originel, progresser dans leur propre culture d'après ces mêmes principes et transmettre cette autonomie à leur postérité ; quant à l'esclavage, c'était pour eux l'acceptation de toutes les belles choses que les Romains leur offraient, acceptation signifiait esclavage parce qu'ils auraient cessé d'être tout à fait Allemands pour devenir à moitié Romains[2]. »

1. Johann Gottlieb Fichte, *Discours à la Nation allemande* (1808), Aubier Montaigne, 1981.
2. *Ibid.*, p. 178.

Si, en tant que membre d'un peuple qui conduit ses affaires en toute indépendance, l'homme libre ainsi conçu participe à l'autonomie radicale de celui-ci, il est simultanément soumis, dans ses rapports avec son peuple, à ce qui peut apparaître, en fonction d'autres conceptions de la liberté, à des formes très poussées de mise en tutelle. La liberté est inséparable d'une formation qui a rendu chacun « incapable de se comporter autrement qu'en restant fidèle aux règles qu'il a reçues, sans avoir jamais besoin d'aide ou d'appui, mais en suivant sa propre loi [1] ». L'éducation dont il rêve est radicale dans sa capacité à former l'individu, « l'éducation nouvelle devra [...] s'appliquer, sur le terrain qu'elle aura à labourer, à détruire totalement la libre volonté et à éduquer la volonté dans le sens de la rigoureuse soumission à la nécessité et de l'incapacité d'accepter le contraire. C'est seulement sur une volonté ainsi éduquée qu'on pourra compter et à laquelle on pourra se fier [2] ». Comme chez Kant, la liberté qui n'est pas passée par le creuset de la communauté, qui n'est pas devenue de ce fait une liberté civilisée, ne mérite pas d'être respectée. C'est comme membre de la communauté, éduqué par elle, soumis à sa loi, et participant au mouvement par lequel elle prend collectivement son destin en main, qu'il revient à chacun d'être libre.

On pourrait tenter d'objecter à l'idée de continuité de la culture politique allemande que, depuis l'époque de Fichte, cette culture a été marquée par une rupture radicale consécutive au retour sur soi qu'a opéré l'Allemagne après les monstruosités du nazisme. Et certes, après avoir joué un rôle considérable dans l'histoire allemande, l'exaltation de la nation que l'on trouve chez Fichte a été sérieusement dénoncée. Mais, quand il s'est agi de s'opposer à une telle exaltation, la rupture qui s'est opérée n'a pas conduit à

1. *Ibid.*, p. 93.
2. *Ibid.*, p. 78.

cesser de donner une place centrale à la vision d'une communauté unie à laquelle chacun se soumet en même temps qu'il a part aux orientations qui y sont prises de concert. Elle a consisté au contraire, et c'est là qu'on observe la continuité d'une culture dans la diversité des options politiques, à changer de communauté de référence. À cet égard, le cas limite d'un penseur tel que Jürgen Habermas est particulièrement éclairant. S'il rejette toute exaltation de la nation allemande, c'est toujours à une communauté – qu'il voit comme lieu de confrontation des idées, des arguments – qu'il fait appel comme instance régulatrice ; une nouvelle forme de souveraineté collective des membres de la communauté associée à une soumission individuelle de chacun à la communauté qu'il entend instaurer.

Habermas reprend l'idée selon laquelle « les normes qui sont acceptées comme valides sont celles et seulement celles qui expriment une *volonté générale*, autrement dit celles, comme Kant n'a cessé de le dire, qui conviennent à la "loi universelle"[1] ». C'est à un fonctionnement communautaire que, de manière encore plus rigoureuse que pour Kant, il fait confiance pour mettre ces normes à jour. Il s'agit de trouver des normes « qui, parce qu'elles incarnent un intérêt commun à toutes les personnes concernées, peuvent escompter une adhésion générale et gagner, dans cette mesure, une reconnaissance intersubjective ». Chacun ne compte pas alors comme individu singulier, ayant ses perspectives propres. Il s'agit de respecter « un principe qui contraint *quiconque* est concerné à adopter, suite à une délibération sur les intérêts, la perspective de *tous les autres*[2] ». De plus, et là Habermas va plus loin que Kant dans le

1. Jürgen Habermas, « Notes programmatiques pour fonder une éthique de la discussion », in *Morale et Communication* (1983), Flammarion, coll. « Champs », 1999, p. 84. C'est Habermas qui souligne.

2. *Ibid.*, p. 86.

respect d'une perspective communautaire, il s'agit de mettre en place une procédure d'élaboration qui repose sur le fonctionnement concret d'une communauté, et pas seulement sur une référence à une sorte de communauté imaginaire. Il faut, estime-t-il, que la communauté se rassemble physiquement et délibère. « Ce principe [...] ne règle, en effet, que des argumentations réellement conduites entre différents participants, et contient même la perspective d'argumentation qu'il s'agit de conduire réellement, et dans lesquelles, chaque fois, sont admises en tant que participants toutes les personnes concernées[1]. »

Dans cette perspective, le souci de liberté reste bien présent, mais sous une forme qui implique une grande soumission (qu'Habermas ne verrait sans doute pas comme telle ; il s'agit là, bien sûr, d'un commentaire français) à la communauté. Quand Habermas est fidèle à l'attachement kantien aux concepts « d'autonomie et de volonté libre[2] », il s'agit de participer librement à la discussion qui va conduire la communauté à se prononcer et à fixer les orientations auxquelles chacun n'aura plus qu'à se soumettre[3].

III. Liberté et noblesse en France

La vision de la liberté qui l'associe à l'autonomie du propriétaire n'est pas étrangère à la France. Bien des Français, au temps de l'Ancien Régime, tels Montesquieu ou Voltaire, ont glorifié la liberté anglaise. Il existe en France une tradition libérale qui, de Benjamin Constant aux thuriféraires contemporains de la liberté d'entreprendre, a largement puisé ses sources d'inspiration dans le monde anglo-saxon. Mais

1. *Ibid.*, p. 87.
2. *Ibid.*, p. 100.
3. *Ibid.*, p. 107, 110.

si la conversion de la France à un libéralisme authentique est toujours matière à projet, c'est qu'elle ne s'est jamais accomplie. La vision anglo-saxonne de la liberté doit composer, pour orienter les institutions et les mœurs, avec une vision indigène en quête d'autres franchises et prête à accepter d'autres contraintes.

« On aurait donc bien tort de croire, écrit Tocqueville dans *L'Ancien Régime et la Révolution*, que l'ancien régime fût un temps de servilité et de dépendance. Il y régnait beaucoup plus de liberté que de nos jours ; mais c'était une espèce de liberté irrégulière et intermittente [...], toujours liée à l'idée d'exception et de privilège, qui permettait presque autant de braver la loi que l'arbitraire [...]. Si cette sorte de liberté déréglée et malsaine préparait les Français à renverser le despotisme, elle les rendait moins propre qu'aucun autre peuple, peut-être, à fonder à sa place l'empire paisible des lois [1]. » Tocqueville évoque cette liberté d'Ancien Régime tout au long de son œuvre, avec des sentiments fort mêlés où la critique intellectuelle se combine à une sorte d'attachement nostalgique, sans voir combien elle a survécu tout en s'incarnant autrement dans la France post-révolutionnaire.

Une telle liberté supporte des formes de dépendance et recherche des formes d'autonomie bien différentes de celles qu'implique une liberté de propriétaire. Officiellement rejetée par une France révolutionnaire, qui a proclamé l'abolition des privilèges, elle ne fonde en apparence aucune vision moderne de l'organisation politique et sociale [2].

1. Alexis de Tocqueville, *L'Ancien Régime et la Révolution* (1856), *op. cit.*, p. 176-177.

2. On sait quelles ont été les difficultés françaises à passer de la mise à bas de l'Ancien Régime à la mise en place d'un nouvel ordre social et politique relativement stable ; près d'un siècle sépare la Révolution française de l'avènement de la troisième République et on ne peut pas dire que la France ait pleinement trouvé un équilibre constitutionnel. Cela ne paraît pas indépendant du fait que la conception des rapports entre gouvernants

Aucun théoricien de la liberté ne l'a mise au centre de son système à la manière dont Locke a fondé le sien sur une liberté conçue comme propriété. Pour rencontrer pareille vision de la liberté sous sa forme moderne, il faut, dans une approche d'ethnologue, observer des mœurs, des sentiments, mettre au jour des conceptions implicites qui orientent souterrainement les discours plus que prendre note de ce qui est ouvertement proclamé. Sa place n'en est pas moins essentielle, aussi bien dans la France révolutionnaire que dans la France d'aujourd'hui.

Le brûlot de Sieyès, *Qu'est-ce que le tiers état ?,* dont le succès a été immense en 1789, hérite de toute une tradition, dont les origines sont fort lointaines, qui, tout en s'attaquant à la noblesse comme groupe social, se réfère à la noblesse comme qualité d'être[1]. L'image qu'il se fait de l'homme libre n'est pas celle de l'honnête bourgeois soumis à la loi qui, pour Locke, pouvait faire référence, mais celle qui s'attache à la position honorable du noble. L'attachement à la propriété n'a droit qu'à une note en bas de page[2]. Qu'il dénonce la servitude où, estime-t-il, le tiers se trouve réduit, ou qu'il dépeigne ce que doit être son état futur, Sieyès est animé par une même vision : un homme pleinement libre possède les traits qui étaient jusqu'alors l'apanage de la noblesse ; traité avec les égards dus à son rang, jamais contraint de s'abaisser devant quiconque, il n'est pas prêt à le faire pour satisfaire quelque bas intérêt.

Pour Sieyès, le tiers n'est pas libre. Il languit « dans les mœurs tristes et lâches de l'ancienne servitude » (p. 78).

---

et gouvernés qui, en pratique, sous-tend le fonctionnement des institutions politiques françaises, avec tout leur aspect de « monarchie républicaine », n'est pas pleinement légitimée par une théorie politique qui en exalterait les vertus.

1. Emmanuel Sieyès, *Qu'est-ce que le tiers état ?* (1789), Flammarion, coll. « Champs », 1988.

2. *Ibid.*, p. 66.

Mais ce n'est pas parce qu'il est soumis au pouvoir despotique d'un souverain ; mis à part quelques rares périodes, estime-t-il, « c'est la cour qui règne et non le monarque » (p. 51). C'est l'existence des privilèges qui est en cause : en même temps qu'il « fait de la noblesse comme une espèce à part », le privilège fait « du reste des citoyens comme un peuple d'ilotes[1] destiné à servir » (p. 100).

En quoi donc les membres du tiers, dont certains étaient pourvus d'immenses biens et, loin de servir, d'une abondante domesticité, pouvaient-ils donc, aux yeux de Sieyès et de ses lecteurs, être ainsi qualifiés d'ilotes, c'est-à-dire d'esclaves ?

Les membres du tiers sont traités par les privilégiés comme s'ils relevaient d'une espèce inférieure. Une barrière infamante les tient à l'écart du monde des maîtres : « On a prononcé au Tiers l'exclusion la plus déshonorante de tous les postes, de toutes les places un peu distinguées. » (p. 97). La manière de traiter le tiers qui accompagne cette mise à l'écart lui signifie en permanence la bassesse de sa condition : « Si l'on ne tient pas à quelque privilège, il faut se résoudre à endurer le mépris, l'injure et les vexations de toute espèce » (p. 45). Son état est considéré comme tellement dégradant que l'habitude a été prise d'y réduire le criminel issu de la noblesse : « Avec quel mépris absurde et féroce vous osez replacer dans l'ordre commun le criminel privilégié, pour le *dégrader*, dites-vous [...]. Que diriez-vous si le législateur, avant de punir un scélérat du Tiers état, avait l'attention d'en purger son ordre, en lui donnant des lettres de noblesse ? » (p. 98).

De plus, victime de la nécessité, le tiers est poussé à adopter un comportement de valet : « Cette malheureuse partie de la nation en est venue à former comme une grande

1. Pour le lecteur de Sieyès, nourri d'histoire grecque, il était clair que l'ilote est un esclave.

antichambre, où sans cesse occupée à ce que disent ou font ses maîtres, elle est toujours prête à tout sacrifier aux fruits qu'elle se promet du bonheur de plaire» (p. 56). Certes, à se conduire ainsi, on peut accéder à la fortune et au pouvoir, mais à la manière d'un esclave enrichi qui ne sait pas ce que c'est qu'une vraie liberté, avec tout ce qu'elle implique de fier refus de s'abaisser. Sieyès stigmatise ceux qui (et l'on songe au chien de la fable) «sont aussi avides de fortune, de pouvoir et des caresses des grands qu'incapables de sentir le prix de la liberté» (p. 56). Ceux «qui ne sont sensibles qu'à l'argent» ne sont pour lui que des «hommes vils» (p. 99-100).

Comment le tiers pourra-t-il échapper enfin à la servitude ? Sieyès hésite entre deux orientations, qui vont marquer après lui toute l'histoire de la France républicaine : soit abaisser la noblesse – la ramener au niveau du commun, éliminer toute référence à une forme de grandeur susceptible d'être une source d'humiliation pour ceux qui ne la possèdent pas –, soit au contraire anoblir le tiers, lui permettre d'endosser l'habit des anciens maîtres et de prendre leur place. La première option implique que le terme même de noblesse perde tout sens : «Autrefois le Tiers était serf, l'ordre noble était tout. Aujourd'hui le Tiers est tout, la noblesse est un mot» (p. 153). Seul demeure alors ce qui, ne singularisant personne, fait que tous sont radicalement égaux : «On n'est pas libre par des privilèges, mais par les droits de citoyen, droits qui appartiennent à tous» (p. 43). Cette égalité sera d'autant mieux assurée que l'on aura éliminé le privilégié en même temps que les privilèges. Il ne mérite pas d'appartenir à la nation : «C'est véritablement un peuple à part, mais un faux peuple qui, ne pouvant à défaut d'organes utiles exister par lui-même, s'attache à une nation réelle comme ces tumeurs végétales qui ne peuvent vivre que de la sève des plantes qu'elles fatiguent et dessèchent» (p. 39). Il serait bon que la nation en soit

« épurée[1] ». Mais l'option de l'accès du tiers à une forme renouvelée de noblesse est également présente. Le tiers est « aussi sensible à son honneur » que les privilégiés (p. 100). Il « redeviendra noble en étant conquérant à son tour » (p. 44). Et un jour viendra peut-être où les privilégiés solliciteront « leur *réhabilitation* » dans son ordre[2].

Cette vision qui associe la liberté à la noblesse et à l'honneur est porteuse d'une sensibilité exacerbée à ce qui est facteur d'humiliation ou au contraire source de grandeur (tout en étant compatible avec des conceptions fort diverses de ce qui est jugé ainsi). Elle se rencontre en France avec constance chez les défenseurs de la liberté, même quand, politiquement « libéraux », ils paraissent le plus influencés par la vision anglaise de celle-ci.

Tocqueville a une position sociale bien différente de celle de Sieyès. Il n'y a pas chez lui l'amertume du roturier qui se sent traité de haut, mais le sentiment d'être, en tant qu'héritier d'une noble lignée, dépositaire d'un amour de la liberté transmis par une longue tradition, dont il a le souci de voir reprendre le flambeau. Fasciné par les États-Unis, il pourrait parfois laisser croire qu'il s'est converti à la vision anglo-saxonne de la liberté. Considérant que la « notion aristocratique de la liberté » a fait son temps, il lui oppose « la notion moderne, la notion démocratique, et j'ose dire la notion juste de la liberté », notion d'après laquelle « chaque homme, étant présumé avoir reçu de la nature les lumières nécessaires pour se conduire, apporte en naissant un droit égal et imprescriptible à vivre indépendant de ses semblables, en tout ce qui n'a rapport qu'à lui-même, et à régler comme il l'entend sa propre destinée »[3].

Cependant, à en juger par l'ensemble de ses écrits, sa

1. *Ibid.*, p. 44.
2. *Ibid.*, p. 45.
3. Alexis de Tocqueville, « État social et politique de la France » (1836), in *Œuvres complètes*, Gallimard, 1952, t. II, p. 62.

conversion est bien partielle[1]. En fait, il retient dans cette notion « moderne » l'affirmation que la liberté concerne « tous les hommes », qu'elle relève d'un « droit », que chacun a par « nature », et non d'un privilège. Il rejoint sur ce point Locke quand celui-ci présentait la liberté comme un droit que tout homme reçoit de la nature et non comme un héritage spécifique du peuple anglais. En revanche, quand il s'agit de donner un contenu à la notion, ce n'est que du bout des lèvres qu'il se rallie à la vision de la liberté qui conçoit celle-ci à l'image de l'indépendance du propriétaire. Il reste largement fidèle à la notion « aristocratique » qu'en avait traditionnellement la noblesse, tout en souhaitant qu'elle se répande. Sitôt après avoir proclamé son adhésion à la notion « moderne » de liberté, il oppose « les mâles et fières vertus du citoyen » aux « basses complaisances de l'esclave ». Toute son œuvre est marquée par la crainte que les hommes ne délaissent les premières et ne s'abandonnent aux secondes.

Ainsi, les craintes que Tocqueville exprime, dans *De la démocratie en Amérique*, sur le destin des démocraties et le risque de les voir engendrer une forme de servitude sont animées par une conception de la liberté qui l'associe intimement à la grandeur.

L'opposition entre, d'un côté, ce qui est « grand », « noble », « haut », « sublime », ce qui « agrandit », « élève », « honore »

1. Tocqueville apparaît à première vue porteur de visions contradictoires de la liberté. Cela conduit à distinguer deux types de propos : d'une part, ceux où s'exprime un attrait intellectuel pour des principes, en imaginant une société idéale que ces principes régiraient (tel le modèle idéal d'une société de citoyens égaux, régie par des institutions d'inspiration contractuelle) ; d'autre part, ceux où s'exprime une réaction plus viscérale face aux situations concrètes qui naissent, dans le monde réel, de la mise en œuvre de ces principes par des humains de chair et d'os (tels les aspects de la société américaine engendrés par un certain nivellement des conditions). La conception de la liberté qu'il a héritée de sa culture, relativement facile à oublier tant qu'on en reste au premier registre, ressurgit dès qu'on passe au second.

et, de l'autre, ce qui est « bas », « vulgaire », « grossier », « servile », « médiocre », ce qui « amollit », « dégrade », « avilit » tient une place centrale dans son propos. Les « petits et grossiers plaisirs », le « lâche amour des jouissances présentes », « la multitude des petits vices rongeurs », les « âmes les plus vulgaires » s'opposent aux « hautes entreprises », aux « biens les plus précieux qui font la gloire et la grandeur de l'espèce humaine », aux « passions énergiques », aux « grandes pensées », aux « nobles cœurs » [1]. Méprisant ceux qui agissent par intérêt, les « âmes vénales », et trouvant peu honorable la doctrine de « l'intérêt bien entendu », il célèbre « l'amour ardent, orgueilleux et désintéressé du vrai » ou encore « une idée sublime des devoirs de l'homme » [2]. Même ce qui, comme une « recherche honnête et légitime du bien-être », sans être bas en soi, est simplement médiocre suscite sa méfiance. Car, si l'homme s'y complaît, « il est à craindre qu'il ne perde enfin l'usage de ses plus sublimes facultés, et qu'en voulant tout améliorer autour de lui, il ne se dégrade enfin lui-même [3] ».

C'est dans ce cadre de pensée que prend sens sa crainte de l'avènement, au sein des sociétés démocratiques, d'une « tyrannie de la majorité [4] ». Une telle tyrannie, dans l'image qu'il s'en fait, n'exige nullement une perte des libertés publiques, ou une limitation du droit de chacun à jouir en paix de ses biens. Il s'agit au contraire d'une sorte de triomphe de ce droit. C'est la grandeur de l'homme qui se trouve menacée. On aurait affaire à une forme de « servitude », « douce et paisible », par laquelle chacun serait pris dans un réseau de « petites règles compliquées, minutieuses et uniformes », par la faute desquelles « les esprits les plus originaux et les âmes les plus vigoureuses ne sauraient se

1. Alexis de Tocqueville, *De la démocratie en Amérique* (1840), Garnier-Flammarion, 1981, t. II, p. 121, 167, 261, 304, 305, 324.

2. *Ibid.*, p. 56, 77, 153, 155.

3. *Ibid.*, p. 180-181.

4. *Ibid.*, (1835), Garnier-Flammarion, 1981, t. I, p. 355.

faire jour pour dépasser la foule». Et ce n'est pas seulement les âmes d'élite qui risquent de se trouver menacées par un «despotisme» qui «dégraderait les hommes sans les tourmenter», les incitant à s'engager dans de «petites passions», à être en quête de «petits et vulgaires plaisirs». Une bassesse radicale menace: «Le souverain [...] ne brise pas les volontés mais il les amollit, les plie et les dirige; [...] il ne tyrannise point, il gêne, il comprime, il énerve, il éteint, il hébète, et il réduit enfin chaque nation à n'être plus qu'un troupeau d'animaux timides et industrieux [1].»

On retrouve les mêmes catégories dans *L'Ancien Régime et la Révolution.* Quand il évoque les hommes d'Ancien Régime qui «ne savaient pas ce que c'était que de se plier sous un pouvoir illégitime ou contesté, qu'on honore peu, que souvent on méprise, mais qu'on subit volontiers parce qu'il sert ou peut nuire [2]», c'est toujours à une vision de la liberté ennemie de l'intérêt comme de la peur que Tocqueville se montre attaché. Le despotisme, affirme-t-il, conduit au «déshonneur [3]». Le «goût sublime» de la liberté, qui touche les «grands cœurs», lui paraît incompréhensible aux «âmes médiocres» [4]. Il voit dans «la liberté de pensée, de parler et d'écrire» ce qu'il y a eu «de plus précieux et de plus noble dans les conquêtes de 89» [5].

Même un défenseur aussi énergique d'une vision anglaise de la liberté, qu'il qualifie de «liberté des modernes», que Benjamin Constant, n'a pas manqué d'être sensible à cette vision française.

Certes, une vision anglaise domine ses propos: «Demandez-vous d'abord, Messieurs, ce que de nos jours un

1. *Ibid.,* t. II, p. 385-386.
2. Alexis de Tocqueville, *L'Ancien Régime et la Révolution, op. cit.,* p. 176.
3. *Ibid.,* p. 74.
4. *Ibid.,* p. 217.
5. *Ibid.,* p. 72.

Anglais, un Français, un habitant des États-Unis de l'Amérique entendent par le mot de liberté ? C'est pour chacun le droit de n'être soumis qu'aux lois, de ne pouvoir ni être arrêté, ni détenu, ni mis à mort, ni maltraité d'aucune manière, par l'effet de la volonté arbitraire d'un ou de plusieurs individus. C'est pour chacun le droit de dire son opinion, de choisir son industrie et de l'exercer ; de disposer de sa propriété, d'en abuser même ; d'aller, de venir, sans en obtenir la permission, et sans rendre compte de ses motifs ou de ses démarches. »

Opposant cette liberté à une « liberté des Anciens », il critique vigoureusement ceux à qui, tel Rousseau, il reproche d'être nostalgiques de celle-ci : « Comparez maintenant à cette liberté celle des anciens. Celle-ci consistait à exercer collectivement, mais directement, plusieurs parties de la souveraineté tout entière, à délibérer, sur la place publique, de la guerre et de la paix, à conclure avec les étrangers des traités d'alliance, à voter les lois, à prononcer les jugements, à examiner les comptes, les actes, la gestion des magistrats, à les faire comparaître devant tout un peuple, à les mettre en accusation, à les condamner ou à les absoudre ; mais en même temps que c'était là ce que les anciens nommaient liberté, ils admettaient, comme compatible avec cette liberté collective, l'assujettissement complet de l'individu à l'autorité de l'ensemble. [...] Ainsi chez les anciens, l'individu, souverain presque habituellement dans les affaires publiques, est esclave dans tous ses rapports privés[1]. »

Mais Constant ne se contente pas d'attendre de la liberté l'assurance pour chacun de jouir en paix de ses biens. Car lui aussi, épris de noblesse, est ennemi de ce qui est bas : « Il n'est pas un de nous qui, s'il voulait descendre, restreindre ses facul-

1. Benjamin Constant, *De la liberté des anciens comparée à celle des modernes, op. cit.*, in *Les Libéraux*, textes choisis et présentés par Pierre Manent, Hachette, 1986, t. II, p. 74-75.

tés morales, rabaisser ses désirs, abjurer l'activité, la gloire, les émotions généreuses et profondes, ne pût s'abrutir et être heureux. Non, Messieurs, j'en atteste cette partie meilleure de notre nature, cette noble inquiétude qui nous poursuit et qui nous tourmente, cette ardeur d'étendre nos lumières et de développer nos facultés ; ce n'est pas au bonheur seul, c'est au perfectionnement que notre destin nous appelle. »

La liberté prend sens dans cette perspective : « La liberté politique est le plus puissant, le plus énergique moyen de perfectionnement que le Ciel nous ait donné. » Car elle permet que « nos concitoyens de toutes les classes, de toutes les professions » sortent « de la sphère de leurs travaux habituels, et de leur industrie privée ». En leur soumettant « l'examen et l'étude de leurs intérêts les plus sacrés », cette liberté « agrandit leur esprit, anoblit leurs pensées ». En les conduisant à « se trouver soudain au niveau des fonctions importantes que la constitution leur confie », elle les élève en les amenant à « choisir avec discernement, résister avec énergie, déconcerter la ruse, braver la menace, résister noblement à la séduction »[1].

IV. Visions traditionnelles de l'homme libre et conceptions modernes de la liberté

Cette diversité de visions de la liberté n'est pas une création des philosophes. Quand la conception moderne de la liberté a pris corps, il existait déjà, dans chaque société, une vision de ce que voulait dire être libre, qui faisait sans doute partie de ces évidences communes qui structurent les représentations que chacun se fait du monde[2]. Il s'agissait

1. *Ibid.*, p. 92-93.

2. On a des formes sociales de structuration de l'esprit, telles que les évoque Durkheim dans *Les Formes élémentaires de la vie religieuse*, Alcan, 1912.

moins alors de définir la liberté dans son essence que de distinguer des statuts, l'homme libre d'un côté et le serf de l'autre. Ces visions étaient loin d'être partout les mêmes. Les conceptions modernes de la liberté qui se sont imposées en Angleterre, en Allemagne et en France prolongent des visions fort anciennes qui prévalaient déjà à l'époque médiévale [1]. Certes, dans chacun de ces trois pays, d'innombrables évolutions se sont produites au cours des siècles dans les rapports de pouvoir, le statut de tel ou tel groupe social, la signification de telle ou telle appellation. Des institutions ont disparu, ou ont vu leur rôle radicalement transformé, et d'autres se sont créées. Mais, dans chacune de ces sociétés, certaines manières d'associer et d'opposer (certains principes classificatoires) ont survécu à la transformation de leur usage. On pourrait leur appliquer ce qu'affirme Marc Bloch à propos de la vassalité au XVIIe siècle ; même si, sous sa forme authentique, elle ne constituait plus qu'une survivance, « l'esprit qui l'avait animée renaissait sans cesse de ses cendres » (p. 616).

Au cours de l'époque médiévale, l'affaiblissement du pouvoir de l'État a conduit, dans toute l'Europe, à la multiplication de relations de dépendance personnelle soumettant des protégés à un protecteur. Partout, nombre de ces relations ont prolongé en grande part l'antique servitude, faisant peser le pouvoir sans limites de leur seigneur sur ceux qui, quel que soit le statut de leurs ancêtres, se trouvaient ainsi dépendre [2]. Partout, simultanément, d'autres ont hérité de l'antique statut d'homme libre, pleinement membre du *populus Francorum* (p. 356). Mais la frontière qui séparait ces deux catégories n'est pas passée partout au même endroit.

1. Marc Bloch, *La Société féodale* (1939), Albin Michel, 1968. Dans cet ouvrage, Marc Bloch évoque, encore en amont, des différences d'héritages qui ont alimenté les conceptions de la liberté qui ont pris corps à cette époque. Il serait sans doute vain de leur chercher une origine absolue.

2. *Ibid.*, p. 356, 378, 388, 498.

En Angleterre, tout engagement à vie ne peut être que servile. L'homme libre peut quitter son seigneur à son gré, du moment qu'il lui rend les biens que celui-ci lui a confiés comme rétribution de ses services et que, ayant accompli ses obligations relatives au passé, il est quitte à son égard (p. 262). Ce droit a d'autant plus de portée que son respect est assuré par la justice royale (p. 378). Ne s'étant pas « donné » à un supérieur, l'homme libre reste propriétaire de lui-même. Il existe certes une notion de noblesse, mais elle demeure plutôt floue, et n'est pas liée à celle de liberté. Si on trouve de grandes différences sociales parmi les hommes libres, elles n'affectent pas leur statut juridique commun, la barrière commune qui les sépare de ceux qui dépendent de leur maître : « Sur le sol anglais, le simple *freeman,* en droit, ne se distingue pas du gentilhomme » (p. 459). On voit ainsi se dessiner une situation où les distinctions sociales ne sont pas un obstacle à une forme d'égalité politique.

En Allemagne, toute relation de subordination personnelle, fût-ce celle du vassal envers son suzerain, est vue comme peu compatible avec un état d'homme libre (p. 256). La distinction entre l'homme libre et le serf reste fondée sur un critère proche de celui qui marquait l'Europe barbare. Au sein de celle-ci, seuls les hommes libres étaient, au moins en principe, « jugés par des cours composées, à leur tour, d'autres hommes libres et dont les débats étaient dirigés par un représentant du roi », pendant que les seconds étaient dans la dépendance de leur maître (p. 498). Ce critère a continué à faire référence ; l'idée a survécu « de tenir pour libres tous les hommes et ceux-là seulement qui siégeaient à ces "plaids" et étaient jugés par eux » (p. 373). Pendant ce temps, l'association que l'on trouve en France entre le statut d'homme libre, la noblesse et le métier des armes n'a pas pris corps ; les « serfs de vie chevaleresque », expression étrange pour une oreille française, vrais chevaliers et vrais serfs, sont nombreux et on rencontre parmi eux jusqu'à de grands capitaines (p. 475, 476).

En France, le régime féodal, avec la place centrale qu'il donne, jusque dans les sphères les plus élevées de la société, à des liens de subordination personnelle qui durent toute une vie, a joué au contraire un rôle quasi hégémonique. « Le comte était "l'homme" du roi, comme le serf celui de son seigneur villageois » (p. 209). Les « plaids » d'hommes libres ont disparu (p. 373). Contrairement à ce qui s'est passé en Angleterre et en Allemagne, c'est en opérant des distinctions au sein de formes de subordination à vie que l'opposition entre l'homme libre et le serf s'est construite. Parmi les dépendants, le « vassal » se distingue par la nature des services qu'il rend à son seigneur : l'exercice d'un service armé, ou du moins des « fonctions de commandement, partant respectables », tous services jugés « éminemment compatibles avec la plus pointilleuse notion de la liberté » (p. 223, 229, 400).

Les devoirs du vassal, contrepartie de la remise d'un fief, se trouvent bornés par la nature de celui-ci. Traditionnellement, la notion de fief impliquait la fourniture de services qui, réglés « par une coutume collective », comportaient « un élément de spécialisation professionnelle » (p. 238). Les « fiefs vassaliques » n'ont pas échappé à cette règle ; ils sont « soumis seulement à des obligations dignes d'un homme parfaitement libre », lesquelles ne peuvent comprendre des activités qui feraient déchoir (p. 240, 457). Formant une « noblesse », unis entre eux par le sentiment de partager une « pureté du sang » qui les distingue du vulgaire, bénéficiant d'un rituel d'hommage à leur seigneur au sein duquel les symboles de subordination se combinent avec des symboles d'égalité, ceux dont la dépendance reste ainsi honorable se conçoivent à ce titre comme une communauté d'égaux (p. 451, 231).

Ainsi, on voit déjà apparaître trois figures qui marqueront, quelques siècles plus tard, les orientations que prendront les luttes pour la liberté. L'attachement anglo-saxon à la figure du propriétaire, l'attachement allemand à celle du membre d'une communauté collectivement souveraine sont déjà présents. On trouve en France la conception de la grandeur propre à une caste attachée à son rang, qui ressent comme une atteinte insupportable toute demande d'effectuer des actions indignes de celui-ci.

V. Être libre et accéder à un statut d'homme libre

La variété des figures de l'homme libre va de pair avec une égale variété des contraintes, donc des formes de régulation sociale, qui apparaissent comme supportables. Quand on est imprégné d'une certaine vision de ce qu'est être libre, on est souvent choqué de voir les contraintes que d'autres, imprégnés d'une autre vision, acceptent sans broncher.

Ainsi, toute une lecture allemande de la manière anglo-saxonne d'être libre n'y voit qu'une forme de servitude. Pour Max Weber, par exemple, « la transformation des relations juridiquement réglées en une association contractuelle ainsi que le développement du droit lui-même dans le sens de la liberté contractuelle [...] sont d'habitude qualifiés de diminution de la contrainte et d'augmentation de la liberté individuelle. [...] La communauté de marché ne connaît pas la coercition formelle en vertu de l'autorité personnelle. Elle la remplace en produisant une forme spéciale de situation coercitive qui est appliquée sans discrimination à l'ouvrier, à l'entrepreneur, au producteur, au consommateur, sous la forme impersonnelle du caractère inévitable des lois purement économiques du marché. La sanction consiste dans la perte ou la diminution de pouvoirs économiques et, sous certaines circonstances, de la perte de l'existence économique de l'individu. [...] Un ordre juridique qui contient très peu de normes prohibitives ou impératives et énormément de “droits à la liberté” et de “pouvoirs de droit” peut en pratique conduire non seulement à une intensification qualitative et quantitative de la coercition en général mais également à une accentuation du caractère autoritaire des autorités coercitives [1]». On trouve déjà chez Marx le même type de lecture d'une conception contractuelle de la liberté. Et, *a contrario,* l'échec du marxisme en Grande-Bretagne et aux États-Unis, qui contraste vivement avec le crédit dont il a longtemps bénéficié en France ou en Allemagne, peut s'expliquer par le fait que, dans une vision anglo-saxonne, un ordre contractuel est perçu comme l'essence même d'une bonne manière d'organiser la société. Dans ces conditions, dénoncer le caractère abusivement «formel» d'une liberté contractuelle n'est guère recevable.

De même, une lecture allemande du brillant qui caractérise la manière française d'être libre n'y voit que soumission au regard social, à la mode, aux apparences. Ainsi, pour Herder, «y a-t-il une langue et une forme de périodes plus élaborée, c'est-à-dire un moule plus étroit de la pensée, de la façon de vivre, du génie et du goût, que chez le peuple d'où il s'est répandu de la façon la plus brillante sur le monde sous cent formes différentes ? Or quel spectacle est plus que le sien la marionnette d'une norme de beauté – quelle façon de vivre est plus que la sienne singerie d'une courtoisie, d'une gaîté et d'une élégance dans les mots facile et mécanique – quelle philosophie est, plus que la sienne, devenue l'étalage d'un petit nombre de sentiments et l'habitude de traiter toute chose d'après ces sentiments [2] ». Goethe, Nietzsche et bien d'autres ont tenu des propos analogues.

On trouve réciproquement, bien sûr, des lectures anglo-

1. Max Weber, *Sociologie du droit* (1913), PUF, 1986, p. 112-115.
2. Johann Gottfried Herder, *Histoire et Cultures ; une autre philosophie de l'histoire* (1774), Flammarion, 2000, p. 110.

saxonnes ou françaises qui tendent à regarder comme servitude la soumission à la communauté qu'accepte, ou même qu'exalte, la vision allemande de la liberté. Et on trouve de même, entre Français et Anglo-Saxons, des visions peu amènes de ce que l'autre entend par liberté.

Il apparaît bien, à travers ces regards croisés, qu'il n'y a pas de relation mécanique entre la pure matérialité des restrictions qu'une contrainte fait subir au bon plaisir de chacun et son caractère plus ou moins supportable. Toute restriction à ce bon plaisir n'est pas forcément regardée comme privant de liberté. Dans toute société, l'homme dit libre supporte de multiples contraintes. Certaines sont vues comme la contrepartie sans doute malheureuse, mais inévitable, d'une vie civilisée, pas plus liberticides que l'obligation où chacun se trouve de dormir pour subsister. D'autres encore peuvent être perçues comme un moyen de construire une vraie liberté. Ainsi, pour Rousseau, la liberté n'est pas la licence ; « l'impulsion du seul appétit est esclavage[1] » et il manque à la « populace » la « sévérité de mœurs » qui est la marque d'un peuple libre[2]. Le désir de répudier sans discernement toute contrainte, d'élargir sa marge d'action à la mesure de son caprice, apparaît alors non comme le fait de l'homme libre digne de ce nom, mais comme celui de l'esclave. Pour Kant, la « liberté sauvage » n'est pas une vraie liberté. À partir du moment où une contrainte, que ce soit celle de la loi, celle du groupe ou celle qu'engendre le respect d'une tradition, est perçue comme conforme à ce que subit normalement un homme libre, voire même est un élément de la construction de celui-ci, elle peut être désagréable, il peut être tentant de s'en affranchir, mais elle

1. Jean-Jacques Rousseau, *Du contrat social* (1762), Garnier-Flammarion, 1975, p. 56.

2. Jean-Jacques Rousseau, *Discours sur l'origine et les fondements de l'inégalité parmi les hommes* (1755), Garnier-Flammarion, 1971, p. 141.

s'inscrit dans un destin contre lequel il serait vain de se révolter.

Un aspect essentiel de la question touche à sa dimension sociale, et au caractère socialement plus ou moins humiliant qui peut s'attacher à une contrainte donnée. À travers la diversité des figures de l'homme libre, les questions de formes politiques sont intimement liées à celles de hiérarchie sociale. Les visions de l'homme libre qui entrent en jeu quand il s'agit de définir des formes d'organisation, des institutions politiques, interviennent de même quand on conçoit quel type d'homme mérite l'estime de ses semblables. Quand, par exemple, Tocqueville évoque un « despotisme » qui « dégraderait les hommes sans les tourmenter », les incitant à être en quête de « petits et vulgaires plaisirs », il mêle un registre politique (le despotisme) et un registre social (ce qui est petit et vulgaire). L'opposition entre l'homme libre et l'esclave est une opposition sociale en même temps que politique. Celui qui possède les marques de la liberté hérite de la grandeur de l'homme libre et du respect qui lui est accordé. Celui qui est marqué par les stigmates de la servitude subit un regard pour le moins ambigu. Certes, dans les sociétés contemporaines, on n'affiche plus ouvertement le mépris pour la « populace » qui s'exprimait encore chez Rousseau, chez Sieyès ou chez Marx – quand celui-ci associait l'« abrutissement » et la « dégradation morale » à « l'esclavage [...] de la classe qui produit le capital » et évoquait, reprenant à son compte les termes d'un rapport d'époque, « une population dégénérée au moral et au physique »[1]. Mais, en même temps qu'il est plaint et invité à la révolte, en même temps que l'oppression

1. Karl Marx, *Le Capital,* in *Œuvres,* Gallimard, coll. « Bibliothèque de la Pléiade », 1965, t. I, livre I, 7e section, p. 1163, et *Adresse inaugurale et Statuts de l'Association internationale des travailleurs,* in *Œuvres, op. cit.*, t. I, p. 462.

qu'il subit scandalise et que ceux qui exercent cette oppression sont dénoncés, celui qui n'est pas pleinement traité en homme libre, ou qui ne se conduit pas comme tel, en pâtit dans son image sociale. À moins de se racheter par la vigueur avec laquelle il lutte contre l'oppression, il est facilement vu comme complice de sa condition [1]. Dès lors, il mérite d'être regardé de haut [2].

À travers cette dimension sociale, c'est, en même temps qu'une vision de la liberté, une vision de l'égalité qui se dessine. Dans chaque société, une forme d'égalité rassemble les hommes regardés comme libres : égalité des droits en Angleterre, égalité dans la participation aux décisions communes en Allemagne, participation partagée à une noblesse en France. Et ces différences marquent profondément les formes d'aspiration à l'égalité qui régissent le monde contemporain.

La forme précise que prend, dans une certaine société, le désir de liberté est donc intimement liée aux critères du jugement social. Pour bien saisir ce qui caractérise ce désir en France, il est utile d'examiner de près ces critères. À quoi correspond la notion de noblesse, non pas comme ce qui a été le propre d'un groupe social singulier de la société d'Ancien Régime, mais comme ce qui anime, au-delà de ses incarnations particulières, un idéal de vie personnelle et sociale qui fait toujours référence ?

1. Étienne de La Boétie, *Discours de la servitude volontaire* (1576), Garnier-Flammarion, 1983.
2. Philippe d'Iribarne, *Vous serez tous des maîtres,* Éd. du Seuil, 1996.

CHAPITRE II

Des conceptions rivales de ce qui élève

Dans la société française, l'opposition entre d'un côté ce qui est grand, noble, ce qui élève, honore, et de l'autre ce qui est bas, vil, ce qui abaisse, dégrade, constitue un repère fondamental. Mais à quoi correspond cette opposition ? S'agirait-il seulement d'une manière particulière, simple question de vocabulaire, de distinguer les dominants des dominés, ceux qui disposent de la richesse et du pouvoir de ceux qui en sont privés ? Pourrait-on dire qu'est noble ce que les premiers, de façon arbitraire, considèrent comme tel ? Quand on déclare qu'une tâche, une fonction sociale, une personne sont empreintes de « noblesse », est-ce seulement une manière d'habiller d'un peu de poésie le fait qu'elle convient aux puissants s'il s'agit d'une tâche ou d'une fonction, ou, s'il s'agit d'une personne, qu'elle fait partie des puissants ? Tout un regard contemporain, qui se veut démystificateur, tend à regarder les choses ainsi. Mais la réalité est moins simple.

Dans une société qui se veut démocratique, il n'est pas forcément bienvenu de parler de noblesse. C'est qu'une confusion menace entre la noblesse comme un des ordres privilégiés de la France d'Ancien Régime et la noblesse comme qualité d'être. Sieyès, poursuivant la première de sa haine tout en revendiquant la seconde au nom du tiers état, héritait de toute une tradition. C'est en se référant à une conception plus authentique de ce qui est réellement noble qu'il s'est attaqué à ceux qui étaient juridiquement nobles. Mais, pour pouvoir se prononcer ainsi, il faut se référer, au moins implicitement, à une notion de noblesse qui transcende la conception particulière que peut en avoir un groupe social singulier. Quelle est cette notion ? L'usage contemporain des termes « noble » et « noblesse » n'y donne pas un accès immédiat. Certes, on parle couramment d'un « matériau noble » (la pierre plutôt que le béton, le noyer plutôt que le sapin). On évoque à l'occasion un « noble cœur ». On utilise parfois l'expression « donner des lettres de noblesse » (par exemple à l'enseignement technique) pour dire que l'on souhaite que quelque chose soit tenu en plus haute estime. Mais a-t-on affaire à plus qu'à une série d'expressions toutes faites ?

À l'examen, on trouve bien une notion consistante derrière des usages qui pourraient paraître incohérents. Pour la saisir, la meilleure voie n'est pas de considérer directement ce qui est déclaré noble. Il faut au contraire prêter d'abord attention aux réactions que suscite ce qui est réputé vil, dégradant. Pourquoi, en présence de ceux qui sont le plus déchus, qui errent, sales et avinés, un tel malaise, une telle envie de ne pas voir, que la volonté seule permet parfois de surmonter[1] ? Pourquoi, dans leurs rapports avec leurs congénères jugés inférieurs, même si à première vue rien de fondamental ne les distingue, une telle tendance, chez ceux qui se sentent supérieurs, à se mettre à part, jusqu'à vouloir habiter en d'autres lieux ? Pourquoi, chez ceux qui, de leur côté, se sentent traités de haut, de tels sentiments de dignité blessée ? Pourquoi, à la limite, leur humiliation est-elle capable de produire une telle intensité de ressentiment et de haine qu'elle conduit à promener en triomphe, en chantant *La*

1. On trouve une expression très crue de la violence de ces sentiments jusque chez un homme qui a consacré sa vie aux « clochards », Patrick Declerck, *Les Naufragés. Avec les clochards de Paris,* Plon, 2001.

Carmagnole, les têtes de ci-devant fichées au sommet de piques fièrement brandies ; ou encore, de nos jours, à brûler des écoles et à lapider des pompiers ? C'est que, quand il est question de ce qui est déclaré « bas », « vil », « dégradant », on n'est pas seulement dans le registre des intérêts ou du pouvoir. On pénètre dans celui de l'impureté, du rejet qu'elle suscite, de l'indignité qui lui est associée.

Nous allons voir que, derrière la diversité de ce qui est réputé vil selon les époques et les milieux, une constante apparaît. Est évoqué, par un biais ou par un autre, ce qui est impur, au sens le plus littéral : la décomposition des matières organiques. On le trouve associé, au sein d'un même univers métaphorique [1], à tout ce qui relève de cette décomposition : les ordures, ceux qui, tel le pourceau, y vivent et s'en nourrissent (que l'on songe à l'utilisation qui est faite de l'image du porc dès qu'il s'agit d'évoquer, dans une caricature, un personnage présenté comme méprisable), les « bas-fonds » remplis d'eau croupissante [2]. Ce qui est noble, élevé, a rap-

1. Sur l'extension métaphorique d'un certain nombre d'expériences de base dans l'organisation plus générale de l'expérience, le classique est George Lakoff et Marc Johnson, *Metaphors we live by,* The University of Chicago Press, 1980 (trad. fr., *Les Métaphores dans la vie quotidienne*, Éd. de Minuit, 1985).

2. Cette association est à la source de la violence symbolique qu'exerce la société française vis-à-vis de ses éléments réputés « vils ». À une époque où le respect de celui qui diffère apparaît comme le critère majeur d'une éthique digne de ce nom, le regard ainsi porté sur les autres, la manière parfois très crue d'en parler, et souvent de les traiter, posent question. Fallait-il faire preuve d'une sorte de pruderie victorienne interdisant d'y faire référence autrement que de manière allusive (« cachez ce sein que je ne saurai voir ») ? Ou fallait-il du moins, chaque fois qu'il est question de ce regard, mettre en avant des considérations morales de nature à rendre le propos moins offusquant ? On n'agirait pas ainsi en étudiant une tribu exotique, serait-elle d'anthropophages. Il nous a semblé que, si on veut résister à une telle manière de traiter autrui, il est bon d'en saisir précisément les ressorts. À les ignorer on risque fort de n'obtenir au mieux qu'une conformité extérieure, plus ou moins hypocrite, à un ordre moral mal assumé.

port au contraire avec ce qui, comme l'or, métal « noble » par excellence, résiste à la corruption.

La complexité de la notion de noblesse vient de ce qu'il n'existe pas une, mais trois grandes voies, qui souvent s'opposent, de s'affranchir, matériellement ou symboliquement, de la décomposition :

– accéder à un monde qui échappe au temps, à la matière, à la chair, un monde purement spirituel : l'univers de la pensée, de l'art, des idées qui transcendent la contingence des temps et des lieux ;

– prolonger son existence dans le temps par-delà la mort : par la gloire, l'appartenance à une lignée qui ne s'éteindra pas, la transmission de ce que l'on est, et au premier chef de son sang, à des héritiers qui en perpétueront la mémoire ;

– écarter les traces matérielles de la corruption : lutter contre ce qui est « sale », contre le « désordre », contre ce qui « sent », contre une désorganisation de l'univers physique ou social.

Chacune de ces voies a fait son chemin tout au long de l'histoire, s'incarnant de mille façons, inspirant mille stratégies. On a toujours, dans la France d'aujourd'hui, une compétition permanente entre ethos correspondants avec des luttes idéologiques visant à faire reconnaître la primauté de tel ou tel d'entre eux dans l'un ou l'autre domaine de la vie sociale. Pour faire image, on peut qualifier ces voies, par référence aux trois ordres qui composaient la France d'Ancien Régime, de cléricale, d'aristocratique et de bourgeoise[1].

1. Georges Duby, *Les Trois Ordres ou l'Imaginaire du féodalisme*, Gallimard, 1978. On peut sans doute lier ces manières à la tripartition des sociétés indo-européennes ; Georges Dumézil, *Mythe et Épopée* (1968, 1971, 1973), Gallimard, coll. « Quarto », 1995. Dans la société indienne tout ce qui a rapport avec la décomposition des corps, du maniement des cadavres à celui des excréments et au traitement du cuir, est affaire d'intouchables, au summum de l'impureté, et on distingue trois grandes manières d'être « pur », celles des brahmanes, des guerriers et des marchands ; Louis Dumont, *Homo hierarchicus,* Gallimard, coll. « Tel », 1979.

Mais il faut prendre garde à ne pas associer trop strictement chacune d'elles à un groupe social déterminé.

Où trouver une analyse des manières d'être noble correspondant à ces diverses voies ? À notre connaissance la théorie n'en a pas été faite, ni l'examen de la manière dont elles s'incarnent dans le monde d'aujourd'hui. Par contre, les ethos correspondants sont mis en scène, de manière sans doute incomparable, avec les sentiments qui leur sont associés, dans *À la recherche du temps perdu*. Certes, le monde d'oisifs s'adonnant à des occupations plutôt futiles que décrit Proust constituait déjà à l'époque de sa splendeur une sorte de survivance de temps révolus, sans prise sur les événements du monde, et prête à s'éteindre pour toujours. Mais, dans sa frivolité même, ce monde donne à voir crûment, en tout cas tel que le talent de l'écrivain le dissèque, ce qui, dans d'autres contextes, se voile de mille pudeurs. Si ses mœurs nous sont étrangères, les grands repères en référence auxquels ces mœurs prennent sens sont toujours présents[1]. Ainsi nous verrons que l'œuvre de Pierre Bourdieu, à travers la manière dont elle théorise l'opposition entre le distingué et le commun, témoigne de la persistance de ces repères. Et, pour préciser ce qui fait l'originalité française, nous évoquerons la forme, bien différente, que prend le désir de pureté aux États-Unis.

Nous achèverons ce chapitre par une première évocation de la place que tiennent ces trois références dans la France d'aujourd'hui et de la manière dont elles s'y affrontent (questions ensuite reprises et développées à propos du « modèle

1. S'intéresser au monde de Proust, c'est suivre l'invitation de Marcel Mauss à fixer l'attention sur des sociétés « qui représentent vraiment des maxima, des excès, qui permettent de mieux voir les faits que là où, non moins essentiels, ils restent encore petits et involués ». Cité par Claude Lévi-Strauss, « Introduction à l'œuvre de Marcel Mauss », *in* Marcel Mauss, *Sociologie et Anthropologie*, PUF, 1950, 3e édition, 1966, p. XLI.

social français » et de la façon particulière dont la société française conçoit l'école et traite les questions d'immigration).

I. Bassesse et corruption dans *À la recherche du temps perdu*

On trouve, dans *À la recherche du temps perdu*, plusieurs registres où s'exprime l'opposition entre ce qui est élevé et ce qui est bas : un registre social, un registre esthétique et un registre moral[1]. Dans l'un comme dans l'autre, ce qui est bas est associé à la décomposition des matières organiques, à la corruption, à la mort qu'elles rendent tangibles et aux réactions de rejet qu'elles suscitent.

L'association entre l'infériorité sociale et morale et les divers aspects d'un monde en putréfaction est omniprésente. Prenons la diatribe par laquelle Swann, trahi par sa maîtresse, s'en prend à la bassesse, à la fois sociale et morale des Verdurin (286-288). Swann, pour qualifier le « petit noyau », vu comme « ce qu'il y a de plus bas dans l'échelle sociale », parle de « gaîté fétide », de « plaisanteries nauséabondes », de la « fange » où il se dégrade, des « bas-fonds où clapotent et clabaudent » ses « sales papotages ». Il qualifie ses membres d'« ordures ». Les sentiments associés à une telle vision sont ceux que provoquent les matières en putréfaction. Swann donne « à sa bouche une expression de dégoût si forte qu'il avait lui-même la sensation musculaire de sa grimace jusque dans son cou révulsé contre le col de sa chemise ». « Toute narine un peu délicate, profère-t-il, se détournerait avec horreur pour ne pas se laisser offusquer par de tels relents. » Et

1. On se référera au premier tome de l'édition de 1954, en trois volumes, de la « Bibliothèque de la Pléiade » ; celui-ci comprend *Du côté de chez Swann* et *À l'ombre des jeunes filles en fleurs*. Les chiffres entre parenthèses correspondent aux numéros de page dans cette édition.

il affirme que « les gens du monde [...] montrent leur profonde sagesse en refusant de les connaître, d'y salir même le bout de leurs doigts ! Quelle divination dans ce *Noli me tangere* du faubourg Saint-Germain ».

Plus généralement, ce qui est regardé comme bas est associé à un univers de matières en décomposition. « Ce qu'il y a de plus bas dans l'échelle sociale » va de pair avec « ordure » (287). « L'escalier fétide », « pestilentiel », d'une petite couturière (242, 325), les « étages malodorants » auxquels il mène (324), la « boîte de lait vide et sale préparée sur le paillasson » que l'on y voit devant chaque porte (325) sont autant de marques d'une « maison sordide » au sein d'un quartier « presque populaire » (319). Les quartiers de la porte Saint-Denis et de la porte Saint-Martin sont qualifiés d'« arrondissements sordides » (489), les couches sociales les plus « basses » de « lie du peuple » (492). La pauvreté suscite du « dégoût » (689). Des personnages moralement peu recommandables sont jugés « immondes » (431) ou « véreux » (935). Des termes relevant d'un univers en décomposition parsèment l'ouvrage, dès qu'il est question d'une forme ou d'une autre de bassesse ; « un regard [...] grouillant d'amabilité », les « déjections de Violet-le-Duc » (292), la « tourbe » que forment les habitués du salon Verdurin (601). De fil en aiguille, tout ce qui évoque une situation qui est simplement « commune » ou « vulgaire » se trouve rattaché à cet univers ; un « vulgaire esbroufeur » est « puant » (431).

Simultanément, « noble » et « pur » symbolisent éminemment la lutte contre la corruption. Si noble a plutôt des connotations sociales, il est utilisé de façon plus large. Swann a prêté un temps « une sorte de noblesse morale » au salon des Verdurin (286). Des « sentiments généreux » sont qualifiés de « nobles sentiments » (491). Un « esprit d'élite » fait preuve d'un « noble détachement » (650). On peut parler de « noblesse d'esprit et de cœur » (758). De même, si « pur » a plutôt des connotations morales – « pur et désintéressé »

(737); « pureté morale » (779) –, il sert aussi dans un registre social. Un « sang » peut être plus ou moins « pur » (758). Ces termes se trouvent parfois associés ; « une atmosphère plus noble et plus pure » (287). Ils conviennent pour ce qui résiste à la corruption. Qu'y a-t-il de plus contraire à celle-ci que de « purs diamants » (375) ou un charme « pur comme celui d'une source » (558). « Honorable » relève du même registre. « Déshonoré » s'oppose à « pur » (375), « honorablement » à des états qui, tels ceux de « valets de chambre » ou de « garçon d'écurie », mettent en rapport avec les déchets humains et animaux (21)[1].

Les réactions que provoque la rencontre de ce qui est ressenti comme « élevé » avec ce qui est ressenti comme « bas » sont analogues à celles que suscite la rencontre du pur et de l'impur[2].

On a, du haut vers le bas, une sorte de refus viscéral d'une mise en contact trop intime, ressentie comme une sorte de pollution. On observe à diverses reprises le refus d'une telle mise en contact : « se mêler » (739), « frayer » (358), « recevoir » (679), « connaître » (176). Le « préjugé empêchant ces quelques grandes dames de frayer avec des femmes de sang moins pur » les conserve dans leur « noblesse inaltérée » (758). Ce qui, telle « la vie cosmopolite de Bade ou de Nice » (313), conduit à mêler des éléments qui devraient rester séparés a quelque chose d'impur. Certes, cette séparation n'est pas sans coût ; la « morgue » de certains, particulièrement attachés à leur rang « les préservait de toute sympathie humaine » (680). Tous ne l'acceptent pas. Agissant quelque peu en « corrompu », Swann éprouve « une certaine

1. Divers termes peuvent servir de même à évoquer des formes très diverses d'élévation, aussi bien sociale que morale. Ainsi Proust fait un large usage du qualificatif « délicat », qui s'oppose à « vulgarité » (426). Son sens est aussi bien moral – « une certaine délicatesse d'âme » (303) – que social – « le milieu le plus délicat » (554).

2. Mary Douglas, *De la souillure* (1967), François Maspero, 1981.

volupté» à faire une «mésalliance» (470). Dans une tout autre perspective, il «s'efforçait à discerner, à aimer» chez les gens qu'il recevait «les qualités que tout être humain révèle, si on l'examine avec une prévention favorable et non avec le dégoût des délicats» (514). Pareille mise à distance n'en régit pas moins l'essentiel de la vie sociale.

Du bas vers le haut, la distance qui sépare ce qui est élevé de ce qui est bas provoque parfois des réactions de respect, du type de celles que suscite pour le profane la rencontre du sacré. Françoise a de la «vénération et de l'amour» pour sa «maîtresse [...], sa souveraine, son mystérieux et tout-puissant monarque» (153). Les jeunes gens qui hésitent à saluer Mme Swann ne s'y décident «qu'en tremblant devant les conséquences [...], se demandant si leur geste audacieusement provocateur et sacrilège, attentant à l'inviolable suprématie d'une caste, n'allait pas déchaîner des catastrophes ou faire descendre le châtiment d'un dieu» (639-640). Mais cette distance amène certains à rejeter la vision du monde qui la sous-tend; ainsi le «prolétariat moderne» désire «effacer dans le langage la trace du régime de la domesticité» (799). Et les réactions ambiguës ne manquent pas; quand Saint-Loup, animé «d'aspirations socialistes», fréquente «de jeunes étudiants prétentieux et mal mis», «il cherchait sincèrement à ce qu'ils lui pardonnassent ces origines aristocratiques qui exerçaient sur eux, au contraire, une séduction et à cause desquelles ils le recherchaient, tout en simulant à son égard la froideur et même l'insolence» (737).

II. Trois manières d'être noble et pur

Proust met en scène des manières d'échapper à la corruption que l'on peut qualifier de cléricale, aristocratique et bourgeoise. Ce n'est pas, certes, que l'on puisse établir une correspondance stricte entre les types idéaux ainsi définis et les stratégies sociales que mettent en œuvre, d'une manière qui dépend des temps et des lieux, les membres de tel ou tel groupe social. Celles-ci sont souvent composites, cherchant à jouer sur plusieurs tableaux (par exemple p. 435). Au sein d'un grand groupe social donné, elles sont loin d'être homogènes et varient à l'infini d'un sous-groupe à l'autre, d'un individu à l'autre ; cf. les différences entre « salons » (606). Elles sont menées avec plus ou moins de talent et de réussite. Nous ne nous intéresserons pas, ici, à la complexité de ces stratégies. Nous chercherons seulement à analyser les ingrédients auxquels elles font appel. Proust, pour sa part, n'est pas neutre : il met la pureté cléricale très au-dessus et la pureté bourgeoise très en dessous de la pureté aristocratique. Il n'en dépeint pas moins finement la logique interne de chacune d'elles.

On peut, c'est une première option, échapper à l'inévitable corruption de la chair, et de tout ce qui est voué aux contingences de ce bas monde, en accédant à un monde spirituel. L'art, à propos duquel Proust utilise largement un vocabulaire religieux, est pour lui la voie par excellence de pareil accès.

Le récit par le narrateur de la première occasion où il a vu Mme de Guermantes dans sa réalité terrestre exprime *a contrario* tout ce qui élève l'univers de l'art au-dessus d'un univers matériel voué aux « lois de la vie » : « Ma déception était grande. Elle provenait de ce que je n'avais jamais pris garde, quand je pensais à Mme de Guermantes, que je me la représentais avec les couleurs d'une tapisserie ou d'un vitrail, dans un autre siècle, d'une autre manière que le reste des personnes vivantes. [...] "C'est cela, ce n'est que cela, Mme de Guermantes !", disait la mine attentive et étonnée avec laquelle je contemplais cette image qui naturellement n'avait aucun rapport avec celles qui, sous le même nom de Mme de Guermantes, étaient apparues tant de fois dans mes songes [...] ». Car l'image qui résultait d'une observation de la personne de chair et d'os « était si réelle que tout, jusqu'à ce petit bouton qui s'enflammait au coin du nez, certifiait son assujettissement aux lois de la vie, comme, dans une apothéose de théâtre, un plissement de la robe de la fée, un tremblement de son petit doigt, dénoncent la présence matérielle d'une actrice vivante » (174-175).

Dans l'univers supraterrestre ainsi évoqué, une sonate est une « créature surnaturelle » (351). Une femme devient une « créature immatérielle » (851). On trouve des « anges » (670). La joie que l'on y rencontre relève, affirme le narrateur, d'« une région plus profonde de moi-même, plus unie, plus vaste, d'où les obstacles et les séparations semblaient avoir été enlevés » (94). Une « expression de spiritualité » s'oppose à un « flot tout charnel » accompagnant une « ondulation de pure matière ». Le pouvoir de cette forme de mise en échec de la corruption est si grand qu'il arrive à transfigurer ce qui, telle une table chargée des restes d'un repas, pourrait être vu comme parfaitement sordide : « [...] j'aimais comme quelque chose de poétique, le geste interrompu des couteaux encore de travers, la rondeur bombée d'une serviette défaite où le soleil intercale un morceau de velours jaune, le verre a demi vidé qui montre mieux ainsi le noble évasement de ses formes et, au fond de son vitrage translucide et pareil à une condensation du jour, un reste de vin sombre mais scintillant de lumières, le déplacement des volumes, la transmutation des liquides par l'éclairage » (869).

L'accès à cet univers requiert un apprentissage. Pour goûter les choses de l'esprit et de l'art, il faut être « initié » (459), comme le narrateur l'a été par Bergotte et Elstir. Échapper à l'enlisement de l'habitude et des « évidences » exige une sorte d'ascèse, de renoncement à la facilité du plaisir immédiat. Comment apprécier ce qui ne vous est pas familier sans « l'élimination préalable du poncif auquel nous étions habitués et qui nous semblait la réalité même » ? De ce fait,

« toute conversation neuve, aussi bien que toute peinture, toute musique originales, paraîtra toujours alambiquée et fatigante » (552).

Une seconde manière de lutter contre la mort et la corruption de la chair consiste à s'inscrire dans la durée des siècles. Avoir brillé aux yeux des hommes laisse espérer qu'on durera dans leur mémoire au-delà du tombeau. La « gloire » associée aux « œuvres durables » perdurera lorsque ceux qui les auront réalisées « ne seront plus que poussière » (843). *A contrario,* avoir son nom « inconnu » va de pair avec « s'enterrer » (170), un milieu « obscur » avec un « trou » (191).

Dans cette perspective, une valeur décisive s'attache à ce dont la notoriété est ancienne, a résisté au temps, et qui fournit par là à ceux qui se l'incorporent une forme d'existence inscrite dans la durée des siècles. L'appartenance à une lignée, par laquelle on existait avant sa naissance et on continuera à exister après sa mort, qui a échappé à l'obscurité depuis des temps « anciens » est alors un élément décisif. Chacune des « quelques femmes [...] dont les aïeules avaient été deux siècles plus tôt mêlées à toute la gloire et à toute l'élégance de l'Ancien Régime [...] à côté d'une jolie bourgeoise [étaient] pour lui ce que sont à une toile contemporaine représentant une route ou une noce, ces tableaux anciens dont on sait l'histoire, depuis le Pape ou le Roi qui les commandèrent » (757-758). Enfant, le narrateur était fasciné par le duc et la duchesse de Guermantes, « toujours enveloppés du mystère des temps mérovingiens » (171). Ce rôle de l'ancien engendre des conduites surprenantes pour ceux dont la manière d'être est fondée sur d'autres façons de résister à la décomposition : « la bourgeoisie [...] n'en revient pas quand le duc, président du conseil d'administration de la colossale Affaire, donne pour femme à son fils la fille du marquis joueur, mais dont le nom est le plus ancien de France » (703). Est « grand » ce qui est à la fois brillant et ancien : un « grand seigneur » (191), une « grande dame » (541), de « grandes alliances » (261).

Cette incorporation du passé dans le présent s'associe à une valorisation extrême de ce qui lie l'un à l'autre à travers le « sang », la « race », la « naissance ». De « grandes dames » s'opposent à « des femmes d'un sang moins pur » (758). Une « archiduchesse » constitue pour Swann « un être de race différente », et il en est de même d'une « cocotte » (470). « Mieux née » (935) s'oppose à « basse extraction » (936). Dans cette perspective, une valeur particulière est attachée à ce qui est « inné », « naturel », par opposition à ce qui est acquis (alors que l'attachement à ce qui relève de l'esprit valorise au contraire ce à quoi l'initiation et l'ascèse qui l'accompagne donnent accès). Certains possèdent une « distinction innée » (689). « Naturel » va de pair avec « distingué » (64).

Chercher ainsi à briller dans le siècle et à s'incorporer un passé suffisamment éclatant pour résister au temps est essentiellement, dans *La recherche,* le fait du « monde », des « mondains ». Proust, pour sa part, regarde leur ethos comme très inférieur à l'ethos clérical.

Les tantes du narrateur, qu'il admire, « étaient des personnes d'aspirations élevées et qui, à cause de cela même, étaient incapables de s'intéresser [...] à tout ce qui ne se rattachait pas directement à un objet esthétique ou vertueux ». « Le désintéressement de leur pensée » était total « à l'égard de tout ce qui, de près ou de loin, semblait se rattacher à la vie mondaine » (21). Elles déniaient toute légitimité aux distinctions mondaines ; « est-ce qu'un homme n'est pas autant qu'un autre ? Qu'est-ce que cela peut faire qu'il soit duc ou cocher, s'il a de l'intelligence et du cœur ? ». Et elles refusent qu'on distingue entre « tous les honnêtes gens » (26-27).

Sans être aussi radical, le narrateur évoque « les grandeurs factices de l'aristocratie » (771) et oppose les valeurs mondaines à celles de l'esprit. « Les mérites spirituels d'un salon et son élégance » sont vus comme « généralement en rapport inverse » (606). Une « nature hardie, frivole et dure » s'allie volontiers avec une attirance pour « un certain mélange de souplesse, de grâce et d'élégance physique », tous éléments d'un ethos aristocratique, en même temps qu'avec le fait d'être « incapable de subir un attrait d'un ordre intellectuel ou moral » (790). Les valeurs de l'esprit lui paraissent supérieures. « À côté de celle d'un grand artiste, l'amabilité d'un grand seigneur, si charmante soit-elle, a l'air d'un jeu d'acteur, d'une simulation » (827). La reconnaissance d'une telle supériorité est attribuée par le narrateur aux meilleurs des « hommes du monde » (733). On voit la crainte d'être « pédant » détourner ceux qui se veulent hommes d'esprit, au sens mondain du terme, des chemins d'une pensée « profonde » ; Swann, évoquant les *Pensées* de Pascal, « détacha ce mot d'un ton d'emphase ironique pour ne pas avoir l'air pédant [...] regrettant de s'être laissé aller à parler même légèrement de choses sérieuses : "Nous avons une bien belle conversation, dit-il ironiquement, je ne sais pas pourquoi nous abordons ces 'sommets'" » (26).

Dans une époque qui porte intérêt aux choses de l'esprit, les « mondains » les mettent au service de leur façon d'être grand. Proust dénonce la dénaturation qu'ils font subir ainsi à ce qui relève, estime-t-il, d'un ordre supérieur. Un « génie » s'abaisse en montrant « un grand empressement envers des gens du monde » pour se pousser vers l'Académie, alors que « l'Académie ou le faubourg Saint-Germain n'ont pas plus à voir avec la part de l'Esprit éternel, laquelle est l'auteur des livres de Bergotte, qu'avec le principe de causalité ou l'idée de Dieu » (557).

Une troisième manière de fournir le sentiment d'une vie protégée de la dégradation et de la mort consiste non à échapper au monde matériel (en s'inscrivant dans l'éternité ou dans l'histoire) mais à organiser celui-ci. Il s'agit alors de lutter matériellement contre ce qui conduit à la dégradation et à la mort et d'effacer, autant que faire se peut, les traces matérielles de celles-ci ; de construire un monde solide, propre, ordonné, sûr. Quand Odette, animée par le « respect humain de la bourgeoisie », critique l'ameublement ancien de Swann, elle le décrit comme composé de « meubles cassés et de tapis usés » (245).

Parfois le narrateur reprend cet ethos à son compte. Le désordre lui répugne ; les « caractères informes » de l'écriture d'Odette, que Swann ne remarque pas, « eussent signifié peut-être pour des yeux moins prévenus le désordre de la pensée, l'insuffisance de l'éducation, le manque de franchise et de volonté » (222). On trouve essentiellement une telle adhésion quand il évoque l'aspect moral de cet ethos, fondement d'une vie ordonnée qui donne une certaine solidité à ce bas monde. L'honnêteté grandit ; la « modestie et l'honnêteté [...] donnaient souvent de la noblesse au visage de notre vieille servante » (649). Il existe une « distinction morale » (42). Le narrateur évoque « ces chambres de province qui [...] nous enchantent des mille odeurs qu'y dégagent les vertus, la sagesse, les habitudes, toute une vie secrète, invisible, surabondante et morale que l'atmosphère y tient en suspens » (49).

Le plus souvent, Proust prend ses distances par rapport à l'ethos bourgeois, ou même le tourne en dérision. La grand-mère du narrateur, qu'il vénère, assimile « utilité » et « vulgarité » ; « Même quand elle avait à faire à quelqu'un un cadeau dit utile, quand elle avait à donner un fauteuil, des couverts, une canne, elle les cherchait "anciens", comme si, leur longue désuétude ayant effacé leur caractère d'utilité, ils paraissaient plutôt disposés pour nous raconter la vie des hommes d'autrefois que pour servir aux besoins de la nôtre » (40). De même elle « aurait cru mesquin de trop s'occuper de la solidité d'une boiserie où se distinguaient encore une fleurette, un sourire, quelquefois une belle imagination du passé» (41). Les bourgeois qui, tels les Verdurin, n'acceptent pas le caractère inférieur de leur condition sont raillés; cf. l'évocation de la «majesté presque papale» avec laquelle Mme Verdurin exprime «l'imprescriptible dignité des Verdurin opposée à celle des La Trémoïlle et des Laumes» (259).

La richesse et les biens qu'elle permet d'acquérir alimentent cette façon d'être quand ils sont utilisés non pour orner l'existence et pour briller mais dans une perspective utilitaire, c'est-à-dire, *in fine*, pour échapper aux menaces qui pèsent sur le corps, pour entretenir sa santé et sa vie. Quand l'argent reste marqué par une sorte de platitude bourgeoise dans son usage, mêlée aux séquelles de ce à quoi il a fallu consentir pour le gagner, le narrateur le regarde comme vulgaire. Les «bas calculs», allant de pair avec le souci «de ses intérêts» qui permet d'être «apprécié par ce siècle commercial» s'opposent à «l'honneur» (245). Pour pouvoir parler de «noble richesse», apanage d'une «classe sociale [...] déjà dégagée du monde des riches», il faut qu'il s'agisse d'une «richesse devenue ductile, obéissant à une destination, à une pensée artistiques, l'argent malléable, poétiquement ciselé» (639). La grand-mère du narrateur prise un jeune homme riche pour la façon qu'il avait de vivre dans le luxe sans «sentir l'argent» (734).

III. De Proust à Pierre Bourdieu

L'opposition entre le «distingué» et le «vulgaire» est au centre de *La Distinction*[1]. Celle-ci, théorise Pierre Bourdieu, renvoie à un ensemble d'oppositions du langage courant qui

1. Pierre Bourdieu, *La Distinction; critique sociale du jugement*, Éd. de Minuit, 1979.

forment un système d'équivalents[1]. Si, parmi ces multiples oppositions, on trouve celles de «pur» et d'«impur», l'ouvrage ne prête à ces termes aucune attention particulière; ils sont absents de son riche index. Ce sont plutôt les catégories de «commun» et de «rare», allant de pair avec celles de «dominé» et de «dominant» qu'il privilégie. «Matrice de tous les *lieux communs* qui ne s'imposent si aisément que parce qu'ils ont pour eux tout l'ordre social, le réseau des oppositions entre haut (ou sublime, élevé, pur) et bas (ou vulgaire, plat, modeste) [...] a pour principe l'opposition entre l'"élite" des dominants et la "masse" des dominés» (p. 546). Néanmoins, l'ouvrage laisse voir, animant les diverses stratégies de «distinction», la recherche d'une manière d'être «pur» qu'il est difficile de réduire à une utilisation stratégique des diverses formes de capital, économique, social ou culturel, que chacun possède.

La distance, non seulement historique mais aussi sociale, est considérable entre les personnages de Proust et ceux de Pierre Bourdieu. On ne rencontre chez ce dernier ni artiste reconnu, ni duchesse, ni même grands bourgeois. Mais on retrouve leurs héritiers de plus modeste stature: l'enseignant

1. «[...] considérés dans chacun de leurs usages, affirme-t-il, les couples de qualificatifs dont le système constitue l'appareillage conceptuel du jugement de goût sont extrêmement pauvres, quasi indéfinis, mais propres par là même à procurer ou à exprimer le sentiment de l'indéfinissable: chaque usage singulier d'un de ces couples ne prend son sens complet que par rapport à un *univers de discours* chaque fois différent, le plus souvent implicite – puisqu'il s'agit du système des évidences et des présupposés admis comme allant de soi dans le champ par rapport auquel se définissent les stratégies; mais chacun des couples ainsi spécifiés par l'usage a pour harmoniques tous les autres usages qu'il pourrait avoir – en raison des relations d'homologie entre les champs qui autorisent les transferts d'un champ à l'autre – et aussi tous les autres couples qui lui sont substituables à des nuances près (par exemple fin/grossier pour léger/lourd), c'est-à-dire dans des contextes légèrement différents». *Ibid.*, p. 547-548.

rempli de « bonne volonté culturelle », celui qui, tout bourgeois qu'il soit, se veut quelque peu « vieille France », le modeste employé. Chacune de ces catégories a sa conception propre de ce que Pierre Bourdieu qualifie de « distingué ». On y retrouve les trois grandes manières d'échapper à ce que ce monde a de périssable que nous avons rencontrées chez Proust : soit s'installer dans ce qui, relevant de l'éternité, ne passera pas, Dieu, l'âme, la transcendance, l'esprit ; soit accéder à une immortalité qui rend indéfinie la présence en ce monde, en brillant d'un tel éclat par ses hauts faits que l'histoire en sera marquée, ou en s'inscrivant dans une lignée ; soit pourchasser le sale, le désordonné, l'incertain. Ces conceptions, loin d'être un produit arbitraire des stratégies de différenciation qui nourrissent le jeu social, font partie du cadre au sein duquel ce jeu se déroule. Les « habitus » des divers groupes sociaux combinent avec plus ou moins de bonheur (d'une manière sans doute plus éclectique au sein d'un même groupe que Pierre Bourdieu ne paraît le suggérer) ces diverses stratégies.

Dans *La Distinction* comme chez Proust, l'opposition vulgaire / distingué a des liens avec ce qui sépare, d'une part, ce qui est voué à la corruption (et au premier chef la matière animale en voie de décomposition et le rejet qu'elle suscite) et, d'autre part, ce qui échappe à celle-ci ; « en matière de goût, plus que partout, toute détermination est négation ; et les goûts sont sans doute avant tout des *dégoûts,* faits d'horreur ou d'intolérance viscérale ("c'est à vomir") pour les autres goûts, les goûts des autres » (p. 60).

Les intellectuels et les artistes que dépeint Pierre Bourdieu héritent des stratégies des clercs. On les voit s'attacher passionnément à des « formes plus ou moins sécularisées de la recherche du salut religieux » (p. 425). « L'amour de l'art est pensé comme une forme sécularisée de "l'amour intellectuel de Dieu" » (p. 251). « Le musée d'art [...] ne propose jamais que les plaisirs hautement épurés et sublimés que revendique l'esthétique pure» (p. 308). Une certaine ascèse – ainsi, «la coloration ascétique des pratiques culturelles des professeurs et des intellectuels» (p. 321) – fait partie d'une telle stratégie. Elle correspond à «la négation de la jouissance inférieure, grossière, vulgaire, mercenaire, vénale, servile, en un mot naturelle», négation qui va de pair avec «l'affirmation de la sublimité de ceux qui savent se satisfaire des plaisirs sublimés, raffinés, désintéressés, gratuits, libres». À «ceux qui ne sont que nature» s'opposent «ceux qui affirment dans leur capacité de dominer leur propre nature biologique» (p. 573). Simultanément, ce qui est universel s'élève au-dessus de l'aspect périssable du monde, des particularismes, enracinés dans la chair, propres à un temps et à un lieu. S'attacher à l'universel, l'habiter, c'est échapper à ce qui est corruptible. L'intérêt des intellectuels pour les «essences», plus que pour ce qui est «éphémère» marque jusqu'à leur perception du monde politique (521).

L'aristocratie, représentée par le bourgeois «de vieille roche», appartenant aux «secteurs les plus anciens de la bourgeoisie» (p. 216, 101), poursuit l'immortalité en ce monde. Il lui faut échapper à ce qui est «commun», donc «obscur» (ce dont n'a que faire celui dont l'élévation est toute spirituelle). Chercher à «passer à la postérité», «posséder de l'ancien» (p. 78), hériter et transmettre, s'inscrire dans une dynastie (p. 83), relèvent de pareille stratégie. Dans cette perspective, il faut disposer de «biens de famille» (p. 83), pour accéder à une forme de distinction. Le «nouveau riche» reste vulgaire.

On retrouve l'opposition, rencontrée chez Proust, entre ces deux perspectives, avec le débat entre les «doctes» et les «mondains», entre un «savoir d'école» et un «sens mondain» lié aux «intuitions confuses de la familiarité» (p. 100), opposition à laquelle l'ouvrage fait largement écho (p. 73 à 80). La vision cléricale, pour laquelle la pureté est liée à un degré d'initiation et qui n'a pas peur d'afficher les marques de celle-ci (telles les citations latines), affronte la vision aristocratique pour laquelle la pureté est liée à la naissance et qui valorise le raffinement « naturel » ; « je voudrais que l'on sût tout et que de la manière qu'on parle on ne pût être convaincu d'avoir étudié » (p. 76).

On trouve enfin une manière d'échapper au monde de la corruption attachée à la propreté et à l'ordre ; « lors même qu'elle ne s'inspire aucunement du souci conscient de prendre ses distances à l'égard du laxisme populaire, toute profession petite-bourgeoise de rigorisme, tout éloge du propre, du sobre et du soigné, enferme une référence tacite à la malpropreté, dans les mots et dans les choses » (p. 274) ; « Au "franc-manger" populaire, la bourgeoisie oppose le souci de manger *dans les formes.* [...] ce qui est exigé – et inculqué – [...], c'est aussi tout un rapport à la nature animale, aux besoins primaires et au vulgaire qui s'y abandonne sans frein ; [...] tout ce parti de stylisation tend à déplacer l'accent de la substance et la fonction vers la forme et la manière et, par là, à nier ou, mieux, à dénier la réalité grossièrement matérielle de l'acte de consommation et des choses consommées ou, ce qui revient au même, la grossièreté bassement matérielle de ceux qui s'abandonnent aux satisfactions immédiates de la consommation alimentaire » (p. 218-219). Mais, dans cette perspective bourgeoise, il ne faut pas que le souci de la tenue, de la forme, mène trop loin vers l'ethos de l'artiste. L'art pour l'art, éminemment pur dans une perspective de clerc, devient synonyme d'impureté morale. Bourdieu cite un texte de Proudhon particulièrement parlant : « l'artiste, dépravé dans sa raison, dissolu dans ses mœurs, vénal et sans dignité, est l'image impure de l'égoïsme. L'idée du juste et de l'honnête glisse sur son cœur sans prendre racine [...]. L'art pour l'art, comme on l'a nommé, [...] est débauche du cœur et dissolution d'esprit » (p. 50).

IV. Une vision singulière de l'homme accompli : valeurs françaises et valeurs américaines

La singularité française apparaît bien dès que l'on compare la manière dont on se situe socialement en France avec celle dont on le fait ailleurs. Il est particulièrement éclairant de regarder la France dans le miroir américain. Français et Américains (comme sans doute tous les humains) sont les uns et les autres épris de pureté. Mais ils n'ont pas la même vision de ce qui souille, et ne combinent pas de la même manière la pureté, le pouvoir et l'argent. Pour les Américains, c'est avant tout le péché qui souille, et l'argent du péché. La pureté relève d'un registre religieux et c'est à travers une vision religieuse qu'elle concerne le statut social. En ce sens on peut parler d'un puritanisme américain. Pour les Français, c'est, en tout cas dans la sphère publique, le déshonneur qui souille, et l'argent du déshonneur. La pureté relève d'un registre directement social.

Une recherche qui a porté sur les valeurs des cadres en France et aux États-Unis témoigne bien de ces différences[1].

« Noblesse » française, vertu américaine

On y retrouve, côté français, l'attachement à une manière noble d'exister, dans ses deux variantes dominantes : variante aristocratique, spécialement chez les cadres d'entreprises issus de familles de vieille bourgeoisie ; variante cléricale, spécialement chez les enseignants. Le refus de plier, par peur ou par intérêt, la fidélité à soi-même, à ses propres valeurs,

1. Michèle Lamont, *Money, Moral, Manners. The Culture of the French and the American Upper-Middle Class,* 1992 ; trad. fr. : *La Morale et l'Argent ; Les valeurs des cadres en France et aux États-Unis,* Métailié, 1995. On citera ici la traduction française. Notons qu'on n'a pas affaire à un regard français. Québécoise, Michèle Lamont enseigne aux États-Unis.

sans crainte des conflits que cela peut entraîner, se retrouvent dans ces deux variantes: «Toujours être en accord avec soi-même et ne pas avoir honte de ce qu'on fait et de ce qu'on dit», «refuser de lécher les bottes des autres», «être toujours fidèle à ce qu'on pense», etc. Les propos d'un professeur parisien expriment le cœur de cette recherche de noblesse: «Je préfère de loin faire ce que je fais et être libre que gagner deux fois plus et avoir à suivre des ordres et à être obséquieux [1].» La réussite économique n'est vraiment respectable que si elle a pu être obtenue sans courber l'échine. Et il est peu élégant de trop en faire état; cela sent par trop son nouveau riche. En revanche, rien n'interdit de mépriser ce qui est «vulgaire» et de faire preuve de quelque condescendance vis-à-vis des «Français moyens».

Aux États-Unis, on a des repères bien différents. L'affirmation carrée d'une volonté de fidélité à soi-même face à la pression du troupeau est ressentie comme relevant d'une arrogance coupable. Les Américains interrogés disent entre autres que «le manque de souplesse est vraiment déconsidéré. Quelqu'un de tempérament solitaire peut faire des choses dans son coin, mais je ne pense pas qu'on accordera beaucoup de valeur à ce qu'il fera. Je pense que nous accordons davantage de valeur à la résolution des problèmes par l'interaction de groupe qu'à la résolution individuelle de ces problèmes», ou encore: «La plupart des gestionnaires qui étaient intéressés par la réussite de leur carrière ont été promus facilement. [C'est facile] à partir du moment où vous [êtes] perçu comme quelqu'un de coopératif, de flexible, quelqu'un qui ne va pas être source d'ennuis et avec qui il ne sera pas difficile de travailler» [2]. La mise en avant de formes de raffinement qui séparent du commun est vue de même comme une forme d'arrogance peu compa-

1. *Ibid.*, p. 87.
2. *Ibid.*, p. 58.

tible avec des idéaux démocratiques. Il est de bon ton de mettre en avant une certaine équivalence entre ce qui constitue pour un regard français des goûts vulgaires et des goûts distingués, en affirmant par exemple : « Le gardien de l'endroit où je travaille, je peux le rencontrer dans une exposition de trains et il saura absolument tout sur les trains, sur les années, sur le prix de chaque pièce, et je me dirai "Hou la la ! Voilà encore quelque chose que je ne savais pas". Et alors, vous devenez inférieur à lui, la situation se retourne. C'est juste une question de situation... Je peux être bon au tennis et un autre sera un bon chanteur. L'un dans l'autre, tout s'égalise[1]. »

Simultanément, la mise en avant de la réussite matérielle n'est pas entravée par des considérations d'élégance et de désintéressement. Cette réussite doit seulement être présentée comme le fruit des efforts faits, du travail, et non comme celui de dons par lesquels on échapperait au commun[2]. Elle est vue comme une source de liberté, avec des affirmations telles que « [mon travail] n'est pas de tout repos. Les avantages financiers qu'il me procure sont la seule raison qui me pousse à le faire ; ça me donne la liberté de faire ce que bon me semble, de me déplacer, de faire toutes sortes de choses[3] ». Après avoir noté qu'une bonne partie des Français qu'elle a interrogés voient dans l'argent « un moyen de *maintenir* une identité sociale plutôt que d'améliorer une position sociale ou de manifester un progrès dans le pouvoir d'achat » et ne parlent d'argent qu'avec une grande pudeur, Michèle Lamont remarque que « de telles attitudes ne se sont pas manifestées un instant parmi les Américains avec lesquels j'ai parlé ». Simultanément, une conduite morale, dans le sens du respect des dix commandements, est vue

1. *Ibid.*, p. 62.
2. *Ibid.*, p. 96.
3. *Ibid*, p. 90.

comme une source essentielle de la place que l'on occupe dans la société. « Mes interviewés se sont montrés extraordinairement prompts à affirmer leur supériorité par rapport à ceux qui mentent, qui trompent leur conjoint et qui ne respectent pas la loi. » Elle cite, comme propos typique : « Je me sens supérieur aux gens qui ne travaillent pas et qui se figurent que tout le monde doit subvenir à leurs besoins, je me sens supérieur aux gens qui ont des esprits et des corps malsains, et je me sens supérieur aux gens qui pensent avoir fait quelque chose de leur vie mais qui pour y arriver s'y sont pris de manière immorale ou illégale[1] ».

Cette différence de repères entre Français et Américains tient bien sûr au fait qu'aux États-Unis l'attachement à ce qui est noble, sous ses diverses facettes, non seulement ne constitue pas un repère partagé mais est considéré comme incompatible avec les idéaux démocratiques. Il tient de même au caractère extrêmement positif qu'y revêt la figure du propriétaire ardent à faire fructifier son bien, dont ses propres capacités font partie. Mais il tient aussi au fait que les repères d'origine religieuse qui, en France, n'occupent qu'une place très secondaire dans la vie sociale, au point qu'on peut parler de celle-ci en les ignorant (ce qu'ont fait aussi bien Proust que Bourdieu), occupent au contraire une place essentielle dans la vie sociale américaine. Pour comprendre ce dernier point, il nous faut remonter à la grande rupture de la Réforme, rupture que les mouvements de sécularisation qui ont marqué l'une et l'autre société n'ont pas suffi à effacer[2].

1. *Ibid.*, p. 44-45.

2. Cet enracinement dans l'histoire religieuse des différences entre conceptions de l'éthique, au sein de la vie publique, est analysé plus en détail dans Philippe d'Iribarne, « La légitimité de l'entreprise comme acteur éthique aux États-Unis et en France », *Revue française de gestion*, septembre-octobre 2002.

Un héritage religieux et éthique différent

L'histoire des sociétés européennes est marquée par un double héritage éthique. À un héritage antique, grec et romain, se superpose un héritage biblique, et au premier chef évangélique, bien différent[1]. L'un célèbre la grandeur et la magnanimité, l'autre l'humilité. L'un distingue radicalement les devoirs propres aux divers états de vie, l'autre soumet les puissants et les humbles aux mêmes devoirs. Dans les sociétés européennes d'avant la Réforme, ces deux éthiques coexistaient. L'éthique sociale, sanctionnée par l'opinion, attachée aux exigences de l'honneur, cohabitait avec l'éthique religieuse, portée par l'Église, attachée aux exigences de la vertu. Parfois ces exigences s'opposaient radicalement, ainsi à propos du duel ou de la morale sexuelle masculine. Une stricte référence aux exigences évangéliques était réservée aux moines, voués aux « états de perfection », pendant que l'Église s'accommodait largement d'un « compromis entre les exigences de la morale temporelle et la morale chrétienne originaire »[2].

Dans la France de la fin de l'Ancien Régime, même si la France se dit « fille aînée de l'Église », l'éthique chrétienne reste soumise en pratique à rude concurrence de la part d'une éthique mondaine relevant du registre de l'honneur. « Dans les États monarchiques et modérés, écrit Montesquieu, la puissance est bornée par ce qui en est le ressort ; je veux dire l'honneur, qui règne, comme un monarque, sur le prince et sur le peuple. On n'ira point lui alléguer les lois de la religion ; un courtisan se croirait ridicule : on lui

1. Pierre Manent, *La Cité de l'homme,* Fayard, 1994.
2. Ernst Troeltsch, *Protestantisme et Modernité* (1909, 1911, 1913), Gallimard, 1991, p. 62.

alléguera sans cesse celles de l'honneur[1].» Et si le règne de l'honneur n'interdit pas l'existence d'âmes pieuses, attachées à une éthique chrétienne, il incite cet attachement à rester discret. «Quand on était sage, rapporte un témoin d'époque, c'était par goût et sans faire le pédant ou la prude[2].» Le respect de l'éthique religieuse relève de l'intime, non du contrôle par une communauté de croyants identifiée au corps politique. Certes, en matière d'éthique comme ailleurs, la Révolution française et ses héritiers ont voulu radicalement innover. Pour certains, Robespierre, Saint-Just, la vertu, liée à la religion de l'humanité, est au cœur de la République[3]. De multiples efforts ont été faits pour asseoir sa place dans la société. Les philosophes ont été vus comme ses prêtres. Jules Ferry et la troisième République ont voulu faire de l'école un instrument de sa diffusion. Mais, comme la morale religieuse, la morale laïque ne relève pas d'un contrôle exercé par la communauté des «croyants» (des citoyens), mais des rapports de chacun avec sa conscience. L'époque où les sans-culottes ont prétendu exercer un contrôle à caractère moral paraît un temps de tyrannie. Et les conceptions du devoir qui ont prévalu dans la sphère publique sont restées marquées par une éthique de l'honneur.

Les États-Unis héritent d'une tout autre histoire

Par rapport aux accommodements avec le monde dont se satisfaisait l'Église catholique, la Réforme a représenté, chez Luther et plus encore chez Calvin, une rupture radicale. Avec la suppression du monachisme, la distinction entre ceux qui étaient voués à suivre rigoureusement la

1. Montesquieu, *De l'esprit des lois* (1747), première partie, livre III, chap. 10.

2. Cité par Taine, *Les Origines de la France contemporaine* (1875), Robert Laffont, coll. «Bouquins», 1986, p. 107.

3. François Furet, *La Révolution*, Hachette, 1988, p. 151-152.

morale chrétienne et ceux dont il était attendu qu'ils se contentent de compromis entre celle-ci et la morale du monde a disparu. De plus, avec la suppression de la confession, le contrôle du respect de la morale chrétienne a été pris en charge par la communauté des croyants. « La dogmatique de Calvin, note Troeltsch, [...] impose à la moralité chrétienne un développement militant, un contrôle réciproque de chacun [...]. L'ordre religieux s'étend à l'ensemble de la vie, même aux affaires strictement temporelles [...]. La distinction entre morale chrétienne supérieure et inférieure a disparu[1]. »

Cette conception de la société s'est d'autant plus épanouie aux États-Unis que, contrairement à ce qui s'est produit en Europe, elle n'a guère eu à y composer avec un ordre ancien construit selon d'autres principes. Dans « les États de la Nouvelle-Angleterre, les anciennes structures du corporatisme européen faisaient défaut et [...] les institutions politiques surgissaient des institutions religieuses[2] ». Ces institutions ont été marquées par la conception qu'en avaient les sectes protestantes[3]. Celles-ci étaient très attachées à la pureté des mœurs de leurs membres. « Une secte tant soit peu réputée n'admettait personne en son sein dont la "conduite" ne fût, de façon indiscutable, moralement *qualifiée*[4]. » C'est sur la communauté des fidèles que reposait le contrôle de la conduite de chacun : « Pour le maintien de sa discipline, la secte s'en remettait surtout aux laïcs. Nulle autorité spirituelle ne pouvait délier la communauté de sa responsabilité collective devant Dieu[5]. »

1. Ernst Troeltsch, *Protestantisme et Modernité, op. cit.*, p. 15, 59, 60.
2. *Ibid.*, p. 83.
3. Robert Bellah *et al., Habits of the Heart*, Berkeley, University of California Press, 1985, p. 245.
4. Max Weber, *Les Sectes protestantes et l'Esprit du capitalisme* (1920), in *L'Éthique prostestante et l'Esprit du capitalisme,* Plon, 1964, p. 262.
5. *Ibid.*, p. 283.

Ce contrôle exercé sur chacun paraissait d'autant plus nécessaire que régnait la conviction que l'homme est faible par nature (il est naturellement « ambitieux, rancunier et rapace », affirment par exemple les *Federalist Papers*[1]) et a besoin d'être guidé et encadré par la société pour pouvoir avancer vers le bien. Certes, tous les Américains des premiers temps ne se reconnaissaient pas dans les conceptions puritaines. Celles-ci coexistaient avec un individualisme utilitariste peu préoccupé de religion, dont Benjamin Franklin a été un porte-parole particulièrement écouté. Mais les deux courants n'avaient pas de mal à se retrouver en matière de moralité, car celle-ci était perçue comme une source de réussite matérielle. La doctrine de l'intérêt bien entendu, selon laquelle l'intérêt et la morale font bon ménage, permet de faire se rencontrer les exigences morales de la religion et la vision selon laquelle il appartient à chacun d'être le défenseur de son propre intérêt[2].

Dans la culture qui s'élabore ainsi, il y a encore moins de place que dans les pays protestants européens pour une éthique mondaine concurrençant une éthique religieuse. De plus, le respect de celle-ci, loin de ne relever que des rapports de chacun avec sa conscience, concerne éminemment la communauté. L'éthique qui règle les relations privées, et en particulier les relations familiales, n'est pas perçue comme relevant d'un autre registre, avec d'autres références, que celle qui règle l'engagement dans la sphère publique. La manière dont on agit dans la sphère la plus privée est réputée révéler qui l'on est de façon générale, et comment on est susceptible de se conduire dans la vie publique. La vision selon laquelle on peut manquer de vertu

1. Alexander Hamilton, James Madison et John Jay, *The Federalist or the New Constitution, op. cit.*, n° 6, p. 20.

2. Alexis de Tocqueville, *De la démocratie en Amérique, op. cit.*, t. II (1840), deuxième partie, chap. VIII.

dans sa vie familiale sans que cela empêche en rien de se comporter en homme d'honneur dans ses engagements publics n'a pas cours. L'intérêt des Américains, qui n'a pas disparu de nos jours et qui parfois choque tant les Français, pour la moralité privée de leurs hommes politiques se comprend dans cette perspective.

Sans doute, depuis l'époque des fondateurs, la société américaine a été marquée par un mouvement de sécularisation. Mais celle-ci a ses limites. *In God we trust,* affirme toujours chaque billet de banque et, en 2001, un président américain n'a pas hésité, dans des circonstances dramatiques, à confier la nation à Dieu[1]. Pendant ce temps, le thème de l'intérêt qu'il y a à être honnête en affaire, dès lors qu'on se place dans le long terme, reste très présent. Au total, la vision d'une société unie autour de valeurs morales d'inspiration religieuse dont le respect est pour chacun un facteur de crédibilité et par là de réussite dans le monde est toujours d'actualité.

V. Le mirage d'une société apaisée

Il est courant de regretter le caractère apparemment irréductible des affrontements, et au premier chef des affrontements idéologiques qui caractérisent la société française, et de souhaiter qu'au sein d'une société apaisée les Français sachent mieux s'accorder pour élaborer de concert des solutions pratiques aux problèmes concrets qu'il leur faut résoudre ensemble. Nos voisins d'Europe du Nord et la qualité de leur pragmatisme sont alors donnés en exemple. Nous verrons de manière plus détaillée, dans les chapitres qui suivent, pourquoi, dans divers domaines de la vie sociale, de telles exhortations ne restent guère que des

1. Cf. les discours de George W. Bush après les attentats du 11 septembre.

vœux pieux. Mais, au-delà d'un ensemble de cas particuliers, on a affaire à des raisons plus générales.

Débats idéologiques

Tout ce qui, en France, d'une manière ou d'une autre, entretient des rapports avec la place attribuée à chacun dans la société est l'objet d'intenses débats idéologiques, qu'il s'agisse de la vie économique et sociale, de l'école, de l'insertion des immigrés ou de tout autre domaine. Cela se comprend d'autant mieux que non seulement cette place représente un enjeu considérable mais que de grandes incertitudes subsistent sur les règles qui conduisent à la fixer.

Dans une société où le fait d'être soumis aux mêmes lois, ou encore d'avoir également part, à travers le principe « un homme, une voix », aux décisions concernant la communauté, suffit pour fournir pleinement une identité de citoyen, perçu comme égal à tout autre, d'une société démocratique, cette égalité n'empêche pas qu'il existe une certaine hétérogénéité sociale. Le statut social, tel qu'il résulte pour chacun du milieu dont il provient, des études qu'il a faites, de la profession qu'il exerce, peut certes être un enjeu suffisant pour qu'il vaille la peine de se donner du mal pour chercher à l'améliorer. Mais cet enjeu reste malgré tout limité. Quoi qu'on fasse, on demeure, à condition de ne pas être mis au ban de la société, un humain comme les autres. Quand, de plus, le statut de chacun dépend d'une manière communément admise de caractéristiques comme l'argent et le pouvoir, qu'on ne saurait contester, il ne reste plus qu'à faire son possible dans le cadre des règles du jeu social telles qu'elles existent. Les sociétés d'Europe du Nord constituent une approximation raisonnable d'un tel modèle théorique. Il en est de même, dans une moindre mesure, pour l'Amérique blanche (la situation des Noirs est une autre affaire). Mais la France en est bien éloignée.

D'une part, le degré de «noblesse» dont le statut social est porteur concerne la place qu'occupe chacun dans une hiérarchie de rangs. À un extrême, ce qui est «grand», «noble», «pur», se voit reconnaître sans contestation la pleine dignité de la condition humaine (voire élève au-dessus de la banalité de celle-ci). De l'autre, ce qui est «bas», «commun», «vulgaire», apparaît comme relevant d'une sorte d'essence inférieure et se voit traité dans le quotidien de l'existence comme si cette pleine dignité lui était contestée. Certes, tous ne réagissent pas de la même manière au regard que la société porte sur eux. Il est, à la limite, de grandes âmes qui, suivant les préceptes d'Épictète dans son indifférence à sa condition d'esclave, ont une force morale qui les élève au-dessus de ce regard. Plus prosaïquement, certains, enracinés dans une famille, une communauté religieuse, une forme traditionnelle de voisinage, sont relativement bien armés pour ne pas trop se laisser atteindre par la cruauté du regard social. Mais rares sont ceux qui n'en sont jamais blessés.

Pour ceux qui, même s'ils ont tous les droits du citoyen, ne se sentent pas pleinement reconnus dans leur dignité d'homme, comment ne pas se révolter contre un ordre social qui les maltraite? Cette révolte animait Sieyès quand, dès les premières lignes de son ouvrage, il revendiquait un changement radical de statut pour le tiers: «Le plan de cet écrit est assez simple. Nous avons trois questions à nous faire. 1° Qu'est-ce que le Tiers état? TOUT. 2° Qu'a-t-il été jusqu'à présent dans l'ordre politique? RIEN. 3° Que demande-t-il? À ÊTRE QUELQUE CHOSE.» Elle anime la passion française de l'égalité qui chagrinait tant Tocqueville. Cette passion est exacerbée par la force d'une vision hiérarchique du monde. Comment, en effet, se protéger des effets ravageurs d'une telle vision sans affirmer mordicus que rien ne sépare ce qui est réputé inférieur de ce qui est réputé supérieur; que le travail du manœuvre vaut celui du patron, que l'enseignement de la technologie vaut celui du grec ou des mathématiques. Et ce rejet de toute hiérarchie tend à être d'autant plus passionné qu'il doit combattre une sorte d'évidence, qui menace de corrompre jusqu'aux sentiments des défenseurs les plus ardents d'une radicale égalité.

Simultanément, si la hiérarchie du pouvoir ou de l'argent fait jouer des critères peu ambigus et qui laissent donc peu de place à la contestation, il n'en est pas de même de celle de la noblesse. Quand il existe plusieurs conceptions rivales de ce qui est d'un côté « grand » et de l'autre « bas », tout un espace s'ouvre à des affrontements où la dimension idéologique joue un grand rôle. Il est bienvenu de se battre (par exemple en défendant le soutien public à une forme d'art plus pure que celle que tend à imposer le règne du marché) pour que la société protège la forme particulière de distinction à laquelle on peut accéder. Il est bienvenu, parallèlement, de chercher à faire reconnaître que tel critère qui vous est favorable est plus légitime que tel autre qui ne l'est pas, d'œuvrer pour que ce qui est regardé comme bas (le rap, par exemple) obtienne ses « lettres de noblesse ». Et tout cela, bien sûr, n'empêche pas chacun de jouer sur plusieurs tableaux en revendiquant simultanément plusieurs formes de noblesse (ce que font entre autres, figures si typiquement françaises, l'homme politique qui se pique de littérature, ou le savant qui brille dans les médias).

Grandeur aristocratique, grandeur cléricale, égalité

Pour l'essentiel, on voit s'affronter sans trêve, avec quelques armistices qui ne sont jamais que provisoires, une vision aristocratique et une vision cléricale de la grandeur.

Non seulement la Révolution française n'a pas balayé la conception aristocratique de ce qui est noble, mais celle-ci a prospéré dans la France républicaine. Sieyès hésitait entre le désir d'abolir toute noblesse et celui de voir le tiers devenir noble à son tour. Le corps social a largement retenu cette dernière option. Déjà, la Déclaration des droits de l'homme et du citoyen affirme que « Tous les citoyens, étant égaux à ses yeux [ceux de la loi], sont également admissibles à toutes les dignités, places et emplois publics, selon leur capacité, et sans autre distinction que celle de leurs vertus et de leurs talents » ; la référence ainsi faite aux dignités indique qu'il subsiste toujours une forme de hiérarchie des rangs. Certes, la France du Contrat social, vouée à la liberté et à l'égalité, concevant la société comme le fruit d'une construction politique fondée sur l'existence de droits communs à tous a été magnifiée. Corrélativement, la France des rangs, des hiérarchies, des privilèges, a été stigmatisée. On a voulu n'y voir qu'une survivance vouée à disparaître d'un passé d'obscurantisme. Mais, comme nous allons l'observer en détail, la société de rangs ne subsiste pas seulement à titre de corps étranger dans la France issue des Lumières. Elle se mêle intimement à cette dernière. Ainsi, au sein de l'école, la référence à « l'élitisme républicain » est toujours vivante. Dans le monde du travail, chacun, professeur, conducteur du métro, membre du Conseil d'État ou autre, se conçoit comme membre d'un corps dont il partage les privilèges et est prêt à assumer les devoirs. L'attachement à un statut garanti par la loi, loin d'être l'apanage des plus favorisés, a pénétré le corps social dans ses profondeurs. Ce sont aujourd'hui ceux dont la position est la plus menacée par l'avènement de la mondialisation et le règne du marché qui y sont les plus attachés. L'existence d'un honneur professionnel porteur de devoirs qu'on ne peut négliger sans déchoir reste un élément central du fait que, vaille que vaille, en dépit des conflits qui émaillent son quotidien, la France tient bon.

Cette société de rangs est-elle fidèle à l'idéal républicain d'égalité ? Non, et de loin, si l'on considère cet idéal dans sa radicalité. Mais, nous allons le voir, elle en fournit, au moins dans le monde du travail, une certaine approximation. Certes, tous les métiers ne sont pas également nobles. Mais si le métier de chacun, si modeste soit-il, est respecté, si chacun se sent pleinement considéré dans sa conscience professionnelle et dans son apport à l'œuvre commune, on obtient une sorte d'égalité relative de dignité. Cette égalité est analogue à celle que l'on trouvait dans l'ancienne France, au sein d'une noblesse dont les membres étaient pourtant aussi différents par leur richesse et leur pouvoir que par l'éclat et l'ancienneté de leur titre. Reste que cet univers des métiers n'est pas ouvert à tous. Il laisse de côté les sans-travail, les précaires, les sans-statut. Le respect pour ceux dont les tâches sont les plus modestes n'est pas toujours au rendez-vous. L'école a elle aussi ses laissés-pour-compte. Pendant que certains campent sur leurs privilèges, d'autres sont relégués du côté des exclus.

Conçu dans sa radicalité, l'idéal d'égalité trouve de son côté un allié dans une vision de la noblesse d'inspiration cléricale, célébrant une humanité indifférenciée qui aurait mis à bas les distinctions entre le national et l'étranger, l'homme et la femme, le beau et le laid, l'homosexuel et l'hétérosexuel, le riche et le pauvre. Face à une vision de ce qui est noble attachée à distinguer ceux qui sont plus ou moins bien nés, qu'ils soient plus ou moins pourvus de talents aujourd'hui comme ils l'étaient hier d'ancêtres de qualité, on a affaire à une vision de clerc. « Il n'y a plus ni Juif, ni Grec ; il n'y a plus ni esclave ni homme libre ; il n'y a plus l'homme et la femme[1] », affirmait saint Paul. Qu'y a-t-il de plus noble, dans pareille vision, que ce qui, transcendant les particularismes mesquins de ce bas monde, lourds de l'impureté foncière de la terre, fait accéder, au-delà de toute contingence, aux zones plus hautes où règne l'esprit ? La Révolution française a été marquée par cette

1. *Épître aux Galates*, 3,28.

fascination de l'universel. Elle « a opéré, par rapport à ce monde, précisément de la même manière que les révolutions religieuses agissent en vue de l'autre ; elle a considéré le citoyen d'une façon abstraite, en dehors de toutes les sociétés particulières, de même que les religions considèrent l'homme en général, indépendamment du pays et du temps. Elle n'a pas recherché seulement quel était le droit particulier du citoyen français, mais quels étaient les devoirs et les droits généraux des hommes en matière politique[1] ».

Dans cette vision de ce qui est noble et pur, seule l'humanité considérée dans son essence mérite qu'on s'y attache. C'est s'abaisser que prêter de la consistance à une hétérogénéité qui n'est que le symptôme d'une sorte de chute dans la matière, chute dont il faut combattre les effets au lieu d'en être complice. Dans une telle perspective, les religions elles-mêmes sont vues comme suspectes, car entachées de rites, de dogmes, qui les engluent dans le particulier, les empêchant d'accéder aux vérités éternelles qu'elles véhiculent peut-être et qui les rendraient dignes, à condition de s'épurer, de rejoindre enfin un humanisme voué à l'universel ; une sorte de cléricalisme anticlérical nourrit une laïcité militante.

De nos jours, le désir de construire une humanité ainsi rénovée anime de nombreux combats prenant pour cible le racisme, l'islamophobie, le sexisme, l'homophobie, s'attaquant à toute forme de discrimination, luttant au côté des sans-papiers, des sans-statut, des précaires. En dépit des résistances des « nouveaux réactionnaires », ce projet radical constitue, au moins tant qu'il ne s'agit que de mots, l'image de référence des élites pensantes. Il prend parfois corps, au-delà de l'exercice des droits proprement politiques maintenant acquis à tous, dans divers domaines de la vie sociale, du collège unique au PACS (et peut-être bientôt au

1. Alexis de Tocqueville, *L'Ancien Régime et la Révolution*, *op. cit.*, p. 89.

mariage et à l'adoption homosexuels). Mais, qu'il s'agisse du monde du travail, de celui de l'école, ou encore de celui de l'immigration, ses avancées restent modestes et souvent menacées : le collège unique est en péril et les politiques d'immigration se durcissent. Par ailleurs, dans la vie courante, sociale et professionnelle, de multiples compromis sont passés, jusque dans l'intime de chacun, entre l'idéal d'égalité et l'évidence des rangs. Le militant le plus convaincu est bien obligé de se situer personnellement quelque part dans une hiérarchie professionnelle, dans une hiérarchie des quartiers et, pour ses enfants, dans une hiérarchie des écoles. L'apôtre le plus zélé de l'école unique ne s'interdira pas forcément de confier sa progéniture à un établissement prestigieux, et le défenseur inconditionnel des sans-papiers vivra souvent sans troubles de conscience dans un quartier où on ne les côtoie guère. Déjà, dans l'ancienne France, traiter autrui en semblable à l'église n'impliquait pas qu'on fasse de même dans le monde[1]. Et la militance même, dans une société qui sait apprécier le côté chevaleresque de la défense de la veuve et de l'orphelin, ne va pas sans anoblir.

Reste la vision bourgeoise, pour laquelle chacun se grandit par son sérieux, son honnêteté, la rigueur de son respect des lois ; une vision qui porte à magnifier un ordre moral fondé sur la vertu et non sur l'honneur. On peut en trouver quelques incarnations dans une bourgeoisie catholique provinciale, attachée à ses devoirs, critique envers les vanités d'une société de rangs, critique aussi envers l'idée que tous se valent, craignant qu'une telle idée ne porte à affirmer que tout se vaut. Mais, prise entre vision aristocratique et vision cléricale qui s'accordent au moins pour la regarder de haut, cette référence a bien du mal à se faire une place autre que marginale.

1. Georges Duby évoque la forme prise par cette coexistence au Moyen Âge, *Les Trois Ordres ou l'Imaginaire du féodalisme, op. cit.*, p. 245.

Entre vision aristocratique et vision cléricale, l'opposition de deux manières de donner sens à l'hétérogénéité des humains est irréductible. Pour l'une, cette hétérogénéité est fondatrice. Ce que chacun a reçu du fait qu'il est né en un lieu singulier d'une famille singulière, ce qui l'inscrit dans une tradition particulière, le marque à jamais. De plus, les différences d'origines, de capacités, de manières d'être, prennent sens dans l'opposition entre ce qui est élevé et ce qui est bas, entre ce qui fait honneur à l'humanité et ce dont elle ne peut être fière. Il faut éviter de mêler les rangs, sous peine de dégrader ce qui doit rester pur. Pour une vision cléricale, c'est au contraire s'attacher à des différences qui relèvent de contingences bassement terrestres, adhérer à des origines, à un terroir, à des traditions, à un sang, qui rend impur. Il n'est d'élevé que ce qui transcende l'enfermement dans une condition, dans un lieu, dans un temps, enfermement auquel condamne le fait de choir en ce bas monde. Si les grands refusent de se mêler aux humbles, c'est un signe d'impureté morale. Et c'est en refusant de frayer avec ceux que souille leur refus hautain de l'Autre, aux racistes de tout poil, que ceux qui se veulent humains en général se rendent purs. D'où des affrontements sans fin, affrontements bien difficiles à comprendre pour ceux qui, avec une vue beaucoup plus terre à terre des différences entre les humains, considèrent que celles-ci ne méritent « ni cet excès d'honneur ni cette indignité ».

Prise entre ces deux références, dans une sorte de symbiose conflictuelle entre le désir de grandeur et l'idéal d'égalité, la France d'aujourd'hui vit dans une contradiction permanente. D'un côté, dans un registre juridique et politique, elle a proclamé solennellement que la notion de noblesse n'a plus cours et que tout citoyen est l'égal de tout autre. Mais, simultanément, dans un registre social, pour lequel il existe un abîme entre ce qui est noble et ce qui est bas, cette égalité est quotidiennement bafouée. La tension est permanente entre une loi qui proclame l'égalité et des mœurs qui en écartent. Et les promesses non tenues alimentent, chez ceux qui les prennent au sérieux, une rancœur qui s'exprime en grogne permanente et explose parfois en bouffées de colère. Nous allons voir que si dans le monde du travail cette tension reste limitée, elle rend les problèmes de l'école inextricables et pèse lourdement sur la difficulté à trouver une place acceptable pour nombre d'immigrés venus du Sud.

DEUXIÈME PARTIE

Un « modèle social » en crise

Dans tous les pays démocratiques, la dépendance du salarié peine à s'accorder avec la liberté du citoyen. Comment faire pour que la subordination inhérente au salariat, avec tout ce qu'elle implique d'obligation de se conformer aux décisions d'autrui, d'exécuter les tâches qu'il vous fixe, ne ramène pas à l'ancienne servitude, avec ce qu'elle comportait de soumission au pouvoir arbitraire d'un maître ? Quelles limites faut-il apporter à l'état de dépendance où se trouve celui qui travaille pour autrui, si l'on veut que cet état reste compatible avec la condition de citoyen libre d'une société démocratique, égal à ce titre à ceux qui, lorsqu'il travaille, ont autorité sur lui ? Cette difficulté est au cœur de la « question sociale ». Si ces questions se sont posées partout, les réponses sont loin d'être uniformes. Ce qui, dans la subordination du salarié, paraît plus ou moins insupportable et la manière dont on cherche, avec plus ou moins de réussite, à aménager cette subordination pour qu'elle perde ce caractère doivent beaucoup à la conception locale de la liberté.

Aux États-Unis, on a parlé de *wage slavery* pour dénoncer la forme de soumission à laquelle peut conduire, en fait, la dépendance vis-à-vis d'un employeur, même dans le cadre d'un contrat « librement » négocié [1]. Mais, comme nous le

1. Eric Foner, *The Story of American Freedom*, *op. cit.*, p. 60.

verrons, c'est en référence à l'idéal d'un marché dont le fonctionnement ne serait perturbé par aucun abus que l'on a cherché des solutions au problème ainsi posé. On a voulu mettre en place une organisation des rapports de travail telle que employeurs et salariés puissent négocier « à armes égales », que le « terrain de jeu » où se déroule leur négociation n'avantage aucune des parties.

En France, quand on a cherché à construire des formes d'autonomie au sein de la dépendance, il n'a pas été question de créer les conditions de négociations équilibrées en restant fidèle à une logique marchande, mais d'échapper à cette logique. Il n'y est guère digne d'« être à vendre », de « se vendre » à un puissant, même si ce que l'on obtient en contrepartie est substantiel. Accepter de se soumettre à autrui parce qu'on y a intérêt reste vu comme particulièrement bas. Sans qu'il ait été besoin d'y faire explicitement référence, la recherche d'une manière noble de servir a marqué les mœurs. Et elle a marqué de même les institutions, au premier chef tout ce qui a trait à la législation du travail.

Afin de faire sentir les limites du rôle qu'a joué, et que joue toujours, un cadre institutionnel souvent qualifié d'archaïque, nous nous intéresserons d'abord à un aspect de la vie de travail dont le législateur ne se mêle guère, à savoir, au sein des entreprises, les questions d'organisation : la répartition des responsabilités, l'autonomie dont chacun dispose dans son domaine d'action, les façons usuelles de contrôler et de rendre compte, d'estimer la qualité du travail réalisé, ou encore les rapports noués avec les clients. Nous considérerons ensuite un domaine – le fonctionnement du marché du travail – où l'existence d'un cadre institutionnel limite fortement la marge de manœuvre des acteurs. Nous examinerons les effets en matière de chômage de la difficulté à rendre compatibles le fonctionnement d'une économie hautement concurrentielle et l'attachement à la stabilité des statuts.

CHAPITRE III

On n'est pas à vendre

Il existe un modèle théorique universel de fonctionnement des entreprises. Les dirigeants fixent des objectifs et, pour les atteindre, donnent des instructions à leurs collaborateurs, leur confient des responsabilités, évaluent leurs performances, les rétribuent en conséquence. Les législations du travail qui posent des limites au pouvoir des employeurs, limites dont on sait combien elles varient d'un pays à l'autre, concernent d'autres domaines : l'embauche, les licenciements, les congés, le régime des heures supplémentaires, les droits syndicaux, parfois des minima de rémunération et des durées maximales du travail, etc. Les théories du management sont, au contraire, les mêmes partout dans le monde. Et pourtant, quand on observe de près la vie d'une entreprise française, on voit que, quand elle s'organise pour produire, ces théories ne sont appliquées que de manière très lâche. Pendant ce temps, l'idéal du service noble, avec ce qu'il implique de conception de l'autonomie et du devoir, marque les esprits [1]. Cela est vrai aussi bien lorsque cet idéal inspire effectivement les pratiques que lorsque celles-ci le bafouent, avec ce que cela engendre comme frustrations et comme révoltes.

1. Philippe d'Iribarne, *La Logique de l'honneur*, *op. cit.*

I. Une conception singulière de l'autonomie et du devoir

Pour savoir comment les Français conçoivent leur travail, il faut prêter attention à la manière dont ils s'expriment quand ils en parlent, aux mots qu'ils emploient, aux images dont ils se servent, aux conceptions, souvent implicites, qui se révèlent alors, de ce qu'est une bonne manière d'exercer des responsabilités et de travailler ensemble. Ce faisant, on voit se dessiner, à travers l'éventail des métiers, des positions sociales, des âges, des régions, un certain nombre de traits communs, d'images, de conceptions communes. Ces conceptions n'ont souvent que peu de choses à voir avec les théories du management. Mais elles régissent les réactions du travailleur de base, et souvent celles du manager.

Prenons, à titre d'exemple, des propos particulièrement provocants dans la forme mais dont le fond traduit bien une conception largement partagée : « Ce n'est pas aux parents de dire aux maîtres [les professeurs de l'enseignement secondaire] ce qu'ils doivent faire en classe ; pas plus qu'aux politiques de passage, aux chefs d'entreprise, à l'imam, à l'évêque ou au sénateur du coin. En dernier ressort, le maître ne se doit qu'à la logique interne de sa discipline[1]. » Pour n'importe quel manuel de management, en France comme ailleurs, l'activité de n'importe qui, au sein d'une organisation, est orientée par des exigences en provenance de deux sources : les clients et les supérieurs. Or, dans ces propos, l'une et l'autre sont rejetées sans ménagement : les clients (les parents, les chefs d'entreprise), comme les supérieurs (les « politiques de passage », le « sénateur du coin » ; l'imam ou l'évêque s'il s'agit d'enseignement confessionnel). Est-ce à dire que le maître peut faire ce qu'il veut ? Nulle-

1. Point de vue de Régis Debray dans *Le Monde*, 3 mars 1998.

ment, mais ce qui détermine son devoir professionnel est ailleurs. Il s'agit de la « logique interne de sa discipline », les mathématiques, le grec, l'histoire ou autre.

Cette référence à un métier et à ses traditions s'accompagne parfois d'une évocation de sa « noblesse ». Ainsi, les pilotes d'Air France ont été pris à partie par un journal syndical lorsqu'ils ont menacé de faire grève à un moment où cela aurait eu de sérieuses conséquences pour le pays : « Les pilotes n'ont pas su résister à la tentation. Vivant entre eux, ils n'ont pas entendu les autres. [...] Comme si la noblesse d'un métier n'imposait pas à celui qui l'exerce un devoir social autant que professionnel [1]. »

Cette manière de voir n'est pas l'apanage des sommets de la hiérarchie sociale. On peut la retrouver chez un simple contremaître. Les responsabilités dont il s'estime investi ont leur source dans son métier, dans le fait qu'il est « technicien » : « Je n'hésiterai pas instantanément à plonger l'usine dans le noir [c'est-à-dire en fait à l'arrêter] si j'estime que ça fait partie de mes fonctions, en tant que technicien [2]. » Non seulement ces responsabilités ne lui ont pas été conférées par ses supérieurs, mais, bien au contraire, il combat pour que ceux-ci les respectent : « Moi, c'est ce que j'essaie de faire respecter, nous avons la décision et la responsabilité pleine et entière dès qu'il s'agit de personnes. »

Ces divers propos font référence à une même manière de limiter le pouvoir qu'exercent les puissants sur ceux qui sont soumis à leur autorité. Les droits et obligations des subordonnés ne sont pas précisés par un contrat mais par les traditions du métier (de la discipline, pour le professeur). C'est le métier qui, dans sa « logique interne », définit les devoirs que l'on doit remplir, les responsabilités dont on a la

1. Éditorial de *Syndicalisme Hebdo CFDT,* 11 juin 1998, date où la Coupe du monde de football avait lieu en France.

2. *La Logique de l'honneur, op. cit.*, p. 23.

charge. Et plus le métier est noble, plus il implique de responsabilités. Avoir un métier, c'est appartenir à un corps, s'inscrire dans la grandeur d'une tradition porteuse d'une forme d'honorabilité que l'on a le devoir de maintenir, à la fois en en étant digne, et en s'opposant à ce qu'on manque de respect à son égard. L'autonomie dont on dispose n'est pas l'autonomie générale qui échoit à celui qui, ayant passé contrat, est libre des moyens qu'il va employer pour l'honorer. Il s'agit d'une autonomie particulière, bien différente pour le professeur du secondaire, celui du supérieur, le journaliste, le cadre commercial, autonomie toujours liée à « l'idée d'exception et de privilège [1] » qu'évoquait Tocqueville à propos de l'Ancien Régime.

Certes, une telle conception des rapports de travail paraît incompatible avec une vision moderne de la société. La France révolutionnaire a proclamé l'abolition des privilèges et il n'a jamais été question de les rétablir en conservant ce nom, même sous la Restauration. Cela n'a pas empêché que, depuis, de nouveaux groupes professionnels, fiers de leurs privilèges et attachés aux devoirs liés à leur « rang », se sont sans cesse constitués.

Ainsi, le XIXe siècle a vu prendre corps une « aristocratie ouvrière [2] ». Et, dans la France d'aujourd'hui, on peut toujours distinguer, au sein du monde ouvrier, « l'idéologie du métier, qui exalte les vertus du travail bien fait, et marque une barrière entre ceux qui exercent un travail de façon responsable, sans qu'il soit besoin de les superviser, et les sans-métiers, irresponsables, travaillant "sans principes", puisque dépourvus des normes qui permettent d'exercer correctement leur travail [3] ».

1. Alexis de Tocqueville, *L'Ancien Régime et la Révolution* (1856), *op. cit.*, p. 176.

2. A. Guédez, « Travail ouvrier et travail humain ; l'exemple du compagnonnage », *Cahiers internationaux de sociologie,* vol. LXXXI, 1986, p. 249.

3. Pierre Tripier, « Sociologie du travail : de la science normale à l'effervescence », *Socius,* n° 2/3, juillet-novembre 1986.

La création, en plein XXe siècle, de la catégorie si typiquement française des « cadres » (allez expliquer à un Néerlandais ou à un Américain l'enjeu, si évident pour un Français, que représente, pour un « non-cadre » l'accès au monde des « cadres », ou même ce qui distingue ces deux catégories) constitue une bonne illustration de ce mouvement de création permanente de catégories aussi ardentes à défendre leur autonomie vis-à-vis de la hiérarchie que la grandeur de leur état [1]. Certes, les cadres sont salariés. Mais ce ne sont pas des salariés comme les autres. Lorsqu'ils ont pris corps comme catégorie, toute une littérature de combat a proclamé leur spécificité. Les cadres, est-il alors affirmé, ne tirent pas leur légitimité du pouvoir que leur délègue le « patron financier de l'entreprise », mais de leur savoir ; c'est pour l'« ingénieur » que le « monde ouvrier » a du respect, « parce qu'il lui reconnaît un savoir qu'il n'a pas [2] ». Les cadres sont présentés comme ayant une « mission » d'intérêt général, un « rôle social » analogue à celui de l'officier, qui ne relève pas des comptes à rendre à un employeur, et que celui-ci doit respecter [3]. De nos jours on évoque encore la « responsabilité sociale des cadres, terme désignant la possibilité pour ceux-ci d'exercer leurs responsabilités sans y perdre leur âme. Et donc d'exercer un droit d'alerte, voire un droit d'opposition avec leur hiérarchie [4] ». Une analyse britannique du management français évoque avec étonnement

1. Luc Boltanski, *Les Cadres. La formation d'un groupe social,* Éd. de Minuit, 1982.

2. « Note sur la formation de l'ingénieur », *Écho de l'USIC*, novembre 1934, cité dans L. Boltanski, *op. cit.*, p. 120.

3. Avec une référence à l'ouvrage de Lyautey, *Le Rôle social de l'officier,* in L. Boltanski, *op. cit.*, p. 100, 129.

4. Termes d'un « Manifeste pour la responsabilité sociale des cadres » signé en octobre 2003 à l'initiative d'un collectif de sept partenaires, dont les branches cadres de la CGT et de la CFDT et le CJD (Centre des jeunes dirigeants) ; *Syndicalisme Hebdo CFDT,* 7 juillet 2005.

la « mission quasi divine que les cadres se sont vu confier en France [1] ». Ces éléments, qui fondent une manière noble de dépendre, mettent à part du commun, ce qu'a symbolisé la mise en place de régimes spécifiques de sécurité sociale et de retraite. Pour la masse des petits cadres, note L. Boltanski, « l'affiliation à la CGC constitue une sorte de brevet de noblesse ». À travers la possession commune d'un même état, les plus humbles des cadres retrouvent la sorte d'égalité symbolique avec les vrais dirigeants que, naguère, le nobliau le plus obscur avait pu avoir avec le plus grand seigneur.

II. Qui est vraiment noble ?

Est-ce à dire que, non contente de faire référence, cette manière de définir les devoirs de chacun, et de lui conférer une certaine forme d'autonomie en même temps que de noblesse, régit effectivement les pratiques ? En fait elle n'y réussit que partiellement, non sans conséquences.

Reposant sur la noblesse du métier, elle laisse de côté ceux qui sont « sans métier ». Déjà au temps de l'Ancien Régime, tous ceux qui travaillaient n'avaient pas un « état ». « La multitude des journaliers, gagne deniers, gens de bras, manœuvres ou hommes de peine restait en dehors de l'ordre corporatif [2]. » L'avènement des Lumières n'a pas mis fin à ce type de distinction. Ainsi, au XVIIIe siècle, en dépit de « l'égalité abstraite et universelle qui fonde l'association maçonnique », elle entre en jeu jusque dans le recrutement des loges [3]. Sont refusés « ceux que leur métier "vil et méca-

1. Jean-Louis Barsoux et Peter Lawrence, *Management in France*, Londres, Cassel, 1990, p. 22 (notre traduction).

2. William H. Sewell, *Gens de métier et Révolutions, langage du travail de l'Ancien Régime à 1848*, Aubier-Montaigne, 1983, p. 41.

3. Roger Chartier, *Les Origines culturelles de la Révolution française*, Éd. du Seuil, 1990, p. 200.

nique" prive de la liberté nécessaire à l'entrée dans l'Art royal et de l'aisance pour contribuer aux œuvres de bienfaisance qui sont l'une des obligations des frères[1] ». De nos jours, si on voit tant affirmer qu'il faut « professionnaliser » certaines activités, c'est qu'il paraît douteux qu'elles correspondent à un « vrai métier ».

Ainsi, pour la CFDT, il faut « professionnaliser les emplois et qualifier les personnes » si l'on veut développer les emplois de service aux personnes[2]. Cela concerne, par exemple, les aides-soignantes[3]. Celles-ci ont « souvent le sentiment d'être confondues » avec d'autres, et au premier chef « les agents de service, sorte de bonnes à tout faire qui doivent se contenter d'obéir aux ordres ». La « bonne à tout faire », étrangère au monde des métiers, ne peut s'appuyer sur les traditions propres à l'un d'entre eux pour refuser une tâche dégradante. Elle est vouée de plus à des besognes ancillaires, mettant en rapport avec les matières en décomposition (dans sa figure classique, la manipulation des « pots de chambre » ne lui était pas épargnée). Elle symbolise ce qui est opposé à la noblesse et à l'honneur. Il est infamant de lui être assimilé. Pour éviter de l'être, il importe de bien être regardé comme un « professionnel » ; il faut « prendre en compte, affirme toujours la CFDT, le travail réel des professionnels, de tous les professionnels », en y incluant ceux dont l'activité est peu glorieuse et dont il n'est pas évident qu'ils appartiennent réellement à ce monde de professionnels.

De plus, entre ceux pour qui la pleine possession d'un vrai métier, avec la noblesse dont il est porteur et la forme d'autonomie associée à celle-ci, ne fait aucun doute (ainsi

1. *Ibid.*
2. CFDT, rapport d'activité au 43e congrès, 1995, *Syndicalisme CFDT,* supplément au n° 2526 du 24 novembre 1994, p. 13.
3. *Syndicalisme CFDT,* 15 décembre 1994, p. 7.

dans l'industrie toute l'aristocratie des ouvriers chargés de la maintenance) et ceux pour qui elle est clairement absente (tel le « manœuvre balai », même rebaptisé « technicien de surface », que les « vrais professionnels » regardent de haut) on trouve tout un dégradé. Il y a les métiers qui sont vus comme tels par ceux qui les exercent, mais pas reconnus ou mal reconnus par le monde extérieur. Il y a les métiers peu nobles, soit par la nature des tâches qui leur sont associées, soit par le fait qu'ils préservent mal l'autonomie de ceux qui les exercent. Il y a souvent quelque chose de pathétique dans la manière dont ceux qui se trouvent dans de telles situations parlent de leur travail, à l'exemple d'un commissaire de police, cité par Pierre Bourdieu, qui se plaint de ce que, à côté d'une « police de pointe », dont le caractère noble ne fait aucun doute, il existe une « sous-police », « police du pauvre et des pauvres », dont les membres se sentent « éboueurs de la société »[1]. Ces activités qui paraissent peu nobles, au moins par contraste avec des activités voisines qui le sont sans conteste, se rencontrent jusque dans des lieux où on penserait ne pas les trouver, par exemple, si on en croit le Comité national d'évaluation des universités, au sein même des activités universitaires ; ainsi, pour ce Comité, « la recherche en sciences de l'information et de la communication [...] n'a pas conquis ses lettres de noblesse vis-à-vis de disciplines mieux établies[2] ».

En outre, on peut certes « conquérir ses lettres de noblesse » ; pour une personnalité du football français, l'Olympique lyonnais « a gagné ses lettres de noblesse sur la scène européenne[3] ». Mais on peut aussi les perdre ; lors de « l'affaire Dumas », le député socialiste Arnaud Montebourg a accusé

1. Pierre Bourdieu, *La Misère du monde,* Éd. du Seuil, 1993, p. 281-282.

2. *Les Sciences de l'information et de la communication,* Comité national d'évaluation, 1993.

3. Interview de Gérard Houllier dans *Le Monde,* 10 mai 2005.

celui-ci de faire perdre au Conseil constitutionnel « ses lettres de noblesse », en même temps que « sa crédibilité [1] ». Une fois acquis, l'accès à une forme de « service noble » peut n'être que précaire. De ce point de vue, le monde des cadres est actuellement menacé [2]. La frontière qui les sépare des salariés ordinaires est en train de s'obscurcir, au point qu'une partie du patronat affirme que la distinction entre cadres et non-cadres est « dépassée » [3]. Simultanément, ayant le sentiment de ne plus guère avoir de part aux « tâches nobles », ils se sentent coupés de dirigeants qui n'appartiennent plus à « leur monde » [4]. La mondialisation de l'économie et la place primordiale qu'elle a donnée au client et à l'actionnaire, l'explosion des niveaux de rémunération des dirigeants, sont passées par là. Lors du référendum sur la Constitution européenne, une part importante d'entre eux ont voté avec la « France du bas », et certains ne craignent pas de se mêler à celle-ci pour manifester leur malaise en descendant dans la rue. Lors de la manifestation du 4 octobre 2005, « tous les cadres présents à Paris font le constat de leur "déclassement". Ils se sentent "aux ordres" de leur direction, dépouillés de ce qui faisait le cœur de leur métier : la prise de décision [5] ». Leurs propos sont amers : « On nous délocalise, on nous impose des décisions à court terme, on est des esclaves comme les autres » ; « on n'est plus rien ».

Ainsi, les rapports de travail ne mettent pas seulement en jeu les intérêts des salariés mais la manière dont ils se situent dans une hiérarchie qui oppose ce qui est grand et noble à ce qui est bas et vulgaire. L'identité de chacun est

1. Déclaration à France Info, citée dans *Libération,* 20 et 21 mars 1999, p. 15.

2. François Dupuy, *La Fatigue des élites ; le capitalisme et ses cadres,* Éd. du Seuil, 2005.

3. *Ibid.,* p. 10, 16, 17, 21, 22, 26, 27.

4. *Ibid.,* p. 22, 24, 34.

5. Reportage paru dans *Libération,* 5 octobre 2005.

concernée. Les aspects d'un travail qui rendent celui-ci plus ou moins digne prennent du relief. Et les sentiments associés aux situations de travail, les réactions qu'elles suscitent, en sont fortement affectés. On est, comme déjà chez Sieyès, dans un registre qui n'est pas seulement des intérêts, et l'humiliation menace. Dès lors, on est conduit à des attitudes passionnelles, et il est difficile de négocier de manière purement « pragmatique ». C'est une chose de faire des concessions quand il s'agit seulement d'intérêts, mais c'en est une autre quand il est question d'honneur.

III. Des rapports ambigus à l'autorité

Les rapports des Français à l'autorité étonnent par leur caractère souvent passionnel et ambigu. D'un côté, la France a la réputation d'un pays hiérarchique[1]. De l'autre, les Français passent pour particulièrement rebelles à l'exercice de toute autorité. De fait, on a bien là deux pans de la réalité qui coexistent. Les conceptions de l'autonomie et du devoir qui marquent la France laissent la place à des formes très diverses d'autorité, qui incluent, parmi d'autres, des rapports marqués par un esprit frondeur ou par une vraie révérence.

Prenons celui qui a un métier, porteur d'une conception propre de « son travail ». Celle-ci le conduit (à l'image du contremaître évoqué précédemment) à s'auto-attribuer des responsabilités sans attendre qu'on les lui confie. Elle amène

1. Ainsi, la comparaison entre cultures faite par Geert Hofstede en utilisant des échelles d'attitude classe la France parmi les pays du monde ayant la plus forte *« power distance »*. Dans un classement portant sur 39 pays, la France est classée huitième, juste après le Brésil et Hong Kong et juste avant la Colombie ou la Turquie, alors que la plupart des sociétés européennes sont nettement dans la seconde moitié du classement. Geert Hofstede, *Culture's Consequences* : *International Differences in Work-Related Values,* Londres, Sage Publications, 1980, p. 104.

également à résister fermement aux instructions incompatibles avec cette conception. Chacun, prêt à accepter volontiers telle tâche, refusera telle autre, ou ne l'accomplira qu'en traînant ostensiblement les pieds pour bien montrer qu'il ne la juge pas digne de lui. Il n'est pas à la disposition de son employeur. Est-ce à dire que cette fière affirmation d'autonomie implique la contestation de toute autorité supérieure ? Ou du moins que ceux qui occupent des positions élevées n'ont un pouvoir réel que leur domaine propre de souveraineté : les « grandes affaires » qui se traitent à leur niveau. En fait il n'en est rien.

Certes, l'écart de statuts entre dirigeants et dirigés, l'absence de familiarité entre les seconds et les premiers, la forme de respect de la hiérarchie qui en résulte, loin de faire mauvais ménage avec la défense de l'autonomie des subordonnés, limitent à bien des égards la capacité pour les supérieurs à imposer leur volonté. Pensons aux directeurs d'usine polytechniciens, observés par Michel Crozier, dont le pouvoir est entravé par la hauteur même de leur statut : « Ils sont beaucoup trop loin de leur personnel pour être capables d'influencer directement leurs ouvriers dans des rapports journaliers de marchandage. Ce comportement de contremaître ne sied ni à la taille de l'unité dont ils ont la charge ni au prestige que leur confère leur propre situation[1]. » Le terme « sied », quelque peu archaïque, fait référence à ce qui convient à la noblesse d'une position. À la différence d'un contremaître, quelqu'un d'un rang élevé ne peut s'abaisser à contrôler de près la manière dont sont effectuées des tâches regardées comme peu nobles. Cela serait indigne de son rang. Or, si on ne peut pas contrôler leur exécution, donner des ordres n'a qu'une portée limitée. De plus, ce serait aussi s'abaisser que de trop se mêler de choses « subalternes », de questions

1. Michel Crozier, *Le Phénomène bureaucratique*, Éd. du Seuil, 1963, p. 108.

d'« intendance ». Les subordonnés français savent à merveille en jouer pour se protéger de l'intrusion de leurs supérieurs dans leurs propres affaires.

Certes encore, la résistance à l'autorité s'appuie couramment sur la dénonciation d'une subordination servile qui rend, tel le serf de jadis, soumis au bon vouloir d'un maître : la subordination d'une « main-d'œuvre interchangeable, taillable et corvéable à merci », « l'"intérimaire" qui fait le "sale boulot", que l'on déplace à volonté et qui subit sans rien dire », en l'opposant à celui qui est « considéré et respecté dans son travail[1] », aussi peu qualifié soit-il.

Mais tout cela coexiste avec l'acceptation quotidienne d'une forme noble de subordination, qui, en conduisant à s'incliner devant une perspective plus haute, n'abaisse pas. Celle-ci, courante dans les faits, et sans laquelle les entreprises auraient bien du mal à fonctionner, n'est pas toujours reconnue dans des discours qui mettent plus volontiers en avant l'autonomie possédée ou revendiquée. Il arrive toutefois qu'elle soit évoquée sans détours.

Prenons les propos d'une manager chargée de concevoir de nouveaux produits en coopération avec ses homologues travaillant dans un autre pays : « Il y a des différences d'opinion extrêmement fortes sur des critères subjectifs, donc difficiles à discuter. [...] On considère que c'est notre expertise de savoir percevoir si le produit est collant, etc. Et leur expertise est tout aussi valide dans leur pays. [...] Ils ont tout autant raison que nous à la limite, comme c'est du subjectif. Comme ils veulent défendre leurs idées tout autant qu'on défend les nôtres. [...] On a tendance à ériger son avis comme étant la règle. On fait un compromis qu'on appelle mou. [...]. Ça pourrait être résolu s'il y avait une entité supérieure qui dise "les critères de qualité pour déve-

1. Stéphane Beaud, « Le rêve de l'intérimaire », in *La Misère du monde*, *op. cit.*, p. 352.

lopper ce produit sont les suivants : [...]". Ce sont les mêmes en France et aux États-Unis et comme ça, ça ne se discute plus. Je pense que c'est la seule manière de nous mettre d'accord. On n'y arrivera jamais parce qu'ils auront tout autant raison qu'on a raison. Ma recommandation serait de dire : "on a certains objectifs qui ne sont pas discutables". Et ils sont décidés par les autorités supérieures. On prend des gens qui chapeautent tout le monde. C'est à eux de dire "ce n'est pas discutable, c'est comme ça" [1]. »

On est bien dans l'univers du métier, de l'« expertise ». Et, bien naturellement, les experts « veulent défendre leurs idées », chacun « a tendance à ériger son avis comme étant la règle », à penser qu'il « a raison ». Mais, malheureusement, l'existence d'un aspect « subjectif » fait que les experts ne sont pas d'accord. Ce n'est pas que l'expertise des uns ou des autres soit mise en cause ; « ils auront tout autant raison qu'on a raison ». Mais l'expertise ne suffit pas pour trancher. Que faire alors ?

Dans les cultures d'Europe du Nord, on penserait à chercher un accord entre pairs, chacun étant prêt à faire des concessions pour concilier les points de vue, sans faire du sien une question de principe. Une telle approche est en harmonie avec la conception de l'homme libre (celui qui a part aux décisions collectives au sein d'un groupe de pairs) qui prévaut non seulement en Allemagne mais dans la vaste aire culturelle où on parle des langues germaniques [2].

En France, une telle recherche d'accord, qui fait litière de l'attachement à ce qui est vraiment fondé en raison, est

1. Propos recueillis au cours d'une enquête réalisée dans la branche parfums et cosmétiques d'une multinationale ancrée en France et aux États-Unis.

2. Le contraste entre cette approche et l'approche qui prévaut en France apparaît bien quand des Français coopèrent avec des partenaires d'Europe du Nord ; cf. Philippe d'Iribarne : « Comment s'accorder ; une rencontre franco-suédoise », *in* Philippe d'Iribarne, Alain Henry, Jean-Pierre Segal, Sylvie Chevrier, Tatjana Globokar, *Cultures et Mondialisation,* Éd. du Seuil, 1998.

qualifiée péjorativement de « compromis mou ». C'est que, dans une lecture française, mettre son point de vue dans sa poche sans le défendre jusqu'au bout, ne serait-ce que dans une sorte de « baroud d'honneur » si on est sûr que son avis ne sera pas suivi, est facilement perçu, surtout dans un domaine technique, comme le signe d'un manque singulier de conviction. L'appel à une « autorité supérieure », à quelqu'un qui est « au-dessus de tout le monde », qui « chapeaute tout le monde », est regardé comme un moyen bien meilleur de sortir de l'impasse. Il s'agit de quelqu'un qui apparaît comme le représentant terrestre de quelque chose de plus haut, d'une vision « holiste » s'élevant au-dessus des points de vue particuliers en présence. On songe aux propos de Voltaire : « Puisqu'il faut servir, je pense que mieux vaut le faire sous un lion de bonne maison, et qui est né beaucoup plus fort que moi, que sous deux cents rats de mon espèce[1]. » Dans ce type de situation, le supérieur français a une grande latitude pour arbitrer selon sa propre vision des choses (ce qui ne lui permet pas pour autant de trop se mêler des affaires internes de chaque métier, tant qu'aucune situation conflictuelle ne l'amène à le faire).

Où se situe la frontière entre une subordination servile et une subordination qui reste noble ? Elle n'a pas un caractère incontestable. Les travailleurs engagés dans les « luttes » pour « faire reculer » les détenteurs d'un pouvoir sont prompts à stigmatiser ceux qui, estiment-ils, trahissent servilement les leurs en se mettant au service de ce pouvoir. S'incliner devant un supérieur parce qu'on est convaincu qu'il est porteur de grandes perspectives auxquelles on est honoré d'être associé est porteur d'ennoblissement. Le faire par crainte, ou par intérêt, c'est se conduire bassement. Il est bien des cas où les deux lectures s'affrontent.

1. Cité dans Alexis de Tocqueville, *L'Ancien Régime et la Révolution*, *op. cit.*, p. 215.

Citons une réaction syndicale (provenant de la FSU, syndicat particulièrement contestataire) à une lettre adressée par un groupe de chefs d'établissements, proviseurs de lycées et principaux de collèges, au ministre de l'Éducation nationale[1]. Ceux-ci, prenant position en tant que «représentants de l'État» désireux de se situer «aux côtés de notre hiérarchie» s'étaient placés du côté du ministre et des bureaux. Ils avaient critiqué le fait que les membres d'une «coordination» étrangère aux institutions prévues par les textes aient été considérés comme des interlocuteurs privilégiés par l'Administration. Ils se sont fait vigoureusement tancer par la FSU. Celle-ci les a accusés de se placer «résolument du côté de la hiérarchie face aux collègues». Travaillant à s'attaquer aux libertés des leurs, méconnaissant ainsi la grandeur «du service public et du métier d'enseignant», ils ont été dénoncés comme complices d'un processus de «caporalisation». Et le journal syndical qui présente l'affaire conclut: «Gageons que pareille servilité assurera une belle carrière à ces "braves" gens.»

Bien des situations de subordination sont ainsi l'objet d'une double lecture. Pour les uns, elles relèvent d'une allégeance non dépourvue de noblesse à plus grand que soi. Pour les autres, conduisant à plier, par peur ou par intérêt, devant les puissants, elles relèvent au contraire d'une forme de dépendance servile; toute «collaboration de classe», affirment-ils, est infamante et il n'est de dignité que dans les luttes. Cette double lecture se rencontre dès que certains représentants d'un groupe qui a traditionnellement des rapports tendus avec sa hiérarchie se montrent prêts à s'associer aux projets de celle-ci[2]. On peut du reste la rencontrer

1. *L'US*, n° 489, 10 mars 1999.

2. On trouve un cas particulièrement spectaculaire de ce type de situation à la RATP, dans la réaction du personnel des lignes classiques du métro vis-à-vis de ceux qui ont participé, dans des rapports beaucoup plus

au sein d'une même personne : être à la pointe des luttes en tant que syndicaliste n'interdit pas forcément de faire allégeance à « son » patron, pour peu que celui-ci soit à la hauteur de son rôle.

Selon les situations, selon les statuts respectifs des personnes en présence, selon la manière dont l'autorité s'exerce, c'est plutôt l'une ou plutôt l'autre de ces figures de la subordination qui tendra à donner sens à ce qui est vécu. Nous avons évoqué les différences entre le pouvoir de l'ingénieur et celui du contremaître. Il est plus facile au premier qu'au second de représenter quelque chose de « grand » auquel on peut faire allégeance sans déchoir. Et cela l'est d'autant plus que, issu d'une « grande école » plus prestigieuse, il a acquis une forte « noblesse scolaire ». Encore faut-il que, par sa compétence et par sa conduite, son côté « humain » plus que « fier », il se montre digne de la place qu'on est prêt à lui reconnaître[1].

Les rapports entre contremaîtres et ouvriers sont eux-mêmes fort loin d'être homogènes[2]. Ainsi, l'autorité, réglée par les traditions de leur métier commun, qu'exerce un ancien sur de « vrais professionnels » n'a en soi rien d'humiliant ; elle demande simplement que celui qui l'exerce soit à la hauteur de sa tâche et reste conscient du fait que, s'il a le

---

positifs avec leur hiérarchie qu'il n'est de coutume, à l'aventure de Météor. Jean-Pierre Segal, « Mobilités, métier et management sur la ligne 14 ; l'inscription de Météor dans la société du métro », *RATP,* collection « Réseau 2000 », n° 133, juin 2002, et « De la difficulté à diffuser en interne une innovation réussie », *Gérer et Comprendre,* septembre 2003. Citons également un cas analysé dans Pascale Trompette, « La négociation dans l'entreprise ; symbolique de l'honneur et recomposition identitaire », *Revue française de sociologie*, XXXVIII, 1997, p. 781-822.

1. Michel Crozier évoque l'importance attachée par le personnel à ce qui témoigne de « la courtoisie et de la considération dont un directeur a fait preuve à l'égard de ses ouvriers et surtout de ses ouvrières », *Le Phénomène bureaucratique, op. cit.,* p. 109.

2. Philippe d'Iribarne, *La Logique de l'honneur, op. cit.,* p. 114 à 122.

privilège de l'âge et de l'expérience, il ne doit pas trop prendre de haut ceux qui, partageant le même métier, sont à ce titre ses égaux. Au contraire, l'autorité qu'un « petit chef » exerce, avec beaucoup plus d'arbitraire, sur une main-d'œuvre sans métier, OS ou manœuvres, est facilement ressentie comme réduisant celui qui la subit à un état de dépendance servile[1].

De leur côté, les héritiers des clercs, au service d'une forme élevée de savoir, acceptent mal une dépendance vis-à-vis des détenteurs d'un pouvoir profane qu'ils ressentent comme leur étant inférieurs en noblesse spirituelle ; il est humiliant pour le plus noble de dépendre du moins noble. Un refus de ce type était en filigrane dans la fière affirmation d'indépendance des professeurs vis-à-vis du pouvoir politique, des entreprises ou des parents, citée au début de ce chapitre. On retrouve le même type de réaction chez les médecins par rapport aux directeurs d'hôpitaux[2] ou chez les artistes par rapport aux gestionnaires de l'art (directeurs de musées, de festivals)[3].

1. *Ibid.*, p. 36, 116.

2. Jean de Kervasdoué et John R. Kimberly, « Are Organization Structures Culture-Free ? The Case of Hospital Innovation in the U. S. and France », *in* G. England, A. Negandhi et B. Wilpert (eds.), *Organizational Functioning in a Cross Cultural Perspective*, Kent State University Press, 1979.

3. Par ailleurs, les querelles de préséance – qui est le plus noble ? – dont on sait quelle place elles tenaient dans la France d'Ancien Régime, sont toujours le lot du monde du travail d'aujourd'hui. Citons, par exemple, les rapports entre les jeunes ingénieurs imbus de savoir théorique et les contremaîtres expérimentés armés d'un savoir pratique, entre les services de fabrication et ceux d'entretien. On trouve des exemples de ces deux dernières situations dans Philippe d'Iribarne, *La Logique de l'honneur*, *op. cit.*, p. 43 et 108.

IV. Autorité française, autorité américaine

Dans cette manière de concevoir les rapports hiérarchiques, la France est singulière. Pour saisir cette singularité, les États-Unis constituent là encore un point de comparaison particulièrement intéressant ; d'une part, on n'y retrouve pas les subtilités liées à la place que tiennent les considérations de noblesse dans la société française ; d'autre part, loin de n'être qu'une référence de principe, la vision contractuelle des rapports de travail y est réellement entrée dans les mœurs.

Il est certes, aux États-Unis, des activités très diversement lucratives, mais cette diversité ne donne guère de place à l'opposition, essentielle en France, entre ce qui est grand et noble et ce qui est bas et vil. Autant, interrogés sur ce qui les différencie de leurs congénères, les Américains mettent volontiers en avant l'argent et la réussite, autant on ne retrouve pas chez eux le dédain pour certains métiers, « tel boutiquier, boucher ou policier », qu'il est courant de rencontrer en France. Et ils ont au contraire plutôt tendance à affirmer que tous les types d'emplois se valent, avec des propos tels que : « Jamais de toute ma vie, je n'ai pensé qu'un boulot puisse être indigne de moi. J'ai fait des tas et des tas de choses, et il n'y a rien, absolument rien que je puisse imaginer être indigne de moi. Un boulot est un boulot, aussi longtemps que vous faites quelque chose d'honnête[1]. »

De même, on ne retrouve pas aux États-Unis la vigueur avec laquelle les Français proclament que leurs convictions propres doivent l'emporter sur tout lien de subordination. Alors que la grande majorité des Français affirment fièrement qu'ils ne suivront les instructions de leurs supérieurs

1. Michèle Lamont, *op. cit.*, p. 101, 103.

que s'ils sont convaincus de leur justesse, il n'y a qu'une petite minorité des Américains à en faire autant[1].

C'est que l'on a affaire à une manière de concevoir ce qu'est une subordination digne, différente de celle qui marque la France. On retrouve là encore la vision de la liberté qui a prévalu dans le monde anglo-saxon.

Le fait de se lier par un contrat, conclu pour un temps, qui définit précisément ce à quoi s'engage chacune des parties, reste vu, dans l'univers anglo-saxon, comme ce qui convient pour maintenir une condition d'homme libre au sein d'une relation de dépendance. Locke, tout en consacrant l'essentiel de ses *Traités* aux institutions politiques, étendait déjà cette vision à la subordination dans le travail : « Un *homme* libre se rend serviteur et valet d'un autre, en lui vendant, pour un certain temps, son service, moyennant un certain salaire. Or, quoique cela le mette communément dans la famille de son *maître*, et l'oblige à se soumettre à sa discipline et aux occupations de sa maison, il ne donne pourtant de pouvoir au *maître* sur son *serviteur* ou son valet, que pendant quelque temps, que pendant le temps qui est contenu et marqué dans le contrat ou le traité fait entre eux. Mais il y a une autre sorte de *serviteurs,* que nous appelons, d'un nom particulier, *esclaves*, et qui [...] sont [...] sujets à la domination absolue et au pouvoir arbitraire de leurs *maîtres*[2]. » Contrairement à son homologue français, un subordonné américain ne voit rien qui l'abaisse dans le fait de « travailler pour » un supérieur à la manière dont un fournisseur travaille pour un client. Ce qui importe pour lui est qu'un contrat précis délimite soigneusement ce à quoi il est tenu[3].

1. Soit 63 % des Français et 24 % des Américains ; enquête European values Survey en Europe et Gallup aux États-Unis, citées par Michèle Lamont, *op. cit.*, p. 69.

2. Locke, *Traité du gouvernement civil* (1690), *op. cit.*, § 85, p. 204.

3. Philippe d'Iribarne, *La Logique de l'honneur, op. cit.*, 2e partie.

Le contraste entre deux conceptions différentes des rapports d'autorité apparaît bien quand des Français et des Américains travaillent de concert. On peut illustrer ce point en considérant l'évaluation d'un subordonné américain faite, au sein d'une usine américaine, par un directeur d'usine français. Le directeur en question a bien saisi que les attentes ne sont pas les mêmes des deux côtés de l'Atlantique : « Une des grandes demandes des ingénieurs américains, étant donné qu'il y a cette évaluation qui est un jugement sur leur action, leur exigence est : "Dites-moi ce que vous voulez, dites-moi ce sur quoi je dois travailler." [...] Les ingénieurs en France, la façon dont je les perçois, ont tendance à se créer leur propre système de valeurs en se disant : "Bon, c'est bien évident qu'il faut que je fasse tourner mon propre machin". » Mais, lorsqu'il s'agit d'évaluer un subordonné américain, il peine à tenir compte de cette différence. « Je viens de faire une évaluation d'un ingénieur [...]. Un de mes points a été de dire à cet ingénieur que je reconnaissais qu'il avait fait un certain nombre de progrès. Mais il y avait d'autres points sur lesquels il n'avait pas travaillé et qui me paraissaient être des points fondamentaux, en conséquence de quoi sa note avait baissé. Sa réponse a été : "Oui, je comprends bien, ça fait un an qu'on travaille ensemble, vous m'avez changé mes objectifs. Votre prédécesseur était très content parce que, ce que vous avez dit que je faisais bien, c'est ce que votre prédécesseur voulait que je fasse, mais ce que vous m'avez dit de faire bien en plus, personne ne me l'a dit"[1] ».

L'ingénieur américain s'attend que son supérieur soit lié par les objectifs qu'il a définis. Face à lui, son supérieur français est guidé par des références tout autres. Pour lui, un ingénieur est censé avoir une connaissance globale de son métier, être capable de juger par lui-même quels sont les

1. *Ibid.*, p. 22, 139.

points, dans l'état où se trouve l'installation dont il est responsable, qui méritent particulièrement son attention. Ce serait même lui faire injure que de trop les souligner. Une même manière d'agir respecte un ingénieur français dans la maîtrise de son métier et viole de manière parfaitement *unfair* le contrat passé avec un ingénieur américain.

V. Veiller sur les clients, plus qu'être à leur service

Le souci de ne pas s'abaisser se retrouve dans les rapports entretenus avec les clients. Des propos tenus par un ingénieur français, travaillant comme commercial aux États-Unis après avoir occupé un poste équivalent en France, et chargé de vendre de l'acier à des clients industriels, en fournissent un bon exemple : « Auprès des clients, nous avons l'aura du représentant de l'usine : nous sommes celui qui va résoudre tous leurs problèmes. Face à eux, je me sens un peu comme un médecin généraliste : je les écoute, ils se confient à moi, puis je dresse un diagnostic. Soit je peux régler moi-même leur problème, soit je les oriente vers un spécialiste, un collègue du groupe pointu sur le sujet. Aux États-Unis, les clients sont très pragmatiques : c'est le résultat qui compte, pas la manière d'y arriver. Alors qu'en France on est très attaché à la beauté du raisonnement. Pour moi cela a été un vrai choc culturel [1]. »

Dans une vision américaine il paraît naturel de se mettre au service du client, de s'efforcer de satisfaire au mieux ses exigences, sans se croire autorisé à les discuter, en cherchant à lui donner le maximum de *value for money* dans la conception que ce client a lui-même de ce qui vaut la peine qu'on paye pour l'avoir. Mais le fournisseur français tend à voir

1. Propos rapportés par la revue de communication du groupe Usinor : *Aciers*, n° 38, mars 1998.

les choses autrement. Il lui paraît peu noble d'être réduit au rang de simple prestataire de service. Il est bien plus noble d'être dans la position du « médecin généraliste » à qui on se « confie », qui « règle » les problèmes, « oriente » ceux qui sont en difficulté. Et il est plus noble de ne pas s'enfermer dans un registre bassement utilitaire, mais de s'attacher à la « beauté du raisonnement », par laquelle on accède à la grandeur et à la pureté de l'esprit.

On retrouve des traces de cette forme de rapport aux clients dans la manière dont les entreprises françaises tendent à définir leurs « valeurs [1] ». Prenons par exemple un document : *Les Valeurs du groupe,* de Suez Lyonnaise des Eaux. On y trouve des formules telles que : « Notre place et notre ambition de leader mondial [...] nous obligent à ne pas être seulement des bons professionnels, mais les meilleurs. » Et il est affirmé que la démarche par laquelle le groupe précise ses valeurs constitue : « Un engagement que nous prenons vis-à-vis de nos clients et nos actionnaires et, surtout, vis-à-vis de nous-mêmes. » On retrouve là l'expression d'un sentiment du devoir lié au rang que l'on occupe. C'est « notre place et notre ambition de leader mondial », et non le souci de répondre aux attentes des clients qui sont une source d'obligation. Et, dans ces conditions, quand il s'agit de « ne pas être seulement de bons professionnels, mais les meilleurs », ce qui est en question n'est pas tant de triompher de la concurrence que de tenir son rang. De

1. On peut trouver, par ailleurs, une bonne illustration des singularités françaises en matière de conception des rapports de subordination en analysant les réactions françaises par rapport aux codes d'éthique, d'inspiration largement américaine, que se donnent actuellement beaucoup d'entreprises multinationales. On a une vive résistance à la forme de subordination qu'impliquent la plupart de ces codes, l'autonomie de chacun en matière d'éthique étant hautement affirmée. Cf. Philippe d'Iribarne, « La légitimité de l'entreprise comme acteur éthique en France et aux États-Unis », *Revue française de gestion,* n° 140, septembre-octobre 2002.

même, les devoirs que l'on reconnaît avoir ont moins leur source dans ce que l'on doit aux autres, « clients » comme « actionnaires », que dans le souci d'être digne de la position que l'on occupe (« vis-à-vis de nous-mêmes »). Comment ne pas songer aux propos de Montesquieu : « Les vertus qu'on nous y montre [dans les monarchies] sont toujours moins ce que l'on doit aux autres, que ce que l'on se doit à soi-même : elles ne sont pas tant ce qui nous appelle vers nos concitoyens, que ce qui nous en distingue[1]. »

Nous avons retrouvé cette conception du devoir dans les propos tenus par des managers français, invités à s'exprimer sur un projet de code de conduite d'un groupe multinational : « Des sociétés de la taille de notre nouveau groupe [...] du fait qu'elles ont des pouvoirs souvent plus grands que certains États, on ne va pas se comporter de façon purement commerciale en faisant comme la concurrence [...]. Il est normal qu'on ait des règles qui soient un peu au-dessus. [...] Il faut être à l'avant-garde de ce genre de sujet et ne pas suivre les autres. » La « taille du groupe », les « pouvoirs » qui lui sont liés, la grandeur qui lui est attachée, sont source de devoirs, car il faut en être digne. Ils interdisent de « se comporter de manière purement [pour ne pas dire bassement] commerciale », même si la concurrence, supposée de moindre rang, peut « se le permettre ». Ils exigent d'être « au-dessus », « à l'avant-garde ». Nombreux sont les propos tenus dans le même sens, à propos des rapports aux clients ou dans d'autres domaines : « Quand on arrive quelque part, on ne peut pas se contenter d'appliquer le droit du travail local, parce que nous sommes T... » ; « Il faut [...] rappeler la taille du groupe, le sens des responsabilités » ; « Nous avons aussi notre éthique de gentilhomme ».

Cette approche peut beaucoup choquer hors de France.

1. Montesquieu, *De l'esprit des lois* (1747), première partie, livre IV, chap. II.

Elle est souvent interprétée comme la marque de l'arrogance et du manque d'esprit commercial des ingénieurs français. En fait, ce type de rapport au client est alimenté par la rencontre de deux facteurs ; d'un côté, les différences entre le sens que prend, selon les lieux, le fait de se soumettre à la volonté d'autrui pour en tirer un avantage matériel : s'agit-il ou non de « se vendre », avec la charge affective que la société française donne à cette expression[1] ; de l'autre, la force de la référence du métier, et les repères qu'elle fournit, quand, face à des clients souvent peu conscients de ce que sont réellement leurs besoins, il s'agit de définir de manière autonome et créative ce que l'on estime être un produit de qualité. Pour un regard français, ce dernier point est essentiel : « En analysant les besoins du client, au-delà de sa propre exigence [...], nous avons pu proposer à notre client des produits plus adaptés et plus performants[2]. »

Du point de vue de la capacité de l'entreprise à réussir sur son marché, ce rapport au client constitue, selon les circonstances, plutôt un handicap ou plutôt une force. Il est des circonstances où on attend d'un fournisseur qu'il réponde au mieux et sans discuter à ce qu'on exige de lui et, dans ce cas, la vision française est un handicap. Dans certaines situations (que l'on songe par exemple à l'échec de Paris face à Londres dans sa candidature à l'organisation des jeux Olympiques de 2012), il faut savoir se vendre, sans trop se contenter de faire confiance à la qualité du produit que l'on propose. Mais c'est loin d'être toujours vrai. Même des voix américaines affirment que : « Si vous idolâtrez ce que réclame le client et le mettez sur un trône, vous n'obtiendrez

1. À côté des rapports entre les entreprises et leurs clients, on pourrait évoquer les tentatives faites, au sein des entreprises, pour organiser les rapports entre services à l'image de rapports « fournisseur-client ». On retrouve la même difficulté à entrer dans ce moule.

2. *Aciers,* n° 38, mars 1998.

que des progrès de détail et pas d'idées vraiment nouvelles[1]. » Et on voit des entreprises françaises fort bien réussir, y compris aux États-Unis, en pratiquant ce type d'approche.

Ainsi, une entreprise qui se trouve dans ce cas ne craint pas d'écrire, dans son rapport annuel : « Progressivement, dans chacun de nos métiers, les commerciaux sont responsabilisés sur la totalité de l'acte de vente. Leur connaissance intime des besoins de leurs clients leur permet de *prescrire* [c'est nous qui soulignons] les solutions les plus adaptées tout en mettant en avant notre offre de produits à valeur ajoutée[2]. » Pour fournir un exemple susceptible d'illustrer la fécondité d'une telle vision du client, l'entreprise évoque sa filiale américaine : « Le changement de relation avec l'un des principaux clients béton dans le Colorado, le constructeur Richmond Homes, en est une bonne illustration. Jusque-là, Lafarge vendait le béton à des sous-traitants de Richmond. Le rapprochement avec le constructeur a permis de réaliser qu'il dépensait chaque année 1 million de dollars en réparation sur le béton, en raison d'un manque de compétence de certains de ses sous-traitants. À partir de 2005, Lafarge fournira directement Richmond, l'aidera à identifier des sous-traitants de qualité, lui apportera une expertise technique et lui vendra, en plus, sa gamme de bétons colorés. »

Une version des rapports entre fournisseur et clients particulièrement délicate à gérer se rencontre lorsque le fournisseur appartient au monde sacré des clercs et le client au monde profane, situation que l'on trouve dans les rapports entre la recherche et l'industrie. Citons Jean-Marie Lehn, prix Nobel de chimie : « La recherche fondamentale ne doit pas être une activité de service à la disposition de l'industrie, et inversement la recherche appliquée n'est pas moins

1. Joseph G. Monrone, « Getting to "Eureka" », *Business Week*, 10 novembre 1997.
2. Lafarge, *Rapport annuel 2004*, p. 23.

noble que la recherche fondamentale. C'est l'intérêt de l'industrie qu'il y ait une recherche fondamentale forte pour profiter des découvertes, maintenir les compétences. C'est l'intérêt de la recherche fondamentale de prendre connaissance des demandes industrielles[1]. » Que peut accepter la recherche fondamentale, activité noble s'il en est pour un clerc ? « Prendre connaissance des demandes industrielles », demandes et non pas exigences auxquelles serait soumise « une activité de service à la disposition de l'industrie ». Et si ce n'est pas s'abaisser d'agir ainsi, c'est que, ce faisant, les savants favorisent l'avancée de leur propre mission (et donc en ce sens, c'est l'intérêt de la science) : faire progresser les connaissances. Il est certes affirmé, contre toute évidence, que « la recherche appliquée n'est pas moins noble que la recherche fondamentale » (qui aurait idée de renverser la proposition, sinon de manière humoristique, et de dire que la recherche fondamentale n'est pas moins noble que la recherche appliquée ?). Coquetterie de grand savant ? Ou manifestation du fait que celui qui (tel, chez Proust, M. de Charlus) est noble parmi les nobles, ennoblit tout ce qu'il daigne faire, fût-ce une activité généralement considérée comme vulgaire, privilège inconnu de ceux qui sont d'un moindre rang.

VI. L'attachement au service public

On s'étonne souvent des résistances françaises, spécialement chez une partie du personnel des entreprises publiques, au développement d'une logique de marché là où le service

1. Jean-Marie Lehn, « Recherche fondamentale et demande industrielle », Communication au club de réflexion du CNRS, Science, recherche et société, *Club science recherche et société, La Lettre,* n° 1, septembre 1993.

public prévalait jusqu'alors. On qualifie volontiers de « passéiste » l'attachement à celui-ci. On y voit la marque d'un manque de dynamisme, d'un souci hypertrophié de sécurité matérielle, le signe d'une mentalité de « fonctionnaire », dans le sens le plus péjoratif du terme. C'est non seulement ignorer tout ce que l'on constate de dynamisme au sein des services publics français mais encore mal comprendre la façon dont ils incarnent l'idéal du service noble, cela étant spécialement précieux pour des personnes qui sont par ailleurs mal armées pour ennoblir leur métier.

« Dans cet assujettissement presque général de toutes les conditions, écrivait déjà au milieu du XVIIIe siècle le chancelier d'Aguesseau, un Ordre aussi ancien que la magistrature, aussi noble que la vertu, aussi nécessaire que la Justice, se distingue par un caractère qui lui est propre ; et seul entre tous les états, il se maintient dans l'heureuse et paisible possession de son indépendance. Libre sans être inutile à sa patrie, il se consacre au public sans en être l'esclave ; et condamnant l'indifférence d'un philosophe, qui cherche l'indépendance dans l'oisiveté, il plaint le malheur de ceux qui n'entrent dans les fonctions publiques que par la perte de leur liberté[1]. » Se consacrer au public sans en être l'esclave, ajouter la noblesse de la vertu et du libre dévouement à celle que procure la possession de son indépendance, comment rêver situation plus haute ?

Une référence identique, même si la réalité qu'il vit ne lui est guère fidèle, se retrouve, avec des termes souvent très proches, dans la bouche d'un magistrat contemporain interrogé sur les raisons qui l'ont conduit à choisir cet état : « Oui, ce qui me plaisait dans la fonction de magistrat, c'était la notion d'indépendance, d'avoir un métier…, la fonction publique c'était rendre un service public et ne pas avoir de

1. Chancelier d'Aguesseau, *Œuvres,* Paris, Libraires associés, 1759, t. I, p. 1.

patron, ne pas avoir... Oui, ne pas avoir de patron, avoir simplement à remplir la fonction qu'on tient de la loi, à respecter la loi et à servir l'intérêt général. [...] À l'époque [...] on ne voulait pas travailler pour les patrons ; la notion de service public c'était important ; la notion de profit, ça ne m'intéressait pas, au contraire ça pouvait me choquer, je ne voulais pas avoir à prendre l'argent sur les autres ; alors que rendre un service public, moi je trouve que c'est bien, avoir un salaire pour servir l'intérêt général[1]. » Et, conclut l'intéressé : « On n'est pas là pour être comme dans une entreprise, pour le coup, je crois qu'on n'a pas à avoir la logique du privé, du cadre qui doit obéir à son cadre supérieur ; on doit être des gens, des personnages un peu publics, comme des élus, oui, comme un maire qui est là pour défendre l'intérêt général mais qui doit être capable de dire “vous, votre intérêt il est ce qu'il est, mais l'intérêt de la commune c'est pas celui-là”[2]. » Ne pas avoir à obéir à un patron, n'avoir pas besoin de se vendre à un client, n'être au service que de l'intérêt général, c'est-à-dire, en quelque sorte, avoir une mission reçue d'en haut, pouvoir faire bénéficier de sa bienveillance ceux en faveur de qui on agit, sans avoir à tendre la main pour qu'ils vous rétribuent, autant d'éléments d'un service éminemment noble.

Les réactions face à la mise en cause de ce type d'indépendance expriment bien ce qui est en jeu. Prenons les propos d'un inspecteur du travail, responsable syndical, réagissant à une injonction du ministre de l'Emploi de mieux participer à la poursuite des sans-papiers sur les lieux de travail : « Cette circulaire bafoue les traditions républicaines les plus établies et les conventions internationales protégeant les inspecteurs du travail. Ces derniers, faut-il le rappeler,

1. Rémi Lenoir, « Avec un magistrat », in *La Misère du monde, op. cit.*, p. 305-306.
2. *Ibid.*, p. 315.

dépendent de la convention 81 de l'Organisation internationale du travail, et non pas des préfets. [...] Il est hors de question de se voir transformer en force annexe de la place Beauvau. [...] On devine qu'il y a des charters à remplir. C'est contraire à l'esprit et à la déontologie de notre métier. [...] Selon le texte de l'Organisation internationale du travail qui définit nos missions, nous devons rester *"maîtres de l'appréciation des suites réservées à nos contrôles"*. [...] On n'acceptera pas de participer à des opérations de contrôle purement policier et au faciès. Il y aura peut-être des poursuites disciplinaires mais on n'ira pas. C'est le gouvernement qui franchit la ligne jaune des principes républicains du respect de l'indépendance fonctionnelle de l'inspection du travail. On est là pour faire appliquer le droit du travail. Pas pour cibler une catégorie d'étrangers et jouer les supplétifs de la PAF[1]. » La référence est claire : l'« indépendance » par rapport à toute hiérarchie, « les préfets », « le gouvernement » ; un « métier », pourvu d'un « esprit » et d'une « déontologie », des « missions » définies par un « texte » empreint de grandeur, tel qu'une « convention de l'Organisation internationale du travail » ; rester « maître de l'appréciation » des conséquences pratiques à tirer de cette mission ; un refus d'être réduits à la position bien peu noble de « force annexe », de « supplétifs » ; une fière affirmation du refus de plier devant la menace de « sanctions disciplinaires ». L'invocation des « traditions républicaines », des « principes républicains » est ainsi mise au service d'une forme modernisée de service noble.

L'appartenance au service public est particulièrement précieuse pour ceux qui n'ont ni « vrai métier » à fort contenu technique ni « noblesse scolaire » significative. Le « statut » dont ils bénéficient au sein des bureaucraties publiques leur

1. Entretien avec Pierre Mériaux, inspecteur du travail et membre du syndicat SNU travail-emploi-formation, *Libération*, 13 septembre 2005.

donne, à défaut d'une véritable autonomie professionnelle (car leur action est encadrée par de multiples règlements), une protection contre les pressions de leur hiérarchie [1]. De plus, leur appartenance à un service public les protège contre le risque d'être dans la dépendance des « usagers ». Il y a une certaine noblesse à n'être au service que de l'intérêt général, et à traiter avec bienveillance, conformément à son propre sens du devoir, des usagers qui, du fait qu'ils ne peuvent faire appel à un concurrent, sont mal placés pour exiger. En outre, dans des entreprises où les syndicats ont en général un pouvoir important (incomparablement plus développé que dans les entreprises privées), des décennies de luttes ont conduit à conquérir d'innombrables privilèges d'ampleur variable, communs à tout le personnel ou spécifiques à chaque catégorie, privilèges dont la possession contribue à donner le sentiment que l'on est « quelqu'un ». C'est tout cela qui est défendu, par des grèves et parfois dans la rue, quand on parle de « défense du service public ».

La remise en cause de ce type de fonctionnement, et de la culture qui lui est liée, quand des relations marchandes se mettent en place, que l'usager est remplacé par le client et qu'une recherche de rationalisation de l'organisation menace de multiples privilèges, n'est pas anodine. Elle affecte de manière substantielle ce qui permet au personnel de base de ces entreprises de se sentir traité dignement. Et ces bouleversements menacent particulièrement en cas de privatisation (même si, pour faire accepter celle-ci par le personnel présent dans l'entreprise, il est d'usage de permettre à celui-ci de conserver, au moins de manière transitoire, bien des aspects de son ancien statut).

Ce développement d'une logique marchande est particulièrement mal supporté par ceux qui, étrangers à une pers-

1. L'attachement à cette protection a été analysé par Michel Crozier dans *Le Phénomène bureaucratique, op. cit.*, p. 289.

pective d'entreprise, bénéficiaient le plus fortement de l'aura du service public. Les pompiers en fournissent un bon exemple[1]. Beaucoup se plaignent de ce qu'ils qualifient d'« américanisation » de la société. Les propos, sans doute extrêmes, d'un pompier professionnel évoquant la perspective de faire payer certaines interventions des pompiers sont, dans leur radicalité, éloquents à cet égard :

« Le trait commun entre nous et la population, c'est le service public gratuit. [...] À notre niveau, si on devait faire payer 500 francs une personne pour intervenir et détruire un nid de guêpes, j'aurais honte de rentrer dans sa maison. [...] Il y a un autre aspect : la différence entre ceux qui ont les moyens et ceux qui n'ont pas les moyens. C'est la politique du riche [...] : les pauvres ne pourraient pas payer ; les riches paieraient et ne diraient pas merci, puisqu'ils ont payé. La personne, elle aurait payé son tribut et son dû, sans y mettre de chaleur, et nous on serait des exécutants. Je serais le pourvoyeur de l'État. [...] Aujourd'hui, il y a une notion de justice, d'équité. Il n'y a pas de note envoyée chez la personne. On a moins de scrupules. On ne demande pas : "Vous avez les sous ? Oui ? Non ?" Je ne suis pas aujourd'hui un exécutant de l'État. Il n'y a pas l'aspect malsain de l'argent. Pompiers et argent... : on se rebiffe assez vite. L'argent, on peut le prendre ailleurs. J'aurais l'impression d'aller chercher mes 500 francs, j'aurais l'impression d'être comme les..., ceux qui mettent les amendes... [...] comme les contractuelles, mais en plus, ce que je ferais ne serait pas équitable : une contractuelle contre son propre avis. »

Se retrouver « exécutant » d'un État devenu simple prestataire de service face à des « riches » dont on n'a plus à attendre de gratitude, « puisqu'ils ont payé », ne plus se trouver dans la position de celui qui répand également ses bien-

1. Philippe d'Iribarne, « L'évolution du métier de sapeur-pompier », rapport Gestion et Société, mai 1999.

faits sur le riche et sur le pauvre mais se trouver contraint à « aller chercher ses 500 francs », constitue une sorte de déchéance et est source de « honte ».

Dans les entreprises marquées par une tradition de service public (chemins de fer, électricité, gaz, télécommunications), la mise en cause de son statut atteint plus ou moins le personnel selon la situation de départ de chacun. Cela est vrai d'une entreprise à l'autre et également selon les parties d'une même entreprise.

Pour certaines entreprises, une adaptation au monde marchand, combinée au développement d'une logique d'innovation technique, est en cours depuis longtemps (ainsi France Télécom ou EDF). Des solutions de compromis, progressivement trouvées, amènent à mieux intégrer les attentes du client sans se couper pour autant de la perspective traditionnelle de supériorité bienveillante envers l'usager. La transition est facilitée par le fait que, même dans les entreprises qui appartiennent pleinement à un monde concurrentiel, il paraît normal de considérer le client avec une bienveillance d'expert. On n'est pas si loin de l'attitude que l'on trouve, quand tout va bien, envers l'usager des services publics.

Les réactions du personnel d'EDF à la mise en place d'une démarche visant à offrir un meilleur service aux clients industriels, en cas de perturbation de leur alimentation électrique, fournissent un exemple de ce type de transition réussie[1]. Ceux qui ont vu mettre en cause la conception qu'ils se faisaient de leur métier ont été tout d'abord troublés. « Le plus gros travail, note un cadre, a été [...] par rapport à la section technique [...]. C'est le rapport qu'ils ont avec leur métier ; on a des techniciens qui se passionnent pour leur métier technique ; ils ont des bacs ou des BTS

1. Philippe d'Iribarne, « L'information clients en situation perturbée ; la vie d'une procédure », rapport Gestion et Société, mars 1997.

d'électrotechniciens ; ils continuent leur progression sur un aspect technique ; c'est leur métier ; tout ce qui est autour est vécu comme une corvée, et qui vient se rajouter, entrave leur épanouissement dans la technique. » Mais, à l'expérience, une redéfinition positive du métier est intervenue : « Ils ont pris conscience qu'ils avaient plus d'informations que le client ; qu'ils n'étaient pas en difficulté mais avaient un accueil positif du client. » La vision selon laquelle EDF et ses agents ont pour mission d'exercer un rôle de tutelle bienveillante vis-à-vis du client, au-delà de toute obligation contractuelle ou préoccupation commerciale, a permis de faire le pont entre l'ancienne situation et la nouvelle. Cette perspective inspire les propos des techniciens : « On est au courant parce qu'on s'intéresse à notre réseau, on essaye d'aller au-delà de notre fonction » ; « Ça permet [...] en sortant de voir une fuite dans un transfo [appartenant au client et à l'égard duquel EDF n'a aucune responsabilité contractuelle], les gens n'avaient pas vu. [...]. On connaît mieux les matériels que la plupart des services électriques des clients. [...]. On ne peut pas dire qu'on les surveille, mais on y jette un œil. C'est un réflexe de notre part. Ce n'est pas vraiment leur domaine ». Quand chacun se sent responsable de faire marcher « son réseau », la manière de prendre en compte le client dépend de la façon dont les limites dudit réseau sont perçues. Pendant longtemps, la vision qu'en avaient les agents s'arrêtait aux points de livraison. Le développement du souci du client a conduit à intégrer dans la sphère de responsabilité ressentie par chacun ce qui se passe chez celui-ci. Un pas vers une adaptation à un nouveau monde, où le service du client devient central, a pu se faire sans avoir à renier une haute vision du service public.

Simultanément, il n'est pas trop difficile d'entrer dans une logique de concurrence pour ceux qui sont bien armés, de par leurs titres scolaires et le caractère irremplaçable de leur compétence technique, pour se faire pleinement reconnaître dans une logique d'entreprise industrielle haut de gamme. À la limite, pour les échelons élevés de la hiérarchie, l'internationalisation de l'entreprise, le passage concomitant de la petite France au vaste monde comme scène de leur action sont autant de facteurs de grandissement. Le sentiment d'accroître leur distance par rapport au commun qui se produit en délaissant le Français pour l'Anglais (ce qui est le cas par exemple dans les instances dirigeantes de France Télécom) peut également donner l'impression d'accéder à une sphère plus haute. Le passage du service public à l'entreprise concurrentielle peut alors être non seulement accepté mais désiré.

Au contraire, quand on vient d'une culture plus pure de service public, sans préoccupations de concurrence et sans obligation d'équilibre des comptes (tel le métro parisien), quand l'encadrement, majoritairement « issu du rang », manque de « noblesse scolaire », la mutation ne peut être que plus douloureuse, et les résistances plus fortes. Aller vers le client, transformer radicalement l'organisation et les statuts au nom de la productivité, représente une véritable rupture, à la fois potentiellement très menaçante et difficile à faire accepter par le personnel[1].

Reste que la manière dont sont traités les privilèges coutumiers (les « avantages acquis »), importants ou minuscules, officiels ou officieux, compte beaucoup pour les intéressés. Et, là encore, cela compte d'autant plus qu'ils ont moins d'atouts pour acquérir par d'autres voies un statut qui montre qu'ils ne sont pas « n'importe qui ». On a vu, en décembre 1995, à propos des retraites, la vigueur avec laquelle ces privilèges pouvaient être défendus.

Parmi ces privilèges, la garantie d'emploi à vie, liée de

1. Cf. Jean-Pierre Segal, « Hiérarchie et dignité ; la bureaucratie "à la française" à l'épreuve du changement », in *Cultures et Mondialisation, op. cit.*

droit ou de fait au statut public, n'est pas la moindre. Nous allons voir, dans le prochain chapitre, tout ce que peut représenter une telle garantie, au-delà même d'une sécurité matérielle. Et, là encore, le contraste est vif avec le monde anglo-saxon.

VII. Un ordre coutumier, que la loi et la théorie ignorent

L'opposition entre ce qu'on fait « en théorie » et ce qu'on fait « en pratique », entre les principes solennellement affichés et les arrangements qui y dérogent, l'habitude d'en prendre et d'en laisser quand il s'agit d'appliquer les règles, constituent des traits bien connus de la société française. On y parle de « grève du zèle » quand certains appliquent vraiment les règlements, et l'étendue des troubles qui en résultent montre à quel point ces règlements n'ont pas été conçus pour être appliqués. Cet écart entre ce que l'on est censé faire et ce que l'on fait habituellement se retrouve dans le fonctionnement des entreprises. C'est que la conception de la vie en société qui inspire l'univers des règles n'est pas celle qui régit les pratiques.

Michel Crozier a beaucoup contribué à mettre en évidence l'écart massif que l'on trouve, dans les entreprises françaises, entre les règles et les pratiques. Même dans les organisations bureaucratiques, où les règles sont censées avoir réellement force de loi, elles ne sont en fait guère respectées. Ainsi, *Le Phénomène bureaucratique* évoque le sort commun de responsables « investis officiellement de l'autorité » mais qui « sont constamment empêchés de s'en servir »[1] ou le caractère exceptionnel de celui qui « persiste à vivre dans

1. Michel Crozier, *Le Phénomène bureaucratique, op. cit.*, p. 168. Il s'agit des directeurs adjoints du « monopole industriel ».

le monde illusoire de ses droits juridiques[1] ». L'ouvrage fourmille de descriptions de situations où les règles les plus solennellement affichées sont violées sans pudeur[2]. Il montre à quel point les règles contribuent peu à mettre un frein aux jeux de pouvoirs et aux rapports de chantage permanent entre acteurs qui tiennent une place centrale dans le portrait qu'il brosse du « monopole industriel ».

Cet écart entre les règles et les pratiques finit par paraître tellement naturel pour qui a fait des entreprises françaises un objet d'étude privilégié que ne pas le rencontrer ailleurs suscite une sorte de choc culturel. Ainsi, une spécialiste française de sociologie des organisations, comparant le fonctionnement de centrales nucléaires en France et aux États-Unis, est stupéfaite de constater le sérieux avec lequel les règles sont prises outre-Atlantique : « La conformité aux règles observée sur les chantiers de *Diablo Canyon* est intrigante. Pas d'improvisation, pas d'écart de routine ou de conformité, encore moins de violation. Comment expliquer ce phénomène assez inattendu surtout au regard de l'expérience française[3] ? » Le fonctionnement de cette usine lui donne « l'impression d'une chape de plomb permanente[4] ». Et, constatant que pareille impression ne ressortait nullement d'une enquête faite dans le même site par une consœur américaine, elle met en cause la qualité du travail que celle-ci a réalisé, n'imaginant pas que la vision américaine du respect des règles puisse différer de la vision française.

Nous avons eu l'occasion d'observer, pour notre part, l'ampleur de cet écart entre l'officiel et l'officieux. Ainsi, dans une usine où il existait des sanctions théoriques, com-

1. *Ibid.,* p. 158. Il s'agit des contrôleurs.

2. Ainsi, p. 97, 98, 154.

3. Mathilde Bourrier, *Le Nucléaire à l'épreuve de l'organisation,* PUF, 1999, p. 193.

4. *Ibid.,* p. 260.

mençant par l'avertissement oral et allant jusqu'au renvoi, l'encadrement n'en faisait en fait guère usage, tout en utilisant de tout autres moyens de pression. Un surveillant s'en expliquait sans détours : « Il n'y a pas de sanction [formelle], ce n'est pas le genre de la maison. Si le gars ne veut pas entendre, on peut toujours lui trouver un poste plus em... C'est peut-être pas très honnête *[rire]*. C'est à chaque surveillant de se dém... avec ce qui se passe dans son poste. Si on casse la croûte et boit un pot ensemble, ce n'est pas pour ça que, s'il fait une c... il ne va pas prendre sa *[inaud.]*. Au lieu de se reposer, on peut lui trouver du boulot. C'est pas des sanctions avouées *[rire]*. C'est là que chaque surveillant est patron de son équipe[1]. » Le contraste était spectaculaire avec le fonctionnement, observé simultanément, d'une usine sœur américaine où au contraire les règles relatives aux sanctions étaient l'objet d'un respect religieux.

Comment expliquer de tels écarts, qui vont bien au-delà du fait qu'il n'est possible nulle part de concevoir des règles qui puissent tout prévoir ? Ces écarts sont d'autant plus remarquables qu'ils n'ont souvent rien de honteux. C'est, au contraire, celui qui prétendrait prendre les règles tout à fait au sérieux qui se ferait mal voir, apparaissant selon les cas comme une sorte de dangereux ayatollah ou comme un lourdaud ridicule, ignorant des finesses du monde. Par ailleurs, à côté des règles formelles, prises avec quelque distance, il en est d'autres, par exemple d'étiquette, qui ne sont écrites nulle part mais qu'il paraîtrait difficilement pensable de transgresser sous peine de se trouver rejeté.

Le hiatus majeur se situe entre deux conceptions de la société : celle qui, pour l'essentiel, sous-tend les pratiques mais à laquelle il est difficile de faire ouvertement référence et celle qui régit les idées mais n'a guère de prise sur le

1. Philippe d'Iribarne, *La Logique de l'honneur*, *op. cit.*, p. 24.

corps social. Officiellement, au sein d'une société démocratique, l'idée même de service noble n'a plus aucun sens. Ni le type d'allégeance qu'il implique vis-à-vis d'un supérieur ni le type d'autonomie qu'il procure aux subordonnés ne peuvent être reconnus comme appartenant au cours normal des choses. Il n'est légitime de les évoquer qu'à titre de résidus transitoires d'une époque révolue, résidus qui doivent disparaître au plus vite pour accéder enfin à une vraie modernité. Toute allégeance à un supérieur ne relève-t-elle pas de rapports « féodaux » incompatibles avec l'égalité démocratique ? Et les formes de « bon plaisir » associées à l'éthique du métier ne relèvent-elles pas d'une sorte d'anarchie incompatible avec le fonctionnement d'une société ordonnée[1] ? C'est ainsi que les évoque Michel Crozier quand il présente le succès du système bureaucratique comme dépendant « de la société anarchique et féodale qu'il combat, mais contre laquelle il s'appuie[2] ». Dans ces conditions, il n'est pas pensable de codifier dans des textes ayant quelque portée normative les relations que l'on trouve dans la réalité entre supérieurs et subordonnés. Quand la théorie juridique de l'entreprise qui prévaut en France cherche à imaginer cette relation, elle emprunte une direction qui doit beaucoup à l'image théorique d'une société de citoyens dont les rapports sont réglés par la loi, et bien peu à une réalité sociologique et culturelle si peu fidèle à cette image. Guidée par une sorte de « tabou communautaire », elle ne

1. Je me suis trouvé pour ma part confronté à ce type de réactions à l'occasion d'une recherche portant sur la manière dont les démarches qualité d'inspiration japonaise étaient appliquées dans une usine française d'automobile. Présentant mes observations devant un parterre de spécialistes de la qualité, j'ai suscité un vif malaise. Le fait même de décrire, sans s'en indigner aussitôt, la manière dont des ouvriers et des techniciens français en prenaient et en laissaient avec les préconisations des experts a été perçu comme relevant d'une sorte de complicité avec le mal.

2. Michel Crozier, *Le Phénomène bureaucratique, op. cit.*, p. 340.

veut connaître que des rapports d'intérêts[1]. Elle cherche à construire une représentation ne faisant appel qu'à des notions de propriété, de contrats et de règles de droit[2]. En sont évidemment exclues tout un ensemble de notions telles que allégeance, honneur, fidélité, état, devoir, privilèges, noble, s'élever, déchoir, etc., qui relèvent d'un autre monde, bien qu'on ne puisse comprendre en fait la vie des entreprises sans y faire appel[3].

Un aspect commun de la conception théorique de l'entreprise qui s'est ainsi édifiée et de celle qui régit l'essentiel de leur vie quotidienne est un refus d'une dépendance servile. Mais, quand il s'agit de concevoir la subordination, ce refus commun conduit dans des directions divergentes : d'une part, côté théorie, une rupture radicale avec l'ancienne société au profit d'une société nouvelle construite sur d'autres principes ; d'autre part, côté pratique, une réinterprétation dans un contexte nouveau d'un modèle social traditionnel.

1. Denis Segrestin, « Le syndicalisme français et l'entreprise » (1968-1988) », in *L'Entreprise, une affaire de société,* sous la direction de Renaud Sainsaulieu, Presses de la Fondation nationale des sciences politiques, 1990.

2. Monique Coornaert, « Entreprise, droit et justice. Un enjeu de société », in *L'Entreprise, une affaire de société, op. cit.*

3. Pour notre part, nous avons mis longtemps à réaliser qu'il fallait faire appel à ce type de notions pour comprendre nos données d'observation ; cf. l'itinéraire de recherche évoqué dans « La dynamique d'une démarche », in *Cultures et Mondialisation, op. cit.*

CHAPITRE IV

Entre marché du travail et défense des statuts

On parle couramment de « marché » du travail. L'employeur « achète de la force de travail » et le salarié « vend sa subordination contre un salaire ». Le contrat de travail définit les conditions de la transaction (montant du salaire, durée du travail, etc.). Par contraste avec l'antique ordre corporatif, l'avènement d'un tel marché a pu apparaître comme une conquête de la liberté. Mais cette liberté a vite été taxée d'illusoire. Sa dénonciation, centrale dans les diverses formes de socialisme, se retrouve dans toutes les sociétés démocratiques [1]. Toutes ont cherché à encadrer les rapports de travail de manière à contrecarrer la dissymétrie de pouvoir qui marque le salariat. Chacune l'a fait à sa manière. Nous avons vu combien, dans un domaine où la loi n'intervient guère – l'organisation quotidienne de la production –, les rapports de travail ont échappé, en France, à une stricte logique contractuelle. Un même mouvement s'est produit, avec un large appel à l'action publique, pour les questions d'embauche, de licenciement, de salaires, de durée du travail, de « conditions de travail » en général.

1. Ainsi, on trouve chez Marx toute une mise en scène des rapports concrets qui se nouent entre « l'homme aux écus » et « son travailleur à lui » qui « passent contrat ensemble en qualité de personnes libres et possédant les mêmes droits ». Karl Marx, *Le Capital, op. cit.*, t. I, livre I, 2e section, p. 726.

La spécificité française se retrouve, là encore, par contraste avec les États-Unis. Contrairement à ce qui est parfois affirmé, le marché du travail n'est nullement abandonné outre-Atlantique au règne sans partage du renard libre dans le poulailler libre. Mais les moyens qui y sont utilisés pour éviter ce règne restent fidèles à la conception d'une société régie par des rapports contractuels. Au contraire, en France, c'est l'accès à un statut qui a servi à protéger les salariés.

I. La recherche américaine d'une libre négociation entre égaux [1]

Tout au long de leur histoire, les Américains se sont demandé dans quelle mesure, et à quelles conditions, la position de salarié, soumis à l'autorité d'un patron, pouvait être compatible avec une existence d'homme libre, citoyen à part entière d'une société démocratique. Aux origines de la nation, la dépendance dans laquelle se trouvait le premier paraissait inconciliable avec l'autonomie nécessaire au second. La lutte contre l'esclavage a favorisé l'évolution des esprits. Les abolitionnistes ont souligné que la condition des travailleurs « libres » dans le Nord n'avait rien à voir avec celle des esclaves. Ils ont rejeté l'argument, alors courant, selon lequel, pour les employeurs, le salariat « gardait tous les avantages de l'esclavage sans les dépenses, les soucis et l'opprobre du possesseur d'esclaves » (p. 60). Pour étayer leur position, ils ont repris la vieille assimilation anglo-saxonne entre liberté et propriété. Mais au lieu de mettre l'accent sur la propriété des biens de production, ils l'ont mis sur la propriété de soi-même, propriété dont l'esclave

1. On trouve une histoire des rapports entre la condition de salarié et le statut d'homme libre aux États-Unis dans Eric Foner, *The Story of American Freedom, op. cit.*

est dépourvu car il ne peut disposer des fruits de son travail comme il l'entend et ne peut quitter son employeur s'il le désire (p. 66, 67). Cela étant acquis, peut-on réellement dire, et à quelles conditions, qu'un salarié négocie librement l'échange de son travail contre son salaire ? Dès la première moitié du XIXe siècle, des points de vue fortement divergents, et qui, de nos jours, sont loin d'être totalement réconciliés, se sont exprimés.

Toute une tradition américaine affirme que la possibilité de contracter, à l'abri de toute ingérence du pouvoir politique, est au cœur de la liberté ; que le gouvernement fédéral constitue le principal danger pour celle-ci ; que l'absence d'intervention du gouvernement dans la sphère des affaires privées est un trait fondamental d'une société libre. Il s'agit que « les Américains ordinaires puissent mettre leurs capacités à l'épreuve dans la compétition loyale d'un marché autorégulé, plutôt que d'être piégés par un système de privilèges à vie comme en Europe » (p. 54).

Tout au cours du XIXe siècle, marqué par un développement considérable du salariat, puis de la grande industrie, une conception radicale de l'autonomie des contractants a largement prévalu. « Les juges ont défini toute décision de travailler pour un autre comme un accord contractuel volontaire qui donnait à l'employeur une pleine autorité sur le lieu de travail. Au même moment, ils ont invoqué la définition des travailleurs comme des individus autonomes pour les empêcher, en s'appuyant sur une interprétation antisyndicale des lois sur les conspirations, de s'organiser collectivement pour obtenir un niveau de salaire plus élevé » (p. 59) Cette vision a particulièrement été défendue par les « libéraux ». Ils regardaient le contrat comme « l'incarnation de la volonté libre et de l'action volontaire » et considéraient que « tant que le fonctionnement de l'économie et les rapports de travail seraient régis par des contrats librement conclus par des individus autonomes, les Américains ne seraient pas fondés à se plaindre d'une perte de liberté» (p. 120). Ils regardaient les demandes des travailleurs visant à ce que le gouvernement intervienne dans l'économie, notamment en réglementant la durée du travail, comme un mauvais usage du pouvoir politique qui constituait une menace des plus graves pour la liberté. À la fin du XIXe siècle, ce point de vue a continué à inspirer les décisions des tribunaux. L'identification de la liberté du travail avec la liberté des contrats a nourri une série de décisions successives des cours des États et de la Cour fédérale. Ces décisions «ont cassé les lois des États régulant l'entreprise, en les considérant comme une ingérence dans le droit qu'a le travailleur libre de choisir ses conditions d'emploi et de travail et dans celui qu'a l'entrepreneur d'utiliser sa propriété comme il trouve convenable de le faire» (p. 122).

Mais, simultanément, cette vision radicale de la liberté de contracter a été l'objet de vives critiques.

Dès la première moitié du XIXe siècle, de nombreuses voix se sont élevées pour dénoncer «l'esclavage du salariat» *(wage slavery).* L'idée d'un contraste radical entre l'esclavage et la liberté a été contestée. Les formes de coercition dont les institutions économiques apparemment libres étaient porteuses ont été mises en lumière. Selon la définition du dictionnaire, la liberté est «un état où l'on est exempt du pouvoir ou du contrôle d'autrui». Dès lors, peut-on dire que les salariés en bénéficient réellement? Les bas salaires, un emploi irrégulier, les règles de travail minutieuses et arbitraires des premières usines, les entraves mises à l'organisation de syndicats, ont été dénoncés (p. 60). Dans la seconde moitié du siècle, les organisations de travailleurs, qui n'ignorent pas les écrits de Marx, reprennent cette référence à «l'esclavage du salariat». Elles mettent en doute qu'une liberté qui ait du sens puisse exister dans une situation d'extrême inégalité économique (p. 126). L'idéologie du contrat, qui justifie une inégalité croissante au nom de la liberté, est mise en cause (p. 125). À la fin du siècle, le mouvement ouvrier fait à son tour référence à la liberté des contrats, cette fois pour s'opposer à l'immixtion des tribunaux et des législateurs dans le droit des travailleurs à organiser des syndicats (p. 135).

Il a fallu attendre le début du XXe siècle pour qu'émergent, avec l'« ère progressive », les idées qui ont fini par permettre de trouver une voie de conciliation entre ce qui paraissait inconciliable : d'un côté, la référence de principe à la liberté de contracter et, de l'autre, la lutte contre les formes de privation de liberté susceptibles de résulter, en pratique, de la mise en œuvre de ce principe.

À cette époque, le progrès des réflexions sur le fonctionnement réel des marchés a conduit à regarder l'intervention du pouvoir politique sous un jour plus favorable. On voit prendre corps l'idée que le fonctionnement du marché pose problème et que le gouvernement fédéral doit protéger les citoyens des abus auxquels il conduit. Les « progressistes » mettent en avant la nécessité d'encadrer le fonctionnement du marché : réguler ou supprimer le pouvoir des monopoles, éliminer les formes destructrices de concurrence, etc., ce qui exige de repenser fondamentalement les fonctions du gouvernement (p. 152). Pour Theodore Roosevelt, prétendre que la limitation du pouvoir de l'État est l'essence de la liberté amène à « une mise en esclavage du peuple par les grandes entreprises » et celle-ci « ne peut être combattue que par une extension du pouvoir du gouvernement ». Il affirme que seul « le pouvoir de régulation, de contrôle et de direction du gouvernement » peut représenter « la liberté des opprimés » (p. 160). Ce courant de pensée s'applique en particulier à l'univers du travail. On voit affirmer que « la clef de la liberté industrielle réside dans le fait de donner aux travailleurs un pouvoir de participer aux décisions économiques à travers des syndicats forts, libérés de l'hostilité patronale et des arrêts des tribunaux » (p. 141).

Certes, ces idées ne se sont pas immédiatement incarnées

dans les faits. L'affirmation selon laquelle « la négociation collective représente "une violation de la liberté personnelle et une menace pour les institutions d'un peuple libre" » n'a pas disparu du discours des employeurs (p. 179). Mais avec le *New Deal* et la loi Wagner, promulguée en 1935, une évolution décisive s'est produite. Il s'est agi de lutter contre l'inégalité économique et de fournir une certaine sécurité dans le travail ; de mettre en cause, selon des propos d'époque, « le despotisme industriel », « l'autorité arbitraire et capricieuse des employeurs », « la "dictature" du management dans l'atelier » (p. 199). Dans ce rééquilibrage, une place essentielle est donnée aux syndicats, dont il est attendu, toujours selon des propos d'époque, qu'ils permettent « d'aller vers nos patrons et de leur parler comme des hommes, au lieu de le faire… comme des esclaves » (p. 200).

Comment donc a pu se faire un tel raccord entre une conception de la liberté centrée sur la liberté des contrats et l'instauration d'une régulation publique des rapports de travail ? L'idée de *fairness* (équité) a été centrale. Il s'est agi d'éviter que des salariés aux abois ne soient livrés à la cupidité d'employeurs en position de force. La loi Wagner n'a pas eu pour objet de confier aux pouvoirs publics le rôle de fixer des minima de salaires, une durée des congés, une durée légale du travail ou le contrôle des licenciements. C'est aux intéressés, employeurs et salariés, de s'accorder directement dans tous ces domaines. La puissance publique n'a pas à leur dicter les clauses des contrats par lesquels ils se lient. Il n'est pas question de mettre en cause la libre négociation du *contenu* même des contrats. Mais les *conditions* de la négociation doivent être telles que le résultat soit *fair,* équitable. Les employeurs et les salariés doivent négocier à armes égales. On retrouve là l'attachement américain à l'idée de *level playing field,* de terrain de jeu conçu de telle façon qu'aucun de ceux qui se retrouvent face à face ne soit avantagé.

La loi a cherché à créer les conditions d'un rapport de force équilibré en augmentant le pouvoir de négociation des salariés. L'union faisant la force, ceux-ci doivent avoir la possibilité de se regrouper pour négocier collectivement. Dès qu'un syndicat rallie les suffrages de la majorité d'une catégorie de personnel, tous les membres de cette catégorie sont tenus d'y adhérer – et donc de parler d'une seule voix par son entremise. Il acquiert le droit exclusif de négocier avec l'entreprise un contrat qui définit minutieusement tout ce qui touche aux salaires, aux classifications, aux horaires de travail, aux congés, aux heures supplémentaires, aux licenciements, à la réaffectation du personnel dont le poste a été supprimé, etc., puis de veiller au respect de ce qui a été convenu. La loi définit et prohibe, en les qualifiant d'*unfair labor practices*, les actions de l'employeur qui visent à affaiblir les salariés en les dissuadant de s'organiser collectivement[1]. Les discriminations envers les membres des syndicats sont particulièrement combattues[2]. Une agence fédérale (le National Labor Relations Board) est chargée d'assurer la mise en œuvre de la loi, sous le contrôle des tribunaux. Des amendements ont été apportés par la suite à cette loi (loi Taft-Hartley, en 1947 ; amendement Landrum-Griffin, en 1959). Ils n'ont pas conduit à changer de perspective. Il s'est agi au contraire de tenter de se rapprocher encore de l'idéal de relations contractuelles équilibrées en interdisant des *unfair labor practices* supplémentaires[3].

1. Cf. Le chapitre « Unfair labor practices in perspective », *in* F. W. McCulloch et T. Borstein, *The National Labor Relations Board*, New York, Praeger Publishers, 1974. La définition légale des *unfair labor practices* se trouve dans le Code des États-Unis, titre 29, « Labor ».

2. Les licenciements pour activité syndicale sont spécialement concernés. Diverses autres actions, des violences physiques au fait d'espionner ceux qui participent à une réunion syndicale (en relevant par exemple les numéros minéralogiques de leurs voitures), sont également prohibées.

3. Cette fois-ci plutôt côté syndical. Ainsi les amendes excessives pour non-respect des règles du syndicat ou les « boycotts secondaires »

Le mouvement de syndicalisation, très fort au moment où la loi a été promulguée, a subi par la suite un net recul. De nombreuses entreprises ont cherché à s'installer dans des régions sans grandes traditions syndicales. Mais, pour contrer l'implantation des syndicats, tout en développant la « loyauté du personnel », beaucoup ont cherché à rendre cette implantation peu attractive. Un bon moyen consiste à promulguer, *via* un règlement intérieur, des règles fournissant le même type de protection contre l'arbitraire patronal, par exemple en matière d'ordre des licenciements, que celles que l'on trouve dans les entreprises « syndiquées »[1].

Cet encadrement des relations de travail ne les rend certes pas idylliques. Il n'interdit nullement des licenciements aussi brutaux que massifs. Il n'empêche pas la multiplication des « travailleurs pauvres » jusque dans les zones les plus prospères. Par contre, la « flexibilité » qu'il accepte, à la fois dans les positions et dans les salaires, s'accompagne d'un haut niveau d'emploi et d'un faible chômage. En France, une forme d'encadrement bien différente fournit d'autres protections mais engendre d'autres maux.

II. La recherche française d'un statut

En France, la Révolution a supprimé les corporations, porteuses de privilèges, et instauré la liberté d'entreprendre et de contracter. Les relations de travail devaient désormais, selon les termes de Le Chapelier, être réglées par des

---

(pressions qu'un syndicat, en conflit avec une entreprise, exerce sur une autre entreprise extérieure au conflit pour qu'elle interrompe ses relations de client ou de fournisseur avec celle-ci) sont prohibés.

1. Frank Dobbin, John R. Sutton, « The Strenght of a Weak State : The Rights Revolution and the Rise of Human Ressources Management Divisions », *American Journal of Sociology,* vol. 104, n° 2, septembre 1998, p. 444.

« conventions libres, d'individu à individu[1] ». La mise en place de rapports contractuels était supposée mettre fin, avec l'inégalité des statuts entre maîtres et compagnons, à une antique relation de dépendance. « Il n'y a rien là, affirme Cabanis, que des échanges réciproques, rien qui trouble les rapports naturels des hommes entre eux, rien qui livre l'un à la merci de l'autre[2]. » Mais, à la lumière de l'expérience, il a fallu déchanter. La dénonciation de la dépendance économique dissimulée sous l'égalité juridique a été, à partir des années 1830, au cœur des diverses formes de socialisme. Ainsi, Louis Blanc stigmatise « tout ce que renferme de lâche et d'hypocrite cette prétendue liberté de transaction qui laisse le pauvre à la merci du riche[3] ».

Diverses voies ont été imaginées, mais inégalement mises en pratique, pour échapper à la dureté de rapports strictement contractuels.

Un courant utopique a longtemps prôné l'association des producteurs et l'abolition du salariat. Ainsi, en 1830, *L'Artisan* écrit, s'adressant aux ouvriers imprimeurs de Paris : « Cessez d'être ouvriers, et devenez maîtres à votre tour [...]. Sans doute, pris individuellement, l'ouvrier se trouve dans l'impossibilité d'exercer l'industrie qu'il professe. Mais qui nous empêche de nous réunir une centaine et [...] pourquoi ne nous ferions-nous pas un capital assez considérable pour exploiter nous-mêmes notre industrie[4] ? » Ou encore, selon

1. Philippe Joseph Benjamin Buchez et Pierre-Célestin Roux, *Histoire parlementaire de la Révolution française,* 40 volumes, Paris, 1834-1838, t. X, p. 195.

2. P. J. G. Cabanis, *Observations sur les hôpitaux,* Paris, Imprimerie nationale, 1790, p. 38.

3. Louis Blanc, *Histoire de dix ans, 1830-1840,* 4e édition, 5 vol., Bruxelles, 1845, t. III, p. 60.

4. *L'Artisan,* 17 octobre 1830. Cité dans William H. Sewell, *Gens de métier et Révolutions, langage du travail de l'Ancien Régime à 1848, op. cit.,* p. 275.

les termes du socialiste Pierre Leroux, s'adressant en 1851 à des ouvriers typographes : « Maîtres collectivement de l'instrument de travail, il n'y aura plus parmi vous de monarques et vous serez tous associés [1]. » Cette référence à l'abolition du salariat a fait longtemps partie de la rhétorique syndicale. On la trouve dans la charte d'Amiens, adoptée par la CGT en 1906 : « La CGT groupe, en dehors de toute école politique, tous les travailleurs conscients de la lutte à mener pour la disparition du salariat et du patronat [2]. » Le projet de société bâti par la CFDT en 1970 prévoyait encore que les travailleurs « deviennent collectivement leur propre employeur [3] ». Mais, en pratique, cette voie n'a guère été couronnée de succès. Les travailleurs ne sont toujours pas leurs propres maîtres.

Une voie concurrente a consisté à faire appel à la bienveillance des employeurs envers leur personnel. Ceux-ci sont invités à ne pas se satisfaire d'une vision selon laquelle « l'ouvrier donne son travail, le maître paie le salaire convenu, là se réduisent leurs obligations réciproques. Du moment qu'il [le maître] n'a plus besoin de ses bras [de l'ouvrier] il le congédie et c'est à l'ouvrier de se tirer d'affaire [4] ». Une perspective de responsabilité morale conduit à prêcher une « sollicitude envers l'ouvrier qui fait que le patron s'intéresse à lui en dehors de ce qu'il lui doit strictement et s'efforce de lui être utile [5] ». L'accent mis de

1. Gossez, *Les Ouvriers de Paris,* p. 389 ; cité dans W. Sewell, *op. cit.,* p. 367.

2. Jean Daniel Reynaud, *Les Syndicats en France, Textes et documents,* Éd. du Seuil, 1975, t. II, p. 26.

3. Edmond Maire *et al., La CFDT et l'Autogestion,* Éd. du Cerf, 1973, p. 25.

4. T. Duchâtel, *De la charité dans ses rapports avec l'état moral et le bien-être des classes inférieures de la société,* Paris, 1829, p. 133. Cité dans Robert Castel, *Les Métamorphoses de la question sociale,* Fayard, 1995, p. 255.

5. H. Valleroux, article « Patronage », *in* L. Say, J. Chailley, *Nouveau Traité d'économie politique,* Paris, 1892, t. II, p. 440, cité dans Robert Castel, *ibid.*

nos jours sur la « responsabilité sociale de l'entreprise » hérite largement de cette vision « paternaliste » [1]. Sans doute ne faut-il pas sous-estimer les effets bénéfiques d'une telle sollicitude pour ceux qui en bénéficient, effets qui apparaissent en pleine lumière quand les entreprises reviennent à une vision plus strictement utilitaire de la gestion de leur personnel. Mais, pour ne pas humilier, cette manière de se pencher sur le sort de ceux qui sont en position de faiblesse demande beaucoup de tact. Or celui-ci n'a pas toujours été le fort de ceux qui s'en sont faits les chantres. Et elle a suscité de vives réactions de fierté blessée, refusant tout ce qui est « octroyé », ne réclamant que son « dû » et comptant sur les « luttes » pour obtenir des patrons ce que ceux-ci ne sont pas prêts à concéder. Proudhon, par exemple, exprime bien un tel refus : « Je demande tout ce qui me revient, rien que ce qui me revient. Dévouement ! Je nie le dévouement, c'est du mysticisme. Parlez-moi de droit et d'avoir, seuls critères à mes yeux du juste et de l'injuste, du bien et du mal dans la société. À chacun selon ses œuvres d'abord [2]. »

En fin de compte, l'essentiel du chemin parcouru pour mettre les salariés à l'abri de la dureté d'un rapport strictement contractuel a été, pas à pas, de leur construire, ou plutôt de leur reconstruire, un statut. Du temps de l'Ancien Régime, c'était par les privilèges du métier que l'on était quelqu'un. Grâce à lui on appartenait « à une communauté dispensatrice de prérogatives et de privilèges qui assurent au travail un statut social. Grâce à cette dignité collective dont le métier, et non l'individu, est propriétaire, le travailleur n'est pas un salarié qui vend sa force de travail, mais le membre d'un corps social dont la position est reconnue dans

1. Jérôme Ballet, Françoise de Bry, *L'Entreprise et l'Éthique,* Éd. du Seuil, 2001.

2. J. Proudhon, *Système des contradictions économiques ou Économie de la misère* (1846), Paris, Éd. Marcel Rivière, 1923, t. II, p. 258, cité dans Robert Castel, *op. cit.,* p. 266.

un ensemble hiérarchique[1] ». Après la tentative révolutionnaire de mise en place de rapports de travail relevant d'un ordre contractuel, il n'y a pas eu de retour à un ordre corporatiste proprement dit, avec tout ce qu'il implique en particulier de régulation minutieuse des manières de produire. Ou, plus précisément, la référence au métier comme porteur de règles concernant son contenu technique n'a subsisté que dans les mœurs ; nous avons examiné ce point dans le chapitre qui précède. Mais, pour de multiples questions, embauche, licenciement, durée du travail, congés payés, salaires, retraites, formation, etc., un droit du travail, qui s'est progressivement construit, est venu supplanter le Code civil.

Dans tous ces domaines, les relations entre un salarié et son employeur ne sont que très partiellement régies par un accord entre les parties (qu'il s'agisse d'un accord individuel ou d'un accord collectif). Elles sont marquées par l'existence de droits inhérents à la condition même du salarié, que ceux-ci concernent les salariés en général ou telle ou telle catégorie d'entre eux. Ces droits, auxquels est associée la notion d'ordre public, ont un poids tel qu'il est interdit aux parties d'y déroger, seraient-elles parfaitement d'accord entre elles pour ce faire ; toute clause contractuelle par laquelle un salarié, ou un groupe de salarié, en rabattrait sur les droits attachés à son état est réputée nulle.

Ce développement du droit du travail a conduit à retrouver la conception d'Ancien Régime selon laquelle c'est en tant que membre d'une catégorie sociale que l'on a des droits, droits qui sont les mêmes pour tous les membres d'une même catégorie, mais distingue celle-ci des catégories voisines. Et on a évidemment retrouvé les hésitations et les conflits propres à l'ancienne société portant sur la délimitation des catégories et l'étendue des distinctions à opérer

1. Robert Castel, *op. cit.*, p. 117.

entre elles. À une vision très unitaire des salariés unis face au patronat dans l'exigence des mêmes droits s'opposent sans cesse de multiples revendications catégorielles, réincarnation moderne de l'ancienne recherche de privilèges. Et, de nouveau, des considérations d'intérêts se mêlent de considérations de « rang ». Parfois, la vision unitaire tend à mieux s'incarner, comme cela a été le cas lors de la mensualisation des ouvriers, conçue comme un moyen de rapprocher leur statut de celui des employés[1]. Mais les revendications catégorielles demeurent vivaces. Ainsi, si l'ordonnance de 1945 instaurant la Sécurité sociale évoque « les travailleurs » toutes catégories confondues, de multiples « régimes spéciaux » ont subsisté. « L'organigramme de la Sécurité sociale, note Robert Castel, donne ainsi une assez bonne projection de la structure de la société salariale, c'est-à-dire d'une société hiérarchisée dans laquelle chaque groupement professionnel, jaloux de ses prérogatives, s'acharne à les faire reconnaître et à marquer sa distance à l'égard de tous les autres[2]. »

Ajoutons que cette référence à un statut par rapport auquel on ne saurait déroger inspire les mœurs là où la loi est muette. Ainsi, aux États-Unis, rétrograder dans un poste inférieur quelqu'un qui n'a pas donné satisfaction dans ses fonctions, ou dont la contribution n'est plus ce qu'elle était, est vu comme faisant partie du cours normal de l'existence. Il était bien d'essayer de promouvoir l'intéressé, et si l'essai est infructueux il va de soi, même si on préférerait que les choses se soient passées autrement, qu'il faut en tirer les conséquences[3]. Mais en France on répugne à agir de même. C'est faire déchoir de son rang celui qui n'est pas à la hauteur, l'humilier, tout en mettant dans une situation

1. Jean-Daniel Reynaud, *op. cit.*, p. 291.
2. Robert Castel, *op. cit.*, p. 376.
3. Philippe d'Iribarne, *La Logique de l'honneur, op. cit.*, p. 136.

embarrassante celui qui agit ainsi de manière bien peu civile. C'est que, note Montesquieu, « lorsque nous avons été une fois placés dans un rang, nous ne devons rien faire ni souffrir qui fasse voir que nous nous tenons inférieurs à ce rang même [1] ». Il est souvent plus simple de se séparer de celui dont on ne sait plus trop que faire.

Les liens entre cette place donnée à l'acquisition et à la protection d'un statut et le respect de la dignité des salariés apparaissent en pleine lumière lorsque tel ou tel élément de statut est menacé. Dans une période où la référence libérale est de plus en plus prégnante, l'actualité fournit continûment des exemples de telles situations.

Ainsi, le projet, évoqué périodiquement mais sans guère de conséquences pratiques, d'inciter plus vigoureusement les chômeurs, comme il paraît normal de le faire en Europe du Nord, à occuper les emplois qui se présentent sans se montrer trop regardants suscite de vives réactions chez ceux qui sont concernés : « Face à des emplois de mauvaise qualité, des conditions déplorables et un salaire de misère, pourquoi le chômeur se ferait-il acheter s'il n'est pas intéressé à se vendre au premier employeur venu ? » Être privé de la liberté de choisir son emploi peut être assimilé à l'esclavage : « Cette droite arrogante et méprisante actuellement au pouvoir fait tout pour transformer les chômeurs en nouveaux esclaves du patronat en instaurant de lourdes sanctions allant de la diminution à la suppression des allocations de chômage en cas de refus d'emploi. » On ne peut imposer à quelqu'un un emploi qui n'est pas en harmonie avec la place qu'il occupe dans la société : « C'est scandaleux de vouloir imposer contre son gré à un chômeur un emploi dont il ne veut pas, parce qu'il est à temps partiel, mal payé, qu'il ne correspond pas à sa qualification, ou à son

1. Montesquieu, *De l'esprit des lois*, livre IV, chap. II, « De l'éducation dans les monarchies ».

expérience, ou qu'il est trop éloigné de son domicile par exemple[1]. »

La mise en cause d'éléments de statut en cas d'externalisation de certaines activités suscite chez les intéressés des réactions relevant du même registre : « On se sent humiliés. On connaît la chanson : à terme, c'est un statut diminué, encore plus de flexibilité et de précarité[2]. » Les opérations de privatisation font réagir de même : « Les marins ont vraiment l'impression d'être considérés comme des moins que rien et d'être vendus à l'encan[3]. » De même encore, le contrat nouvelles embauches, entré en vigueur en août 2005, se voit accusé d'être porteur du message « dans l'entreprise, vous ne comptez pas[4] ».

Ce type de réactions n'est pas seulement le fait d'individus exceptionnellement attachés à leur statut. On vient de le retrouver, à propos de l'emploi des seniors, dans les positions officielles de la CFDT, pourtant réputée modérée dans sa contestation d'une société marchande. Ces positions se sont exprimées, à la fin de l'été et au début de l'automne 2005, à l'occasion de négociations entre partenaires sociaux. Deux thèmes principaux ont été développés. L'un concerne la productivité des seniors : « Le patronat doit renoncer à la philosophie qui sous-tend son projet : baisse du coût du travail des seniors (voire de leur salaire) [...] et l'idée générale que les seniors seraient une charge pour les entreprises. Au contraire, la CFDT considère que les compétences et

1. Forums et courrier des lecteurs de *Libération,* 24-25 et 30 septembre 2005.

2. Propos d'une employée de l'agence de Paris de British Airways, appartenant à un service destiné à être externalisé. *Libération,* 5 octobre 2005.

3. Propos du secrétaire du comité d'entreprise de la SNCM, destinée à être privatisée. *Le Monde,* 27 septembre 2005.

4. Propos d'Alain Deleu, Note de présentation trimestrielle de l'OCHRES, n° 39, 3e trimestre 2005.

l'expérience des seniors sont des atouts pour les entreprises et qu'il est faux de dire que leur productivité baisse [1]. » « Sur le vieillissement et la productivité (article 1), la CFDT a réussi à intégrer que "le vieillissement de la population active n'a pas d'impact sur la productivité moyenne". Ce qui, traduit en langage syndical [...], signifie : "on a fait acter que la productivité des seniors n'affectait pas leur employabilité" [2]. » L'autre point concerne la responsabilité des seniors dans leurs difficultés en matière d'emploi : « Il faut que les organisations patronales restructurent complètement leur texte afin que le salarié n'apparaisse pas responsable ni coupable de son chômage après l'âge de cinquante ans [3]. » « Nous posons en préalable la suppression de toute référence à la culpabilité des seniors au chômage : ce sont les entreprises qui embauchent – ou qui n'embauchent pas – et qui licencient [4]. » Les deux thèmes sont étroitement associés : « Au départ [...] la délégation patronale demandait un "CDD vieux", stigmatisant les chômeurs, avec de forts allégements de cotisations, baissant le coût du travail [5]. »

Ces propos peuvent surprendre, et d'abord par leur niveau d'abstraction. L'évolution avec l'âge de ce dont un individu est capable serait-elle la même dans toutes les activités et, dans une même activité, pour tous les individus ? Il est certes des activités (songeons à Rembrandt, à Turner, à Kant, à Bach et à bien d'autres artistes et penseurs) où l'on peut atteindre les sommets une fois le troisième âge venu. Mais peut-on généraliser ? Les sportifs qui résistent encore au déclin au-delà de la trentaine étonnent par leur longévité. N'y a-t-il pas un déni de réalité à affirmer, comme une vérité générale, que la productivité des seniors n'a rien à

1. *Syndicalisme hebdo CFDT,* n° 3042, 15 septembre 2005.
2. *Ibid.,* n° 3047, 20 octobre 2005.
3. *Ibid.,* n° 3042, 15 septembre 2005.
4. *Ibid.,* n° 3044, 29 septembre 2005.
5. *Ibid.,* n° 3047, 20 octobre 2005.

envier à celle des plus jeunes ? Du reste, il est courant d'invoquer l'usure par le travail pour refuser de reculer l'âge de la retraite, ou demander d'abaisser celui-ci. La CFDT, pour sa part, n'ignore pas les effets du vieillissement et affirme qu'il faut en tenir compte « dans l'aménagement des conditions de travail et d'emploi [1] ». Est-il raisonnable d'affirmer que cette usure n'a aucune influence sur les capacités de ceux qu'elle affecte ? Dans d'autres pays, tel le Japon, où les seniors sont nettement plus nombreux à travailler qu'en France, il paraît aller de soi qu'on n'a pas à leur demander les mêmes performances qu'à de plus jeunes et que, en contrepartie, ils ne peuvent prétendre aux mêmes salaires [2].

Par ailleurs, n'est-il pas étrange d'associer baisse de productivité et « culpabilité » ? Porter le poids des ans fait partie du destin commun de l'humanité et en quoi pourrait-on s'en sentir coupable ? Mais c'est d'autre chose qu'il s'agit. Dans une vision française de ce qui fait la dignité de l'homme, quelque chose d'essentiel est en jeu. Affirmer que, pour garder un emploi, les seniors ont besoin d'un rabais sur le coût de leur travail, c'est affirmer qu'ils ne sont plus ce qu'ils ont été, qu'ils ne méritent plus le rang qui a été le leur. C'est, en faisant bien peu de cas de la compétence et de l'expérience qui fondent le respect qui leur est dû, suggérer que ce respect n'a pas lieu d'être. C'est regarder les anciens comme des êtres déchus.

Certes, un tel attachement au statut, spécialement dans la protection qu'il offre contre la précarité, ne fait pas l'unanimité. Certains affirment qu'ils n'ont pas besoin d'une telle protection. Citons un prix Nobel de médecine devenu citoyen américain : « Je trouve ahurissant le fait de donner des postes permanents à des doctorants. C'est beaucoup trop tôt. Le système américain n'est pas, tant s'en faut, fonction-

1. *Ibid.*, n° 3047, 20 octobre 2005.
2. *Libération*, 24 octobre 2005.

narisé comme peut l'être le français. Il est fondé sur la liberté et la reconnaissance de la qualité de ce qui est fait. La plupart des grandes universités, Harvard, Stanford, Columbia, sont des maisons privées. Pour ma part, je ne me suis jamais inquiété de mon avenir, et il ne m'est jamais arrivé de réclamer un poste où on garantirait mon salaire à vie. C'est absolument indéfendable[1]. » Et l'intéressé de faire part de sa tristesse à voir son pays natal « succomber aux sirènes de cette pernicieuse association de confort fonctionnarisé, de plaintes récurrentes et de peur de l'avenir ». Mais de telles voix se font plutôt entendre du côté des forts, qui n'ont pas besoin de protection ; de ceux qui ont tout à gagner à une compétition qui leur permet d'autant mieux de montrer de quoi ils sont capables qu'elle est plus ouverte.

III. Salaires, embauche et licenciement : une difficile rencontre du statut et du marché

Statuts et rémunérations

En matière de salaires, les considérations de statut entrent en compte de multiples manières, conventions collectives, législation relative au SMIC, habitudes sociales. Ainsi, dans bien des entreprises, sans parler de l'Administration, la rémunération d'un salarié dépend pour l'essentiel de sa position dans une grille de rémunérations, position elle-même largement déterminée par son niveau d'entrée et son ancienneté et peu affectée par ses performances du moment. Il existe certes des compléments de rémunération liés à ces performances, primes de rendement et autres, mais celles-ci ont mauvaise presse, réputées attribuées « à la tête du client » s'il n'existe pas d'évaluation incontestable de l'apport de

1. Entretien avec Roger Guillemin, *Le Monde,* 6 mai 2005.

chacun, et accusées d'être un facteur de « division du personnel » si pareille évaluation existe. Sauf cas exceptionnels, tels les *traders* dans les banques [1], leur poids reste très modéré. Et la dispersion des rémunérations parmi ceux qui, ouvriers, employés ou cadres, effectuent un « même » travail n'a rien à voir avec celle qui règne là où l'on a affaire à une vraie logique de marché, comme chez les footballeurs, les pilotes de formule 1 ou les acteurs de cinéma, sans parler des activités de ceux qui, tels les joueurs de tennis ou les chanteurs de variétés, ne relèvent pas du salariat. De plus, alors que là où règne une vraie logique de marché, la rémunération est hautement volatile et peut redescendre fortement si les performances baissent, il n'en est pas de même là où le statut prévaut. L'écart entre les deux logiques apparaît particulièrement quand, pour une même activité, on passe de l'une à l'autre. On l'a vu par exemple avec l'explosion des salaires des journalistes vedettes lors de la privatisation de TF1 [2], ou avec celle des dirigeants d'entreprise au cours de ces dernières décennies.

Cette rencontre du statut et du marché fait que, dans la vie de travail, tout être humain est regardé selon les circonstances dans trois perspectives très différentes, qui font appel à des manières de s'exprimer également très différentes. Dans une première perspective, on considère une personne dans sa dignité, à la fois sa dignité fondamentale de personne humaine et la respectabilité qu'impliquent son âge, ses responsabilités passées, professionnelles ou familiales, ses titres scolaires, son dévouement pour la communauté, en bref tout ce qui affecte sa position sociale. Dans une deuxième perspective, on la considère comme un outil, ou

1. Olivier Godechot, « Hold-up en finance. Les conditions de possibilité des bonus élevés dans l'industrie financière », *Document de travail du CEE*, n° 44, septembre 2005.

2. « Dix ans de système Bouygues à TF1 », *Télérama,* n° 2471, 21 mai 1997.

une machine, interchangeable avec d'autres outils ou d'autres machines ayant des propriétés techniques similaires, avec une capacité productive, un rendement, une efficacité, un rapport qualité/prix ; on la définit par quelques propriétés générales telles que niveau de qualification, bac – 2 ou bac + 6, issue de telle école ou de telle université. Dans une troisième perspective, on s'intéresse toujours à ce qu'on peut tirer de chacun, mais moins à la manière de l'ingénieur qu'à celle du maquignon. Chacun est examiné sous toutes les coutures, scruté dans son apparence, sondé dans son tréfonds. On se demande s'il va faire l'affaire là où l'on compte l'utiliser : A-t-il le physique de l'emploi ? Sera-t-il d'un commerce agréable ? Va-t-il être dévoué et serviable ? Le deuxième regard comme le troisième ont, chacun à sa manière, quelque chose d'inhumain. Ils bafouent le précepte kantien qui veut que l'on considère toujours les hommes comme une fin et jamais comme un pur moyen. Dans une civilisation technicienne, le regard de l'ingénieur a plus droit de cité que celui du maquignon, et à l'occasion son langage peut servir à exprimer en public, de manière plus châtiée, ce qui se dira en privé, ou dans le for intérieur de chacun, dans le langage plus cru du maquignon (on ne dira pas que quelqu'un « n'est bon à rien » mais que son niveau de qualification est insuffisant ; on ne dira pas que « c'est un malotru » ou, dans un vocabulaire plus cru encore, qu'il « ne doit pas se laver souvent », mais qu'il a besoin de développer sa qualification relationnelle). Quoi qu'il en soit, ces regards sont présents et contribuent, avec des poids différents selon les circonstances, à inspirer l'action.

Les considérations de statut sont très importantes ; elles font que, parmi l'ensemble de ceux qui effectuent le « même » travail, celui qui l'accomplit d'une manière particulièrement remarquable ne va pas coûter beaucoup plus cher à l'employeur que celui qui l'accomplit de manière standard, ou même franchement médiocre ; rares sont les professions où les meilleurs peuvent exiger beaucoup plus que le salaire « normal », et il n'est en général pas question de recruter quelqu'un qui ne fait pas trop l'affaire avec, en compensation, un rabais sur ce salaire[1]. Si l'on se place dans une logique de marché, on a (pour utiliser le langage technique associé au second regard précédemment évoqué) une grande dispersion des « rapports qualité / prix ». Celui du « bon élément » va être bien meilleur que celui du « mauvais élément », pendant que la masse va se trouver en situation médiane. Lorsqu'il s'agit d'embaucher, l'employeur a intérêt à faire de son mieux pour tenter d'attirer celui dont l'embauche représente une « bonne affaire » et en tout cas, si ce bon candidat est déjà pris, pour s'en tenir à ceux qui s'en tiennent à une honnête médiocrité – en évitant (pour passer au langage associé au regard du maquignon) les « canards boiteux ». Et ces derniers auront bien du mal à se faire recruter, à moins d'accepter de « sales boulots » dont les autres n'auront pas voulu.

Cette question de la « rigidité » des salaires et de ses effets sur les questions d'emploi est soulevée depuis longtemps, en utilisant un langage froid et impersonnel, par les économistes. C'est usuellement l'existence d'un salaire minimum et le niveau relatif des bas salaires qu'ils questionnent. Ainsi, l'OCDE, comparant la situation des travailleurs peu qualifiés à celle des travailleurs très qualifiés et l'évolution de cette situation entre la fin des années 70-début des années 80, et la fin des années 80-début des années 90, écrivait, dès cette époque : « Tous les pays ont connu un déplacement de la demande qui, des *emplois non qualifiés,* s'est

1. La théorie économique standard s'est intéressée à l'existence d'un tel phénomène même en l'absence de considérations de statut : le fait d'être prêt à accepter un salaire inférieur risque d'être interprété comme le signe de ce que l'on considère son travail comme étant de qualité inférieure (cf. la théorie des anticipations rationnelles). Mais, dans les pays où l'on se rapproche d'une gestion marchande des rapports de travail, ce phénomène ne suffit pas à créer des problèmes massifs d'employabilité.

portée sur des emplois *plus* qualifiés. Dans la plupart des pays caractérisés par la flexibilité des salaires relatifs (Australie, Canada, États-Unis), les taux relatifs d'emploi et de chômage des travailleurs peu qualifiés n'ont guère varié au cours des années 80. En revanche, en Europe où les salaires étaient relativement rigides, ces taux se sont dégradés [1]. » Et les différences entre pays à salaires plus ou moins « rigides » sont elles-mêmes attribuées à des différences touchant la conception que se fait la société de la situation des moins favorisés. « Aux États-Unis, pays dont l'économie est très flexible, nombre de ceux qui possédaient peu de qualifications n'ont pu trouver que des emplois assortis d'un salaire et de conditions de travail médiocres. En Europe, au Canada et en Océanie, en revanche, la société a dans l'ensemble refusé ces emplois à bas salaires, un salaire ou un revenu minimum et des mesures de protection de l'emploi ayant été imposés par l'État ou négociés par les syndicats [2]. »

On peut évoquer le même phénomène de manière plus concrète en utilisant le langage cru correspondant au troisième regard, regard qui s'applique d'autant plus qu'on a affaire à des situations où un individu en embauche un autre pour travailler quotidiennement à son contact. Prenons l'exemple extrême des femmes de ménage (d'autant plus significatif que, dans leur cas, ce sont pour l'essentiel les habitudes sociales, et non le droit du travail ou une convention collective dont les employeurs ne sont guère informés, qui sont porteuses d'une logique de statut). Ce nom générique recouvre une grande variété de personnages concrets, qu'il est courant d'évoquer au moyen d'un vocabulaire particulièrement imagé. Ainsi on rencontre aussi bien des « perles » que des personnes souvent affublées de qualifica-

1. *L'Étude de l'OCDE sur l'emploi ; faits, analyses, stratégies*, OCDE, 1994, p. 23.

2. *Ibid.*, p. 30.

tifs peu amènes, entre « vraie Bécassine » et « super catastrophe ». Des personnes dignes de la plus grande confiance coexistent avec d'autres qui ne la méritent guère.

Le salaire que demandent les unes et les autres, et qu'il paraît « normal » de leur verser, ne varie pas, et de loin, en proportion de ce qu'elles sont capables d'apporter. Car, dira-t-on, si remarquable qu'elle puisse être, « une femme de ménage n'est qu'une femme de ménage » et il ne serait pas convenable de la payer « plus qu'un professeur ». D'un autre côté, même peu capable, « il faut bien qu'elle vive » (sans parler même de la limite du SMIC). Quand il s'agit de recruter, trouver la « perle » est une véritable aubaine. Sans doute celle-ci dispose-t-elle déjà d'une longue liste d'attente d'employeurs potentiels, avec en tête quelques meilleures amies de celles qui l'emploient déjà. Il faudra pour le moins, si l'on veut bénéficier de ses bonnes grâces, accepter les horaires qui lui conviennent. Par contre, la « super catastrophe » ne risque guère de trouver une « place » stable. Elle ira d'essai infructueux en essai infructueux, à moins d'avoir la chance de trouver, et d'être prête à supporter, la vieille dame caractérielle chez qui personne d'autre ne veut travailler. On pourrait prendre bien d'autres exemples analogues, opposer, chez les peintres en bâtiment, le « barbouilleur » à celui qui fait un « travail nickel », chez les vendeurs, celui qui « a le contact » à celui dont le client se détourne. Plus on se trouve dans une économie de services, avec de petites entreprises où l'embauche se fait « au feeling », plus on rencontre ce type de situation.

Critères légitimes de rémunération et d'emploi

Qu'il s'agisse de raisonnements d'économistes ou d'exemples empruntés à la vie quotidienne, on a affaire à diverses facettes d'une question beaucoup plus large : comment une société gère-t-elle l'hétérogénéité de ses membres dans la vie économique (question qui renvoie elle-même à une question plus vaste encore : comment une société gère-t-elle, de manière générale, l'hétérogénéité de ceux qui la composent) ? Qui va déterminer, et comment, le sort qui échoit à chacun ? Va-t-il, à la limite, se trouver en position d'offrir ses services sur un marché, évalué par chaque acheteur potentiel, cherchant à se vendre au plus offrant ? Il verra alors sa valeur fixée à chaque instant par la loi de l'offre et de la demande, situation qui va être celle de personnages aussi éloignés sur l'échelle sociale que l'avocat d'affaires et la call-girl. Va-t-il, au contraire, voir sa carrière à peu près dessinée une fois pour toutes, quoi qu'il fasse, après avoir réussi le concours qui fixera son sort jusqu'à la retraite et au-delà, comme l'inspecteur des impôts ou le conducteur de la RATP ? Ou va-t-il se trouver quelque part entre ces deux extrêmes, doté de certains éléments de statut, mais plus ou moins limités et soumis dans une certaine mesure au verdict du marché ? Et comment vont interagir, pour fixer son sort, les éléments qui relèvent de l'une et de l'autre logique ?

Ce sort va dépendre, bien sûr, des aspects de sa personne, de ses forces et de ses faiblesses, qui seront pris en compte quand il s'agira d'en décider. S'il se présente sur un marché, auxquelles de ses qualités les acheteurs potentiels seront-ils sensibles ? Et y en aura-t-il parmi celles-ci (sa couleur de peau par exemple), jugées discriminatoires, dont il leur sera interdit de tenir compte ? Si c'est le cas, s'agit-il d'une interdiction de principe, sans grand effet pratique, empêchant simplement de faire explicitement référence à certains critères qui ne sont pas abandonnés pour autant ? Ou au contraire d'une interdiction qu'il est risqué de transgresser ? S'il bénéficie d'un statut, quels éléments vont jouer pour déterminer celui-ci ? De quoi sera-t-il tenu compte au moment de déterminer le salaire et les conditions de travail ? Et au moment d'embaucher (ou de licencier) ? Que se passe-t-il si des critères différents sont utilisés dans les deux cas ?

Ainsi, est-il légitime de prendre en compte des critères de « comportement », qu'il s'agisse d'embauche ou de rémunération, ou cela relève-t-il de « discriminations » ? On est loin d'avoir un consensus. On a vu par exemple un dirigeant d'une chaîne de grandes surfaces et une responsable d'établissement d'enseignement s'affronter à propos des caissières de supermarché. Pour le premier, l'essentiel n'était pas de les munir d'une formation technique que l'entreprise n'aurait aucun mal à leur dispenser. C'était « de voir le personnel être souriant, affable et serviable avec la clientèle ». Mais l'enseignante ne l'entendait pas de cette oreille. Pour elle, « l'éducation nationale ne possédait aucun savoir-faire en la matière, ne disposait pas des outils d'évaluation s'agissant du comportement » et, en tout état de cause, « répondre à cette demande reviendrait à s'immiscer dans la personnalité privée des élèves[1] ». Pour sa part, la CGT peut se montrer particulièrement véhémente dans ce domaine : « Le patronat invente un nouveau système de référence dont il détient seul le code et les clefs. Il vise ainsi à supprimer les garanties collectives, en particulier celles qui relient : diplôme, niveau d'embauche, qualification, rémunération. Ainsi s'ouvre aux diplômés le monde de l'entreprise où règnent le bon plaisir et l'arbitraire du chef d'entreprise. Par un tour de passe-passe, des années de formations se trouvent dévaluées au profit de soi-disant critères : en fait des concepts aussi flous qu'arbitraires. [...] Dans le brouillard de la nébuleuse des critères affichés qui réclament plus de “savoir être”, des “qualités inhérentes à la personnalité”, des “attitudes”, un “comportement”, des “capacités relationnelles”, émergent des exigences de bon sens traditionnel, mais l'insistance à en faire des critères de

1. Cité par Alain Lebaube dans « La décote de la “valeur travail” », *Le Monde,* 1er décembre 1993.

sélection nous fait craindre que le “Big Brother” de George Orwell ne soit pas loin[1]. »

Les critères qui entrent en jeu ne sont pas nécessairement les mêmes selon qu'il s'agit de fixer un salaire ou de décider d'embaucher. Ainsi il est souvent difficile de tenir compte du « comportement » d'un salarié pour fixer son salaire. Un employeur peut avoir du mal à le justifier devant son personnel, devant l'opinion ou devant les prud'hommes. Aussi, à « qualification » officielle donnée, celui qui a un « bon comportement » tendra à avoir un meilleur « rapport qualité / prix » que celui qui en a un « mauvais ». Mais les décisions d'embauche sont nettement plus discrétionnaires. Elles peuvent d'autant plus facilement intégrer cette dimension que nul n'a besoin de clamer sur les toits qu'il en a tenu compte. Les moyens ne manquent pas (stages, intérim, CDD) pour réaliser une « sélection » du personnel intégrant ce facteur. De plus, comme après tout le « mauvais comportement » de certains peut ne se révéler qu'à la longue, une fois l'embauche faite de façon ferme, et qu'il n'est pas évident d'invoquer ce motif pour justifier un licenciement, mieux vaut prendre ses précautions, et scruter les indices qui laissent présager qu'on court peut-être des risques. Ceux qui habitent dans des quartiers réputés difficiles vont devoir convaincre qu'ils n'en suivent pas les usages. De même, il paraîtrait manifestement discriminatoire de soumettre le personnel vieillissant à des réductions de salaire. Mais à condition d'afficher de « bonnes raisons », telles que « faire

1. « Les jeunes diplômés évalués dans un monde déréglementé », Réflexion de l'UICGT, *Le Peuple,* n° 1408 / 1409, 18 mai 1995. Le débat contemporain opposant la notion de « compétence » à celle de « qualification » tourne beaucoup autour des questions que pose la prise en compte du « savoir être », à côté du diplôme et de l'expérience professionnelle. Cf. Alain d'Iribarne, « Des qualifications aux compétences : chronique d'un oubli accepté », *Formation Emploi,* n° 76, octobre-décembre 2001.

place aux jeunes », il ne sera pas considéré comme discriminatoire de s'en débarrasser en le mettant en préretraite.

Cette rencontre de décisions fortement marquées par des questions de statut et de décisions qui relèvent plus, au contraire, d'une logique de marché, attentive à la disparité des rapports qualité/prix, n'affecte pas seulement la concurrence directe entre ceux qui se présentent pour occuper les emplois existants. Elle influence les emplois qui sont offerts : Quelles techniques de production et quelles formes d'organisation va-t-on choisir ? Vont-elles faire appel à du personnel plus ou moins qualifié ? Va-t-on délocaliser ? Plus une catégorie apparaîtra comme ayant globalement un mauvais rapport qualité/prix, plus les entreprises s'organiseront de manière à éviter d'y avoir recours. C'est ce type de phénomène qu'évoque l'OCDE à propos du chômage des travailleurs peu qualifiés dans les pays à marché du travail peu flexible.

Statut, logique de marché et chômage

Ces phénomènes affectent l'insertion professionnelle de ceux qui appartiennent à diverses catégories, tels les travailleurs âgés ou peu qualifiés, qui ont en commun d'être affectés par une nette discordance entre ce qu'on pourrait appeler d'une part leur valeur de statut et d'autre part leur valeur de marché (pour ne pas dire leur valeur marchande). La première correspond à la situation qu'il paraît normal de leur attribuer dans l'entreprise, en fonction de considérations à la fois de respectabilité sociale et de simple dignité humaine. Elle affecte en particulier leur rémunération, donc leur coût pour l'entreprise. La seconde correspond à l'estimation que fait l'entreprise de leur contribution productive. Ces deux valeurs peuvent différer fortement, dans un sens ou dans l'autre.

Ceux qui bénéficient d'une valeur de statut supérieure à

leur valeur de marché se trouvent protégés, tant qu'ils ont un emploi, de la pression à la baisse que le marché exerce sur leur salaire. Mais s'ils cherchent un emploi, ils offrent un mauvais « rapport qualité/prix », et risquent donc d'avoir du mal à en trouver. Le même type de difficultés affecte également l'insertion de ceux qui, sans appartenir à des catégories globalement concernées, ont des handicaps plus personnels qui dégradent de même leur « rapport qualité/prix ». Les uns et les autres sont menacés d'alimenter les bataillons des chômeurs de longue durée, dont on sait la place qu'ils tiennent (contrairement par exemple aux États-Unis, où le chômage est, pour l'essentiel, un état beaucoup plus transitoire) dans le chômage français. Ce chômage d'exclusion reste élevé en période de haute conjoncture en dépit du fait que, pendant ce temps, nombre d'entreprises ont de la peine à embaucher (de même que, dans la Russie soviétique, les rayons des magasins ne manquaient pas d'invendus pendant que de longues queues se formaient à leurs portes)[1]. Comment s'étonner, dans ces conditions, qu'il paraisse impossible de faire descendre le taux de chômage très en dessous du seuil fatidique de 10 % (et ce, même sans comptabiliser parmi les chômeurs les innombrables « travailleurs découragés ») ?

Il est vrai qu'un large courant de pensée, spécifiquement français, refuse, face à une vision anglo-saxonne, d'admettre que les questions de flexibilité des salaires jouent un rôle décisif dans l'existence d'un niveau élevé de chômage. Une variante modérée de ce courant admet qu'il existe des différences d'employabilité entre chômeurs. Mais celles-ci sont vues comme ayant pour unique effet d'influencer la position plus ou moins bonne qui échoit à chacun dans la file d'attente des demandeurs d'emploi, et non la longueur

1. Une analyse détaillée des processus produisant ce chômage de haute conjoncture est présentée dans Philippe d'Iribarne, *Le Chômage paradoxal,* PUF, 1990.

de la file[1]. C'est le travail qui manque, est-il alors affirmé, et ce pour des raisons strictement macroéconomiques. On cherche alors à appliquer à une propriété structurelle d'une économie ouverte à la concurrence mondiale des théories conçues pour rendre compte de phénomènes conjoncturels au sein d'une économie fermée. Dans une vision plus radicale, telle celle de la CFDT au sujet des seniors précédemment évoquée, le fait même que certains puissent avoir des problèmes d'employabilité est radicalement nié. La raison de ces réticences est claire. Il s'agit d'un refus de « stigmatiser » les chômeurs, de les « culpabiliser » en accusant leurs problèmes d'employabilité, voire leur comportement face aux emplois qui leur sont proposés, d'être à l'origine de l'importance du chômage. Ce refus est tout à fait fondé, mais il ne doit pas conduire à un déni de réalité.

Il n'est pas besoin, pour justifier le refus de « culpabiliser » les chômeurs, de prétendre que le chômage n'a rien à voir avec la flexibilité des salaires. Les chômeurs ne sont pas responsables de la place que les questions de statut tiennent dans la société française. Le fait qu'il aille de sa dignité de n'être pas « à vendre » au plus offrant est une propriété du regard social, que les chômeurs subissent comme les autres. C'est le regard social qui fait que, alors que pour un manager américain qui perd son emploi, repartir à un niveau plus modeste témoigne de son courage dans l'adversité, que pour un *kacho* japonais la même démarche témoigne de sa capacité à accepter son destin, agir de la sorte est plutôt vu comme une forme de déchéance pour un cadre français. De plus, s'il est difficile à quiconque de déroger par rapport à son statut, et en particulier à un travailleur vieillissant de rajuster ses fonctions et son salaire à la baisse, ce n'est pas seulement, ni même d'abord, parce que l'intéressé aura du

1. Robert Salais, « Le chômage, un phénomène de file d'attente », *Économie et Statistique,* n° 123, juillet 1980.

mal à supporter la perte de considération qui en résulte. C'est aussi, et plus encore, parce que, s'il est prêt à pareille démarche, il ne trouvera pas pour autant une entreprise qui y réponde. Celui qui se déclare prêt à « faire n'importe quoi » pour trouver du travail suscite en France plutôt gêne et méfiance qu'une admiration pour son courage.

Par contre, l'affirmation selon laquelle le chômage global n'a rien à voir avec des questions de flexibilité, et donc avec le rôle des questions de statut, n'est guère crédible. Les comparaisons internationales montrent bien que, là où le marché du travail est « flexible », un faible niveau de chômage, et spécialement un faible niveau de chômage de longue durée, coïncide sans mal avec un haut niveau d'emploi et une durée du travail élevée[1].

Mais la place que tient l'attachement aux statuts est une constante de la société française, et la persistance du chômage de masse en période de haute conjoncture n'a pas cinquante ans. Au début des années 60, le chômage était encore inférieur à 2 %[2]. C'est que le monde a changé. La concurrence s'est faite plus intense, et de plus en plus de demandeurs d'emploi se sont trouvés pris, comme entre le marteau et l'enclume, entre les exigences d'un statut et la pression du marché.

IV. L'intensification de la pression du marché[3]

Pendant longtemps, la société française a été marquée par la subsistance de formes « archaïques » de protection sociale qui faisaient que les embauches et les licenciements étaient

1. OCDE, *Perspectives de l'emploi,* 2005.
2. INSEE, *Données sociales,* 1987, p. 94.
3. Cette partie doit beaucoup à Philippe d'Iribarne, « L'économique et le social ; la fin d'un dogme », *Commentaire,* n° 66, été 1994. Les analyses faites à l'époque n'ont rien perdu de leur actualité.

loin d'obéir à une pure logique de marché. Bien des entreprises, qui de fait restaient largement à l'abri d'une concurrence trop sévère (cela apparaît bien *a contrario* par contraste avec la situation présente), continuaient à entretenir des installations dépassées, des sièges sociaux pléthoriques, des activités annexes (cantines, entretien des pelouses et autres) à l'efficacité problématique. Et, chez beaucoup, une gestion hautement paternaliste du personnel s'associait à tout cela. On conservait les « vieux serviteurs », ou ceux qui pour une raison ou pour une autre étaient en difficulté, même si leur contribution à l'efficacité productive devenait temporairement ou définitivement douteuse. Les intéressés trouvaient tout naturellement leur place dans les activités dont on attendait peu. De même, les recrutements de jeunes n'étaient pas toujours très regardants en matière d'efficacité immédiate. Ainsi on ne manquait pas d'emplois de « grouillots » où les jeunes sans qualification pouvaient commencer à faire leur chemin[1]. Ces pratiques, qui n'avaient rien de légalement obligatoire, relevaient largement des mœurs. Elles fondaient des sortes de politiques sociales invisibles, auxquelles l'opinion ne prêtait guère attention, mais dont on commence à voir quelle place elles tenaient maintenant qu'elles tendent à disparaître.

Simultanément, dans une époque d'épanouissement de l'industrie « taylorienne », les recrutements étaient peu sélectifs. Pour faire un travail d'OS tel qu'il était conçu à l'époque, les plus ou moins capables étaient quasi à égalité, du moment qu'ils étaient raisonnablement jeunes et robustes. Les employeurs n'hésitaient pas à aller recruter dans le Tiers-Monde des masses de travailleurs analphabètes. Et, comme dans de nombreux secteurs ce type d'organisation paraissait efficace, les employeurs n'étaient

1. Francine Aizicovici, « Au temps du certificat d'études », *Le Monde*, 13 octobre 1993.

incités ni à s'organiser autrement, en faisant massivement appel à une main-d'œuvre plus qualifiée, ni à délocaliser.

Dans ces conditions, très peu peinaient à trouver leur place dans l'appareil productif. Selon une étude de l'ANPE : « Les chômeurs de longue durée au début de la crise constituaient une minorité, supposée marginale, percevant des pensions d'invalidité, vivant de travaux saisonniers, essentiellement dans le midi de la France[1]. » Ils ne représentaient qu'une part nettement plus faible qu'aujourd'hui (12 % en 1974) d'un chômage lui-même beaucoup plus faible.

Mais en quelques décennies la situation a profondément changé.

Au fur et à mesure que la concurrence s'est intensifiée, les entreprises ont modifié leur manière de gérer leurs « ressources humaines », et ce mouvement se poursuit. Avec des comptes au rouge, ou qui menacent de le devenir, il s'est agi de plus en plus de pourchasser ce que les gourous du management ont appelé l'« usine fantôme » : toutes les activités qui occupent des gens mais qui ne contribuent guère à la production finale. On s'est mis à « dégraisser » les usines comme les sièges sociaux. Il est clair qu'il y avait de quoi faire et que l'intensification de la concurrence a bien joué le rôle, qui lui était dévolu par les apôtres d'une modernisation de l'économie, d'incitation à des efforts de productivité. Mais, du même coup, les politiques sociales invisibles associées à l'existence de ces activités fantômes ont été mises en cause. Ceux qui n'étaient plus pleinement compétitifs ont vu progressivement leur destin se modifier. Alors que naguère il arrivait souvent qu'ils soient simplement mis sur la touche, tout en conservant une place, ils ont été de plus en plus renvoyés sur le marché de l'emploi, avec des difficultés à trouver preneur. Sortant du champ des politiques sociales invisibles, ils sont

1. ANPE, *Les Demandeurs d'emploi de longue durée ; Analyse d'une population*, juin 1983, p. 4.

devenus tributaires des politiques sociales officielles, entre allocation de chômage, préretraite et RMI.

L'évolution des rapports entre les dirigeants d'entreprise et les actionnaires, l'augmentation des exigences de rentabilité qu'elle a entraînée ont joué de même pour pousser à une gestion plus serrée du personnel (les fameux « licenciements boursiers ») même dans les secteurs où la concurrence est restée relativement limitée. Et le poids grandissant des valeurs « modernes » d'efficacité, de compétitivité, de rentabilité a pesé dans le même sens.

La mise à mal de la rentabilité de l'industrie taylorienne, sous les effets conjugués du progrès technique et de la concurrence des pays à bas salaires, a lourdement affecté la compétitivité des moins qualifiés. Les maîtres mots sont devenus délégation, autonomie, responsabilité. La nécessité d'utiliser au mieux l'intelligence de ceux que naguère on aurait traités comme simples « exécutants » a été proclamée. Une gestion reposant sur la crainte des « petits chefs » a perdu du terrain au profit d'un appel aux exigences du métier. On a « enrichi les tâches ». Ainsi, dans l'industrie automobile, où l'on pourchasse dorénavant le moindre défaut de fabrication, les opérateurs travaillant sur les chaînes ont vu leur rôle profondément évoluer. Moins cantonnés à exécuter passivement des gestes répétitifs, ils ont à s'occuper de contrôle de qualité, à participer à des groupes de progrès, à analyser les problèmes rencontrés dans leur poste. Or, plus on va dans ce sens, plus les écarts se creusent entre les résultats obtenus par ceux qui sont plus ou moins capables et coopèrent avec plus ou moins de zèle. Dans ces conditions, les entreprises sont devenues beaucoup plus sélectives dans leurs recrutements, faisant passer les nouveaux embauchés, entre stages, intérim et CDD, par tout un parcours ayant pour fin de laisser le temps de détecter les meilleurs, et en tout cas d'éliminer ceux qui, pour une raison ou une autre – compétence, « comportement »... – posent problème.

Au total, les salariés, ou les candidats à le devenir, se trouvent considérés avec de plus en plus de rigueur comme un facteur de production méritant ou non d'être utilisé en fonction de son rapport qualité/prix. Gare à ceux qui se trouvent en concurrence avec de plus jeunes, plus qualifiés, plus créatifs, plus dociles, etc., et qui pour autant ne coûtent pas plus, ou pas beaucoup plus. Et cette évolution est probablement loin d'être arrivée à son terme.

Certes, bien des aspects de ce phénomène n'ont rien de spécialement français. L'évolution des techniques de production et l'intensification de la concurrence qui accompagnent la mondialisation de l'économie, le poids croissant des actionnaires, l'évolution des valeurs qui rend de plus en plus légitime une recherche d'efficacité dépourvue d'états d'âme se rencontrent dans tous les pays à économie de marché. Mais les conséquences sur l'emploi diffèrent d'un pays à l'autre non seulement, ni même d'abord, parce que tous ne réagissent pas en mettant en œuvre les mêmes politiques publiques, mais encore parce que le corps social dans son ensemble réagit différemment dans chacun d'eux.

Ainsi, aux États-Unis ou en Angleterre, il est perçu comme très légitime que les positions qui échoient à chacun soient déterminées par une « compétition loyale » où le marché joue le rôle d'arbitre. On n'accepte guère que l'État provoque des distorsions dans cette compétition, en avantageant les uns aux dépens des autres. Dans ces conditions il n'est pas choquant d'avoir un véritable marché du travail, fonctionnant selon les règles de la libre concurrence : une grande facilité à licencier et à embaucher, des salaires flexibles, la possibilité pour chacun de trouver preneur à sa valeur de marché. Il vaut mieux, bien sûr, être du côté des gagnants, et tous se battent pour l'être. Si l'on est du côté des perdants, la vie va être difficile sur un plan financier. Mais si l'on continue à bénéficier de tous les droits du citoyen, on n'est pas atteint dans sa dignité d'homme. Celle-ci ne relève pas d'un rang conservé ou perdu, et être soumis à la loi du marché ne signifie pas qu'on est traité comme une vulgaire marchandise. Aux États-Unis, ceux qui ont été éliminés des emplois industriels ont trouvé place dans un secteur tertiaire à basse qualification en pleine expansion. Il s'est produit un développement considérable des services marchands (gardiens d'immeuble, employés qui, dans les commerces, mettent en sac les achats des clients, pompistes, etc.) répondant à des besoins d'autant plus solvables qu'ils pouvaient être satisfaits à bas prix[1]. Et ce développement a été favorisé à la fois par la flexibilité à la baisse des salaires des moins qualifiés et par le fait que, dans un contexte américain, les emplois correspondants, même s'ils vouent à la condition de « travailleur pauvre », ne sont nullement vus comme dégradants.

En France, le regard social est bien différent, et les pouvoirs publics n'y peuvent pas grand-chose, pour ne pas dire rien. Les emplois dans les services marchands sont volontiers taxés de « petits boulots », ne relevant pas de « vrais métiers », voire de « domesticité sociale[2] », avec tout le mépris qui s'attache à ce terme. Et ceci n'a sans doute pas eu moins d'effets que le niveau du SMIC pour freiner leur développement. Perdre toute protection statutaire pour se sentir marchandise, voir sa place dans la société et le rang qu'elle confère sans cesse menacés, c'est être atteint dans sa dignité d'homme. Comment se résoudre à abattre les institutions et les pratiques qui écartent un tel destin, même si elles font que certains se trouvent privés à la fois d'emploi et de statut ?

1. Thomas Piketty, « Les créations d'emploi en France et aux États-Unis. Services de proximité ou petits boulots », *Les Notes de la fondation Saint-Simon*, n° 93, 1997.

2. Selon l'expression utilisée par Alain Lipietz, *Choisir l'audace ; une alternative pour le XXIe siècle*, La Découverte, 1989, p. 34.

CHAPITRE V

Face à la mondialisation

La France s'est engagée avec enthousiasme dans la construction d'un monde où les peuples seraient unis par-delà les frontières. Dans une société éprise de grandeur, l'avènement d'un monde ouvert, loin des tentations du repli, de la frilosité, de la protection grincheuse d'un pré carré, n'offrait-il pas une perspective exaltante ? Et cette grandeur collective paraissait d'autant plus séduisante qu'elle s'accompagnait pour chacun d'une promesse de grandeur individuelle : la croissance sans précédent de l'économie, favorisée par le développement des échanges dans une économie mondialisée, allait de pair avec une transformation profonde de la société ; la multiplication des emplois hautement qualifiés offrait à chacun la perspective d'accéder à des positions plus hautes que celles de ses pères, avant de voir ses enfants poursuivre son ascension.

Et puis la réalité a déçu. En bousculant bien des situations acquises, le développement de la concurrence internationale n'a pas seulement obligé les entreprises à se moderniser ou à disparaître. Il a contraint nombre de ceux qu'elles employaient à se reconvertir. Les mieux armés par leur formation, leur dynamisme ou leurs relations, ont trouvé à s'engager dans les nouvelles voies qui s'ouvraient simultanément, et beaucoup y ont gagné. Mais d'autres, moins armés, se sont trouvés laissés pour compte, voués au chômage ou prématurément réduits à l'inactivité. Pour eux, l'économique a cessé d'être le moteur du social.

Dans le trouble qui résulte de cette situation, avec l'immense déception qu'elle provoque, comment ne pas chercher à trouver des coupables : les gouvernants en place, la mondialisation libérale, un modèle social archaïque, une immigration mal maîtrisée, les syndicats, l'énarchie, l'Europe, le grand capital, et bien d'autres ? Les arguments fusent en tous sens, avec les promesses de sortir bientôt de la crise. À l'occasion du référendum de 2005 sur le projet de Constitution européenne, le débat sur le « modèle social français » a repris de plus belle. Les uns appellent la France à s'ouvrir sur le monde et à cesser de s'accrocher à des particularismes qui n'ont plus lieu d'être, d'autres au contraire la pressent de défendre bec et ongles une organisation de la société qui protège les faibles de l'avidité des forts, pendant que d'autres encore parlent de conserver ce modèle, mais de le moderniser. Pour avoir une idée des effets qu'auraient en fait les médications proposées, il faut se demander comment le corps social, que l'on ne va pas convertir, comme par miracle, à de tout autres manières de concevoir l'existence en général et la vie en société en particulier, est susceptible d'y réagir. À se poser de telles questions, on peut espérer entrevoir dans quelle direction sortir du tunnel.

I. Une vision obsolète des rapports entre l'économique et le social

Une sorte d'évidence a longtemps régné chez les réformateurs, de droite comme de gauche, qui, depuis un demi-siècle, cherchent à « moderniser » la société française : l'économique est le moteur du social. Plus un gâteau est gros, plus chacun peut en avoir une belle part ; de même, plus une économie est prospère, plus il est possible de mener des politiques sociales hardies. Ceux qui veulent protéger les situations acquises, les modes de production dépassés, les petits commerces que le progrès voue à disparaître, menacent la croissance de l'économie, et se montrent en fait (et même si leurs intentions sont pures) antisociaux. C'est en libérant l'économique de mille entraves que fait peser sur lui une vision archaïque du social que l'on réunira les conditions nécessaires pour mener des politiques sociales dignes de ce nom, tournées vers la construction de l'avenir et non vers la conservation du passé.

Pareille façon de voir s'est exprimée avec constance, pendant des décennies, sous des plumes dites libérales promptes à pourfendre ceux qui tentent de « préserver temporairement des emplois condamnés par la rapidité de l'évolution technologique et les gains de productivité des autres pays » et à dénoncer le fait que « les Français [...] apparaissent plus que d'autres chagrins, frileux, craintifs[1] ». Mais les sociaux-démocrates n'y ont pas moins adhéré, tout en concevant autrement l'utilisation des fruits de la croissance. Ceux qui répandent la tentation protectionniste, ont-ils longuement affirmé, « inoculent à la société le virus le plus grave [...], celui dont la progression rongerait à la fois notre économie et notre protection sociale. [...] Économiquement inefficaces, les tentations protectionnistes sont aussi *socialement régressives*. Mettre en péril nos exportations de produits et services à haute valeur ajoutée pour espérer gagner quelques parts de marché sur les chaussures de sport, c'est faire inconsciemment l'arbitrage en faveur d'une économie de moindre qualification, de moindre technicité, donc de moindres salaires et, très vite, de moindre protection sociale. [...] Ce n'est certes pas en nous calfeutrant que nous dégagerons le surplus nécessaire à une nouvelle organisation de la société. Et il faut bien être de droite pour n'avoir d'autres perspectives à offrir à notre jeunesse que de concurrencer les travailleurs

1. Interview de Michel Camdessus, à l'époque directeur général du FMI, *Le Figaro,* 16 septembre 1993.

du textile pakistanais[1] ». Le message est clair : c'est la « prospérité collective » qui est le vecteur du social en permettant de « dégager les surplus nécessaires » et donc de « redistribuer ». Elle l'est de plus en conduisant à développer les productions qui font appel à du travail hautement qualifié aux dépens de celles qui relèvent d'un travail déqualifié.

Une hypothèse forte, sous-jacente à cette vision, est que, si certains voient leur activité bouleversée par la modernisation de l'économie, des politiques sociales appropriées pourront toujours apporter des corrections suffisantes pour que la situation de tous s'améliore. Il n'est pas envisagé qu'en « libérant » l'économie de ses entraves on puisse créer des dégâts tels qu'aucune politique sociale ne puisse les réparer. Et il n'est pas envisagé non plus que pareils dégâts puissent peser à leur tour sur l'évolution économique elle-même.

Une telle image correspond assez bien à la réalité de l'économie française au cours des « Trente Glorieuses ». Si beaucoup d'emplois ont disparu, au premier chef dans l'agriculture, pratiquement tous ceux que ce mouvement a atteints ont pu se reclasser de manière tout à fait décente dans ceux qui ont été créés. Une industrie taylorienne en pleine expansion a ouvert les bras à ceux qui ont quitté l'agriculture. Quelques-uns, certes, tels les mineurs de Decazeville parlant de « déportation » quand on leur a proposé des emplois dans des régions « étrangères », ont mal vécu ces bouleversements, mais ils n'ont guère été pris au sérieux. De plus, on a eu une étroite synergie entre un développement économique spectaculaire et la mise en place, grâce à de larges financements publics, de multiples politiques sociales, que celles-ci protègent contre les aléas et les misères de l'existence (la maladie, la vieillesse, le chômage) ou fournissent à leur tour, à travers

1. Michel Rocard, « Lettre aux hommes de gauche tentés par Philippe Seguin », *Le Nouvel Observateur*, n° 1495, 1er au 7 juillet 1993.

les investissements en éducation, en équipements publics, les conditions d'une croissance soutenue.

Aujourd'hui, nous sommes dans un autre monde. Quand le « dumping fiscal » marque la concurrence entre pays pour attirer les activités et les possédants, les politiques de redistribution se révèlent de plus en plus problématiques. La forme que prend la modernisation de l'appareil productif conduit à des embauches beaucoup plus sélectives. Si les activités haut de gamme se développent, beaucoup ne sont pas conviés à y participer. Certains, spécialement nombreux parmi les travailleurs âgés ou peu qualifiés, bénéficient, tant qu'ils ont un emploi, d'un statut leur permettant d'être mieux traités que si le marché évaluait sans détours leur capacité productive. Mais ils ont bien du mal à en trouver un nouveau s'ils perdent celui dont ils bénéficiaient. Certes, entre allocation chômage et RMI, ceux que le monde du travail met sur la touche ne sont pas abandonnés par les politiques sociales. La redistribution promise par les modernisateurs s'opère bien. Mais qui affirmerait sérieusement qu'il vaut mieux être chômeur indemnisé ou Rmiste que d'avoir un travail « obsolète » ?

En dépit de cette évolution du monde, beaucoup croient toujours à la vertu des anciennes recettes. Ils imaginent que la manière de gérer les rapports entre l'économique et le social qui a été utilisée avec succès dans l'après-guerre reste la bonne ; que si les gouvernants en place, qui pourtant continuent à appliquer la recette, n'obtiennent pas de bons résultats, c'est qu'ils s'y prennent mal. Ils annoncent régulièrement, comme le font tous les gouvernants successifs depuis plus de vingt ans, qu'après tant d'échecs un nouveau plan, de nouvelles mesures tirés du chapeau de quelque magicien vont enfin permettre de résoudre la quadrature du cercle : concilier une économie de concurrence sauvage, la préservation des « acquis sociaux » et la réduction drastique du chômage. Une telle façon de voir est, par exemple, présente en filigrane dans la motion présentée par François Hollande et les siens au congrès de novembre 2005 du parti socialiste. Celle-ci évoque l'avènement « d'un modèle de développement qui porte une exigence de maîtrise de l'économie, de redistribution plus ample et plus juste des richesses produites ». Mais le mal est plus profond. Une économie hautement concurrentielle a cessé d'être un moteur efficace du progrès social. Elle est même, pour ceux qui ont du mal à être à la hauteur de ses exigences, largement synonyme de régression. Ce fait est au cœur des difficultés actuelles du « modèle social français ».

Que proposer donc si on regarde la réalité en face ? D'un côté, la France pourrait-elle, sans déchoir en tant que nation, s'enfermer dans la défense des situations acquises, se replier sur elle-même, fuir frileusement les grands vents de la concurrence mondiale en reconnaissant qu'elle n'est pas capable de les affronter ? De l'autre, est-il tolérable de continuer à vouer à l'assistance ceux qui sont mal armés pour se battre ? N'y a-t-il de sortie possible de la contradiction que celle que proposent les libéraux purs et durs, fascinés par les succès de l'Angleterre post-thatchérienne : admettre que chacun n'a qu'à se contenter de ce que le marché est prêt à lui offrir, qu'il doit accepter de se vendre au plus offrant, même si celui-ci n'offre pas grand-chose ; vouloir que se mette en place un vrai marché du travail, où les forts recevront à la mesure de leur capacité et les faibles à la mesure de leurs limites ? Peut-on croire que le corps social soit prêt à accepter pareil traitement ? Dans la difficulté à proposer un avenir crédible, les visions de l'avenir s'affrontent.

II. Des plaidoyers passionnés

À l'occasion des débats qui ont accompagné le référendum sur le projet de Constitution européenne, le « modèle français » a été aussi passionnément combattu que défendu. Instrument de malheur pour les uns, il l'est de salut pour les autres.

Le « mal français » a été abondamment dénoncé [1].

L'éditorial par lequel le journal *Le Monde* a accompagné l'annonce des résultats du référendum est exemplaire à cet égard [2]. Les tenants du non sont pourfendus : « Par nationalisme, par xénophobie, par dogmatisme ou par nostalgie, ils voulaient se débarrasser de cette Europe qui barre l'horizon, qui dérange les habitudes, qui impose des changements. » Sont stigmatisés, tout au long du texte, « l'appel d'air nationaliste et protectionniste », « la crispation nationaliste », « la crainte du changement », « un consensus français attaché à ce que rien ne change ». Les « réactions hostiles envers les étrangers », eux-mêmes symbolisés par le « plombier polonais », sont dénoncées. Ceux qui ont refusé la Constitution sont dépeints comme ayant pris le risque « d'avoir affaibli la position et les capacités de la France en Europe ». Enfin, il est affirmé que « le système français – exception ou modèle, comme on voudra – ne marche pas », qu'il faut « cesser de se bercer de l'illusion d'un idéal français ». Dans ces conditions, les partisans du non se sont trompés de cible. « La compétition internationale est une donnée dont aucun pays ne peut s'abstraire, sauf à faire le choix de l'immobilisme et de la pauvreté » ; c'est « d'une plus ou moins mauvaise alchimie nationale » que relève le niveau du chômage.

De multiples prises de position ont mis en avant les mêmes arguments : grandeur morale, statut politique, place dans la compétition économique mondiale.

C'est s'abaisser moralement que de se refermer. « Certains

1. Le terme, mis en valeur par Alain Peyrefitte dans son ouvrage *Le Mal français,* Plon, 1976, est repris aujourd'hui ; cf. Alain Duhamel, « Le mal français », *Libération,* 5 octobre 2005, à propos de la crise de la SNCM.

2. Éditorial de Jean-Marie Colombani, *Le Monde,* 31 mai 2005.

arguments du non ont des relents xénophobes. Nous sommes dans une discussion de boutiquiers où l'on en est à défendre son bout de gras. Alors que l'Europe était au départ une idée généreuse [1]. » « En faisant de l'étranger qui nous "envahit" une menace, en stigmatisant l'étranger qui nous ravit nos emplois grâce à une politique libérale, la gauche du non, qu'elle le veuille ou non, a acclimaté la xénophobie qui n'attendait que cela pour se donner un peu de respectabilité à gauche [2]. »

Se singulariser, c'est s'affaiblir. « Les partisans du non se retrouvent avec un tas de ruines : une France inaudible et incomprise de ses partenaires, contrainte avec retard et avec des coûts plus élevés à s'adapter aux exigences du temps sous peine de décliner inexorablement [3]. »

Rester à l'écart du grand courant de l'économie mondiale, c'est se ranger du côté des perdants. « L'exception française ne fait que recouvrir des archaïsmes qui déroutent nos partenaires et qui nous coûtent très cher : en prestige, mais aussi en emplois et en niveau de vie [...]. Il va aussi falloir comprendre que la compétition économique est le seul moyen de ne pas régresser. Le non semble porté par une peur profonde de la compétition, comme si nous avions décidé que nous ne pouvons pas être compétitifs [...]. Le protectionnisme ne protégera pas les perdants, il ne fera que paralyser les gagnants [4]. »

Dans cette perspective, il faut savoir s'inspirer de l'exemple de ceux qui, ailleurs, ont réussi. Ainsi, pour Nicolas Sarkozy, « L'Europe est la plus formidable occasion de réveiller la France », et « Ce n'est pas faire du mimétisme idéologique

1. René Rémond, *Le Monde,* 6 mai 2005.

2. Yves Méry, « L'Europe désorientée, la France déboussolée », *Le Monde,* 1er juin 2005.

3. *Ibid.*

4. Charles Wyplosz, « Le non : un drame pour la France, pas pour l'Europe », *Le Monde,* 23 avril 2005.

que de vouloir s'inspirer de ceux qui, en Europe, ont su trouver le plein-emploi et de vouloir tourner le dos aux méthodes de ceux qui n'en finissent pas de s'enfoncer dans le chômage de masse. C'est au contraire de l'aveuglement idéologique que de refuser dans notre pays ce qui se fait ailleurs »[1]. Bien d'autres partagent ce point de vue : « Les statuts, les corporatismes, l'accumulation des réglementations, passent à leurs yeux [des syndicats] pour des boucliers sociaux, alors qu'il ne s'agit que d'entraves. L'extrême gauche rêve de stopper la mondialisation, d'interdire les licenciements, de maîtriser le marché, de vivre mieux sans travailler plus ni autrement : chimères. Quant à la gauche réformiste, elle ne se résout pas au blairisme, mais où sont ses contre-projets, ses propositions inédites, quels desseins nouveaux a-t-elle élaborés ? La France oppose un désert idéologique à l'invasion britannique[2] » ; « Inutile de brandir le modèle social français comme s'il s'agissait d'un chef-d'œuvre impérissable. Il est devenu un sabre de bois. [...] La France qui s'est longtemps vécue comme exemplaire est condamnée à apprendre les recettes des autres[3] ».

Pendant ce temps, d'autres invitent au contraire à résister à l'hégémonie du marché.

Ainsi, Jean-Christophe Cambadélis pose la question : « Y a-t-il une voie française dans la mondialisation ? J'entends par là le modèle français : puissance publique garante de l'égalité, protection sociale avant le marché, le politique aux commandes de l'économie. Ce triptyque miné, anémié et décrié a-t-il une viabilité dans la globalisation ? » La réponse ne fait pas de doute. La vision libérale est pourfendue : « la liberté est celle de s'enrichir, l'égalité est une servitude, quant à la

1. Propos rapportés dans *Le Monde,* 14 mai 2005.

2. Alain Duhamel, « L'invasion britannique », *Libération,* 6 juillet 2005.

3. Alain Duhamel, « Crise d'identité française », *Libération,* 13 juillet 2005.

fraternité, c'est celle des communautés. [...] Bref, une américanisation à la française ! ». Et c'est une tout autre voie qui est prônée : « Soit la gauche prend au mot ce qu'elle dit – nous vivons une crise de régime, le libéralisme est une déferlante –, et alors elle s'unira sur un vrai projet de gauche et crédible, et se rassemblera pour la défense, par la rénovation, du modèle français, elle sera utile pour les Français, efficace pour la France. [...] Soit elle s'émiettera [...], les "liquidateurs" l'emporteront et personne ne sait quand et comment elle s'en remettra[1]. »

Parfois, le discours se fait plus rude. Ainsi pour Arnaud Montebourg, le projet de la droite « est d'une extraordinaire violence politique. Il consiste à aligner la France sur la pire des régressions antisociales, dans une mondialisation déréglée et ultralibérale[2] ». Selon la motion qu'il a défendue au congrès du PS : « Il ne s'agit pas seulement de se donner comme objectif de "réguler"' le capitalisme mondialisé [...]. Il s'agit de le maîtriser, de l'encadrer, de le dompter, de le soumettre même. » Parfois, au contraire, un compromis se cherche. Pour Dominique Strauss-Kahn : « Le choix n'est pas entre la rupture à la Sarkozy qui importe le modèle anglo-saxon, et la résistance prônée par les communistes, l'extrême gauche et d'autres qui veulent conserver l'existant. Entre la rupture et la résistance, il y a la rénovation[3]. » On n'est pas loin des positions de Dominique de Villepin affirmant que « je ne vois pas au nom de quoi nous devrions envoyer à la poubelle le modèle social français », et proclamant qu'il faut « moderniser » ce modèle[4].

1. Jean-Christophe Cambadélis, « PS, les données du problème », *Libération,* 20 septembre 2005.

2. Didier Hassoux, « Le débat divise aussi le PS », *Libération,* 7 octobre 2005.

3. *Ibid.*

4. Propos tenus à la télévision le 6 octobre 2005.

Est de nouveau posée la question qui a tant marqué le XIXe siècle : comment faire en sorte que la liberté d'entreprendre n'entraîne pas d'écrasement du faible par le fort ? Le monde anglo-saxon a son approche, mais jusqu'où est-elle transposable en France ? Et, si l'on parle de moderniser le modèle social français, que cela implique-t-il en pratique ? Que faut-il conserver et que faut-il réformer ? Comment combiner de manière réaliste ce qui demeure et ce qui change ? Pour ce faire, on ne peut se dispenser de se confronter aux pesanteurs du monde, sans oublier la manière dont le corps social donne sens aux situations et y réagit.

III. Grandes visions et pesanteurs du monde

La rencontre d'une économie où la logique de marché règne en maître et d'un monde du travail voué à la défense des statuts est productrice d'exclusion. On peut donc imaginer deux grandes manières de sortir de l'impasse : soit se mettre de manière cohérente dans une logique de marché, soit au contraire y échapper de manière radicale. Mais l'une et l'autre voie sont semées d'embûches.

Le marché, le marché...

Sans doute, existe-t-il à la gauche de la gauche un espoir, ou un rêve, de s'affranchir vraiment de la domination du marché ; côté gestion de l'économie en élargissant le champ des services publics, notamment dans le logement et la culture, et en procédant à des nationalisations massives ; côté social, en durcissant les règles qui mettent obstacle aux licenciements, en élevant massivement le salaire minimum. Mais, depuis que la faillite du « modèle » communiste de gestion de l'économie ne fait plus de doute, la crédibilité de cette perspective est devenue bien mince. « Le non de gauche, note Jérôme Jaffré en commentant les résultats du référendum sur la Constitution européenne, fait aussi courir le risque […] d'un insupportable décalage entre un discours tout feu tout flamme dans l'opposition et une pratique tellement plus modeste une fois parvenu au pouvoir[1]. »

Au contraire, l'idée de développer de manière conséquente une logique de marché, avec un développement de la « flexibilité » accompagné d'une mise en cause de ceux des « acquis sociaux » porteurs de « rigidité », apparaît à première vue beaucoup plus réaliste. Elle a pour elle les succès de la Grande-Bretagne post-thatchérienne dans la lutte contre le chômage. C'est elle que défendent les organismes internationaux. Mais la France n'est pas la Grande-Bretagne. Comment la mise en pratique, qui a timidement commencé, d'une vraie approche libérale serait-elle vécue par le corps social, avec quelles réactions ?

Qu'implique ce modèle libéral de l'aveu même de ceux qui, prenant la Grande-Bretagne en exemple, s'en font les apôtres ? « En France, on imagine que l'emploi retrouvé doit être équivalent de celui perdu. Accepter un emploi moins payé est tenu pour socialement peu acceptable. Ici on accepte des périodes de réadaptation. […] En France, on a des statuts pour tout le monde : pour le chômeur, l'étudiant, le cadre. Ici, non. […] On a remis au travail les personnes non qualifiées à un coût qui permet aux entreprises de les employer. […] Services publics ne veut pas dire fonctionnaires. On crée des emplois dans les services publics sans la rigidité qu'entraîne le statut de fonctionnaire. En France, le lien entre le travail et le statut crée des effets de blocage. Le système anglais est plus en phase avec le monde moderne, un monde d'adaptation permanente, aux changements plus brutaux qu'hier. […] En France, les aides visent à rendre le

1. Jérôme Jaffré, « La France au miroir de son non », *Le Monde*, 19 juillet 2005.

chômage supportable. Elles ont réduit les différences entre les revenus des travailleurs et ceux des chômeurs. En Grande-Bretagne, la situation du chômeur n'est pas enviable. Les indemnités sont faibles et relativement courtes. D'où une incitation à retrouver un travail immédiat. [...] Faciliter le licenciement n'est pas un cadeau fait aux patrons, mais à l'économie, qui rend l'embauche plus facile. [...] Pourquoi ne pas utiliser les règles du marché à notre avantage ? Quand Margaret Thatcher est arrivée au pouvoir, il y avait déjà eu deux générations de chômeurs, et on se demandait s'il y en aurait une troisième. Aujourd'hui on n'imagine même pas que ce débat ait pu avoir lieu en Angleterre[1]. »

Une telle perspective d'éradication des statuts, des droits acquis, des positions assises, a quelques raisons de susciter des échos favorables en France. Comment ne pas y voir, en effet, comme dans une nouvelle nuit du 4 août, une abolition renouvelée des privilèges, une nouvelle mise à mal des corporations, la mise à bas de l'Ancien Régime, l'instauration d'une authentique liberté d'entreprendre ? Mais, comme on l'a déjà vu après 1789, la liberté de contracter n'a pas les mêmes conséquences pour le fort et pour le faible.

La « France du haut » s'épanouit dans une économie de marché mondialisée. Les rémunérations des dirigeants ont crû de manière vertigineuse. Certes, quelques patrons de PME, scotchés dans des secteurs plus ou moins archaïques, textile, tanneries ou autres, ont souffert, mais pour ceux qui, échappant à l'enfermement hexagonal, ont maintenant le monde comme terrain d'action, il n'est pas besoin d'être protégés par quelques privilèges pour pouvoir tenir son rang. Les

1. Entretien avec Arnaud Vaissié et Pascal Boris, conseillers du commerce extérieur de la France au Royaume-Uni, qui ont fondé, avec d'autres dirigeants d'entreprises françaises en Grande-Bretagne, le Cercle d'outre-Manche, qui réfléchit sur l'attractivité comparée des deux pays ; *Le Monde,* 2 mai 2005.

travailleurs asiatiques ne sont pas des concurrents, mais une main-d'œuvre sobre et efficace, les fonds de pensions américains des partenaires certes exigeants mais qui n'ont pas de mal à comprendre que ceux qui contribuent à leur prospérité doivent être payés en conséquence. Si les plombiers polonais se multipliaient, ils seraient bien sûr les bienvenus. Pourvu de solides ressources, on peut cultiver entre soi tout un art de vivre. Les intéressés sont bien placés pour faire accéder leur progéniture aux meilleurs établissements d'enseignement, en France et, de plus en plus, dans le monde. L'écart se creuse entre eux et le commun. Comme d'autres qui, jadis, affirmaient leur valeur par leurs prouesses, ils peuvent défendre une vision conquérante de la noblesse, d'autant plus haute qu'elle ne demande aucune protection. Ils ont tout pour s'épanouir dans une société ouverte.

D'abord les « droits »

La situation est bien différente pour les petits et les sans-grade. Dans la guerre économique mondiale, ils sont plutôt du côté de la chair à canon que des généraux. Pour eux, les travailleurs asiatiques et le plombier polonais ne sont pas des ressources, mais des concurrents. Pour leurs enfants, l'école ne tient plus ses promesses. Contrairement à 1789, ce sont eux maintenant, et non plus les « gens du château », dont la situation est menacée par l'évolution du monde et qui défendent leurs « droits acquis ». À certains égards, les rôles se sont inversés. On n'a plus affaire à des dominés, écartés des positions éminentes par leur statut légal, qui réclament que l'on fasse place à leurs talents dans un monde ouvert à la compétition. Les dominés d'aujourd'hui, ou du moins une bonne part d'entre eux, ont conquis à travers deux siècles de luttes, sociales et politiques, de meilleures conditions d'existence que celles qu'ils seraient à même d'obtenir, grâce à leurs seuls talents, dans un monde ouvert à une compétition sans merci. Ils voient bien que, quand l'économie se mondialise et que les entreprises sont prêtes à installer leurs usines là où on leur offre le meilleur rapport qualité/prix, quand elles peuvent faire de même avec leurs services informatiques et parfois leurs sièges sociaux, les acquis sont hautement menacés ; les luttes sociales et politiques ne peuvent plus grand-chose face au pouvoir du marché. L'avènement d'un monde ouvert, progressiste dans son principe, est réactionnaire dans ses conséquences, d'où les difficultés de la gauche française à prendre à son égard une position autre qu'embarrassée.

Serait-ce que, quand s'étend l'imperium du marché, les sans-grade sont totalement démunis ? Tout dépend de la place qu'ils occupent. Certains le sont, à coup sûr. Mais d'autres, conducteurs du métro parisien ou des autobus de Marseille, agents de la SNCF, routiers capables de paralyser la circulation, ont un solide pouvoir de nuisance. Les « jeunes » des banlieues peuvent toujours mettre le feu aux voitures de leurs voisins et, à l'occasion, à quelque entrepôt ou magasin. Beaucoup, dans les bureaux, peuvent se contenter, discrètement, de s'investir plutôt en dehors de leur travail, de jouir en paix des 35 heures, sans grands risques d'être sanctionnés. À partir du moment où les dirigeants profitent sans modération des atouts dont ils disposent pour se remplir les poches, pourquoi ceux qui ont d'autres atouts ne s'en serviraient-ils pas à leur tour sans modération ? Dans une bonne partie de la société française, ceux qui défendent des avantages acquis ne perçoivent pas leur lutte comme moins légitime que ne l'est l'exploitation par d'autres d'avantages concurrentiels dans une économie de marché.

Comme à la fin de l'Ancien Régime, la France est divisée en groupes porteurs de visions divergentes de ce que devrait être la société. D'un côté, ceux qui considèrent que le sort de chacun doit être conditionné par la valeur de son apport, tel que le marché l'évalue souverainement ; de l'autre, ceux pour qui chacun, et surtout les plus faibles, doit avoir sans cesse plus de droits indépendants de son apport (allocations familiales, accès aux HLM, couverture maladie universelle, RMI, etc.). Sans cesse dévoilés, les excès associés à chacune des deux logiques (la cruauté du marché, d'un côté, les abus dans l'utilisation des prestations sociales, de l'autre) renforcent chacun dans sa conviction. Parfois, la logique de l'égalité des droits paraît triompher dans le discours des politiques, et quelques mesures sont prises pour la mettre en œuvre, ainsi le développement des HLM dans les beaux quartiers. Mais la logique différenciatrice du marché reprend vite l'avantage. Pendant ce temps, les « réalistes » et les « utopistes » se critiquent mutuellement. Les premiers accusent les seconds de faire le malheur de ceux qu'ils prétendent protéger (par exemple en vouant au chômage ceux à qui la barrière du SMIC interdit de se vendre « à leur prix ») et les seconds accusent les premiers de céder trop facilement devant l'injustice du monde.

Dans cet affrontement, l'importance accordée aux questions de rang n'a nullement disparu. Mais ce sont les moyens de le défendre qui divergent. Pour les libéraux, héritiers spirituels d'une noblesse conquérante, le rang s'affirme dans la valeur manifestée au combat, dans une compétition ouverte. Point n'est besoin de privilèges institués, il suffit que chacun puisse tirer pleinement profit du capital économique, social, culturel qu'il détient. Pendant ce temps, pour les défenseurs des droits acquis (au premier chef le personnel de l'État et des entreprises publiques), héritiers spirituels d'une noblesse ardente à défendre ses privilèges institués, c'est par les droits spécifiques liés à un statut propre à un corps, à un métier, à une entreprise, que l'on est quelqu'un. Ces deux groupes, ancrés l'un et l'autre dans une vision aristocratique de ce qui est noble, sont ardents à mettre en avant ce par quoi ils se différencient de congénères d'un moindre rang. Pendant ce temps, d'autres, fidèles au contraire à une vision cléricale de la grandeur, voudraient qu'elle échoie à tous, sans distinctions, en tant que membres de l'espèce humaine, que la reconnaissance dont chacun bénéficie, y compris les sans statut, les sans-papiers, etc., s'appuie sur des droits qui appartiennent à tous. Chacun de ces groupes a sa propre vision de la mondialisation. Les tenants d'une noblesse conquérante défendent une mondialisation marchande. Ceux d'une noblesse de privilèges s'opposent à la mondialisation. Les tenants d'un monde ouvert, qui aurait simultanément oublié toute considération de rang, sont altermondialistes.

Ce poids des considérations de rang fait qu'une sortie à l'anglo-saxonne de la crise actuelle du « modèle social français » est fort problématique. La diversité des destins sociaux produite par une économie hautement concurrentielle est interprétée dans le registre de la dignité. Les perdants, tels les « travailleurs pauvres », ne sont pas regardés comme soumis à une épreuve certes pénible, mais qui restera transitoire s'ils savent en tirer des enseignements. Ils sont atteints dans leur dignité d'homme, déchus. Et déchus sont, de même, ceux que leurs privilèges, si modestes fussent-ils, avaient fait accéder à un certain rang, et qui les ont perdus. Pendant ce temps, le marché, dont ils subissent le verdict, n'est pas perçu comme un arbitre impartial auquel il conviendrait de se soumettre sans broncher, mais comme un instrument de la domination des gagnants. Dans ces conditions, il est noble de faire tout ce qu'on peut pour empêcher qu'il ne vous écrase.

IV. Quelques lumières dans le brouillard

Je ne prétendrai certes pas avoir trouvé *la* recette qui permettrait à la société française d'échapper aux difficultés qui l'assaillent. Mais je ne voudrais pas laisser croire qu'à chercher à comprendre les spécificités d'une culture on est conduit inexorablement à une sorte de fatalisme : « puisqu'il en est ainsi, il n'y a rien à faire ». La lucidité est un obstacle au rêve, elle ne l'est pas à l'action. Tentons donc d'esquisser quelques pistes qui permettraient d'entrevoir des horizons moins sombres.

Il est temps de prendre acte de ce que la précarité générée par l'imperium du marché n'est pas vécue de la même façon par ceux qui la subissent selon que prévaut une vision anglo-saxonne ou une vision française de ce qui fait la dignité du citoyen ; qu'elle s'inscrit bien dans une vision de la vie sociale qui fait la part belle à un enchaînement de rapports contractuels plus ou moins transitoires ; mais qu'elle est beaucoup plus lourde à porter quand elle est ressentie comme réduisant à l'état de marchandise celui qui est privé d'une place bien établie dans la société. De ce fait, cette précarité n'entraîne pas les mêmes réactions du corps social, les mêmes pressions sur les gouvernants pour qu'ils tentent de la combattre et, en fin de compte, quand la difficulté à déroger rend difficile de trouver où se vendre, le même niveau de chômage.

L'avènement, au sein d'une société de statuts et de rangs, d'une économie de marché progressivement libérée de toute entrave est au cœur de la crise du « modèle social français ». Les dégâts sociaux provoqués par la pression du marché incitent à s'arc-bouter bec et ongles sur la défense des statuts. Simultanément, quand les droits acquis apparaissent comme autant de privilèges qui entravent un bon fonctionnement de l'économie, les combats jusqu'au-boutistes menés pour les défendre incitent à penser qu'il n'est de salut que dans le marché. Échapper à ce cercle vicieux suppose de renoncer simultanément à la sacralisation (on pourrait dire l'idolâtrie) et du marché et du statut.

Le marché, outil ou instance sacrée ?

L'économie de marché, la concurrence sont des outils incomparables de prospérité. L'expérience des pays communistes a montré, et continue à montrer à Cuba ou en Corée du Nord, que l'économie dite planifiée est, de fait, un facteur de marasme économique et de pauvreté. La démonstration est faite et il n'est pas question de la discuter. Mais quel statut donner au marché ?

Est-ce, première option, un outil qu'il convient d'utiliser à bon escient, qui, comme tout outil, a ses limites et qui demande qu'on en fasse usage avec discernement ? Peut-on dès lors se demander jusqu'où on peut s'en servir dans des domaines où, pour des raisons diverses, sa capacité à rendre meilleure la vie des hommes ne va pas de soi, tels que, par exemple, la collecte et la distribution du sang destiné aux transfusions ou encore la culture ? Est-il légitime de s'interroger sur les conséquences concrètes d'une concurrence généralisée au sein d'une économie mondiale en s'intéressant au destin réel de ceux à qui cette concurrence fait perdre leur emploi ? Est-il légitime, quand on se pose ce type de questions, de prendre en compte le fait qu'une même manière de gérer l'économie peut avoir des effets sensiblement différents selon la conception de la vie en société qui prévaut en un lieu ; par exemple, de prêter attention au fait que la précarité de l'emploi à laquelle conduit une gestion hautement concurrentielle de l'économie n'affecte pas identiquement la place occupée dans la société aux États-Unis et en France ? En un mot, faut-il en avoir une conception pragmatique ?

Le marché est-il au contraire, seconde option, une instance transcendante, un juge de paix capable, en toute impartialité, de séparer le bon grain de l'ivraie, les brebis des boucs, ceux qui, efficaces, ont le droit de survivre de ceux qui, inefficaces, doivent disparaître ? Est-il, en opérant cette séparation, un instrument du bien, donc quelque chose de sacré ? Est-ce dès lors blasphémer que de mettre en doute la perfection de ses vertus ? Suffit-il de montrer qu'une forme d'organisation, un dispositif « viole les lois du marché », constitue une « entrave à la concurrence », pour établir qu'ils sont condamnables ? Point n'est besoin, dès lors, de scruter les conséquences pratiques, au sein de la réalité du monde, de l'usage qui en est fait.

De nos jours, l'Union européenne a développé à un degré sans précédent (bien au-delà en particulier de ce que l'on trouve aux États-Unis) une conception du second type. Dans le projet de Constitution de 2005, l'économie de marché et la concurrence constituent des sortes de référents ultimes, un sacré fondateur. L'article 3, définissant les objectifs de l'Union, y voit « Un espace de liberté, de sécurité et de justice sans frontières intérieures, et un marché intérieur où la concurrence est libre et non faussée ». La concurrence « non faussée », inaltérée (« pure et parfaite », diraient les économistes dans leur jargon) est placée sur le même plan que la liberté, la sécurité et la justice. Le titre III, où sont repris les anciens traités, indique à plusieurs reprises que l'Union et les États membres doivent respecter « le principe d'une économie de marché ouverte où la concurrence est libre » (III-177 ; III-178). Dans les rapports entre l'Union et le monde extérieur, la libre concurrence n'est pas présentée, certes, comme une exigence immédiate, mais elle l'est sans restrictions comme l'horizon du bien : « Par l'établissement d'une union douanière, conformément à l'article III-151, l'Union contribue, dans l'intérêt commun, au développement harmonieux du commerce mondial, à la suppression progressive des restrictions aux échanges internationaux et aux investissements étrangers directs, ainsi qu'à la réduction des barrières douanières et autres. » Comme l'ont souligné les partisans de la ratification de la Constitution, dont son principal artisan, Valéry Giscard d'Estaing, ces clauses ne font que reprendre pour l'essentiel le texte même du traité de Rome, texte qui « a un caractère presque sacré ! [1] ».

Innombrables sont les situations où les instances européennes, Commission et Cour européenne de justice, font de ces principes l'*ultima ratio* de leurs actions, et condamnent, ou menacent de leurs foudres, les États récalcitrants, sans trop se préoccuper des raisons, tenant au premier chef à l'équilibre de la société, qu'ils peuvent avoir à « transgresser » quelque chose d'aussi saint. Elles se préoccupent d'autant moins des conséquences de leurs décisions qu'il n'est pas de leur responsabilité d'en gérer les conséquences sociales (ce qui fait qu'elles s'en tiennent beaucoup plus fermement à un culte sans concession des principes que ne le font les dirigeants américains). La fameuse « directive Bolkenstein » n'est que l'épisode le plus fameux d'une série ininterrompue. Cette sacralisation du marché et de la concurrence pose d'autant plus question que, dans leurs élaborations théoriques, les économistes libéraux eux-mêmes analysent maintenant sans concession les « imperfections du marché ». On en voit même qui, nobélisés pour des travaux démontrant les mérites d'un marché autorégulé, insistent, à l'instar de Maurice Allais, sur le fait que les conditions de validité des théories qu'ils ont produites ne sont guère remplies dans le monde d'aujourd'hui [2].

Certes, le projet de Constitution européenne avait pour ambition de combiner cette sacralisation du marché et de la concurrence avec une dimension sociale : « L'Union œuvre pour [...] une économie sociale de marché hautement compétitive, qui tend au plein-emploi et au progrès social » (I-3).

1. Valéry Giscard d'Estaing, « Réflexions sur la crise de l'opinion à l'égard de l'Europe », *Le Monde,* 15 juin 2005.

2. Maurice Allais, *La Mondialisation. La destruction des emplois et de la croissance. L'évidence empirique,* Éd. Clément Juglar, 1999.

Mais la perspective ainsi adoptée est fidèle à la manière de concevoir les rapports entre l'économique et le social qui a triomphé en France dans les années 50 et 60 (et en ce sens ce n'est pas sans raison qu'on a pu dire que le projet de Constitution était largement d'inspiration française) : une économie hautement concurrentielle d'un côté, et de l'autre une politique sociale définissant un statut des travailleurs censé les protéger des effets de la concurrence. Mais pourquoi cette combinaison qui, le monde ayant changé, échoue maintenant en France, réussirait-elle en Europe ? Quand les pays « libéraux », et au premier chef la Grande-Bretagne, n'en veulent pas, ce n'est pas sans raison. Et une Commission de tendance libérale tend actuellement à s'en écarter. Ainsi, au grand dam des organisations syndicales, elle vient d'abandonner, car « contraires aux objectifs de compétitivité de l'UE », toute une série de directives en cours de discussion, telles « l'harmonisation de l'interdiction du trafic des poids lourds pendant le week-end ou la protection des travailleurs contre la surexposition aux rayons du soleil »[1].

Refuser le culte de la concurrence

Si l'on veut sortir de l'impasse européenne, la méthode à suivre n'est pas de pousser toujours plus loin une gestion de l'économie régie par le culte de la concurrence et de prétendre corriger ses effets sociaux par des protections statutaires. Si l'on ne veut pas suivre la Grande-Bretagne dans une « libéralisation » radicale du marché du travail, il reste à revenir sur la sacralisation de la concurrence et du marché. Cela exige de reconsidérer les dispositions du traité de Rome porteuses d'une telle sacralisation, d'étendre à la gestion de l'économie l'application d'un principe de subsi-

1. « La Commission abandonne 70 directives ou règlements », *Syndicalisme Hebdo CFDT,* n° 3044, 29 septembre 2005.

diarité qui actuellement ne la concerne pas. L'OMC (Organisation mondiale du commerce) est déjà là pour exiger un niveau élevé d'ouverture à la concurrence. Faut-il vraiment que l'Union européenne en rajoute et verse en la matière dans le purisme ? L'instauration d'un règne très strict du marché devrait être une matière à option pour les pays membres, au même titre que les politiques sociales. Chaque pays devrait être libre, dans une large mesure, de trouver une cohérence propre entre une gestion de l'économie et une politique sociale, l'ensemble étant adapté à la conception de la vie en société qui y prévaut.

Dire cela, c'est sans doute s'attaquer à une vache sacrée. Mais est-il sûr qu'une telle perspective serait vue d'un mauvais œil par nos partenaires européens ? Tous se plaignent, peu ou prou, dans un domaine ou dans un autre, que le principe de subsidiarité, tant proclamé, ne soit pas plus respecté. Ne pourrait-on trouver une entente entre pays européens pour être plus fidèle à ce principe dans tous les domaines ? La France renoncerait alors à son ambition d'étendre au niveau européen sa tendance à tout réglementer du sommet, et en particulier d'imposer à tous des formes de protection sociale dont les pays « libéraux » ne veulent pas. Et, pour la gestion de l'économie, la Grande-Bretagne admettrait qu'elle ne peut pas refuser aux autres un droit de suivre leur propre voie qu'elle défend si remarquablement quand cela lui convient.

Que peut-on espérer d'une telle application du principe de subsidiarité ? Certes pas changer le monde, mais donner quelques marges de manœuvre supplémentaires dans la façon de s'y adapter, qu'il s'agisse, entre autres, du maintien des services publics, de l'intervention de l'État dans les entreprises en difficulté, de la régulation des OPA dans certains secteurs stratégiques ou de la politique culturelle. De plus, si l'Europe cesse d'apparaître comme faisant du marché une sorte de dieu Moloch auquel elle est prête à sacrifier ses enfants, il sera moins difficile de faire se retourner vers elle le cœur de la «France du bas».

Par ailleurs, la sacralisation du marché érigé en juge de paix n'est pas seulement le fait de l'Union européenne. Elle est présente, par exemple, quand les dirigeants répondent à ceux qui s'étonnent du montant de leurs émoluments et de leurs «parachutes dorés» qu'il n'y a là rien que de très légitime, puisque «c'est la loi du marché». Au cours de ces dernières années, certains ont refusé de se placer sur ce terrain et ont considéré comme une question d'honneur de renoncer à ce qu'ils auraient pu exiger comme leur dû. D'autres pourraient sans doute méditer leur exemple. De même, il est encore des entreprises qui, en pleine conscience, refusent, dans la gestion de leur personnel, de suivre une logique de marché lorsque les effets sociaux en seraient trop néfastes; qui s'interdisent par exemple de licencier des agents en fin de carrière, pour qui la probabilité de retrouver du travail est quasi nulle. Là encore, d'autres pourraient s'inspirer de leur exemple.

Chercher à limiter l'imperium du marché dans la gestion de l'économie, considérer celui-ci comme un outil à utiliser avec discernement, lui donner, à la lumière de l'expérience, toute la place qu'il mérite d'occuper mais pas plus que sa place est nécessaire. Cela rendra la rencontre entre la pression de la concurrence et la résistance des statuts moins difficile à gérer. Mais cela ne suffira pas à recréer la situation des années 50. Ainsi, l'industrie taylorienne, avec la faible sélectivité à l'embauche qui allait de pair avec le type d'emplois qu'elle proposait, ne retrouvera pas son lustre. Dans ces conditions il serait peu raisonnable de s'accrocher dogmatiquement à une défense inconditionnelle des statuts. À ce titre, le «modèle social français» ne peut être conservé tel quel.

Noblesse défensive, noblesse offensive

Il est vrai qu'on ne changera pas la place que tiennent dans la culture française le désir de grandeur, la crainte de déchoir et l'attachement à la possession d'un état. Mais, on l'a bien vu dans l'histoire, la société française est tiraillée entre deux grandes manières d'incarner ces tendances : une manière défensive, qui s'est radicalisée à la fin de l'Ancien Régime ; celle-ci, accrochée à la défense du moindre privilège, conduit chaque groupe social à tenter de maintenir autant qu'il est possible les droits conquis par ses pères ; et une manière offensive, marquée par un esprit de conquête dédaigneux de sécurités trop mesquines, désireuse d'affronter le monde sans en craindre les dangers. Ces deux attitudes constituent deux faces d'une manière française d'exister. Au cours de ces dernières décennies, un divorce croissant s'est produit entre ceux qui ont réagi à la mondialisation de l'économie soit de manière plutôt conquérante, soit au contraire en défendant leur pré carré.

Aux yeux des conquérants, les apprentis chercheurs qui rêvent d'une sécurité de fonctionnaire avant même de savoir s'ils sont prêts à affronter le grand vent d'une aventure intellectuelle, ceux qui, tels les marins de la SNCM, profitent de leur pouvoir de nuisance pour défendre leurs privilèges, revendiquent une caricature de noblesse. Il est plus noble de se battre, d'avancer, même quand on prend des coups, de ne pas plier devant l'adversité, que de se mettre à l'abri d'un statut (même si c'est en empruntant le langage de la révolution) ? Mais ceux qui agissent ainsi ont-ils toujours les moyens d'adopter une attitude plus créative ? Il serait illusoire de croire que la France entière va se convertir à une vision conquérante de la grandeur. Il est bien apparu, après la Révolution, et il apparaît de nouveau à présent, qu'une telle vision est lourde à porter pour ceux qui sont mal armés pour se battre. Et on peut comprendre qu'ils tendent à fermer leur porte à double tour contre les vents du dehors. Il est un peu trop facile, pour ceux qui n'ont pas besoin de telles protections, de les traiter de haut. Entre un mépris condescendant et une acceptation béate d'enfermements statutaires, la voie est sans doute étroite. Mais il est essentiel de la trouver. La critique, qui demande à être menée au sein du corps social, de pseudo-formes de grandeur doit aller de pair avec une réflexion sur les voies susceptibles d'ouvrir plus largement l'accès à des formes plus authentiques.

Le débat, qui a marqué la fin de l'Ancien Régime, sur ce qu'implique le refus de « déroger », mérite d'être repris. N'était-ce pas, alors, déroger que de faire du commerce ? D'avoir une activité industrielle ? La question de la « dérogeance » se pose aujourd'hui de façon renouvelée. Ainsi, est-ce déroger que d'occuper un emploi qui met de façon très directe au service d'autrui, tel que cirer ses souliers, remplir son sac à provisions quand il a fait ses courses ou le servir en essence, toutes activités fort répandues aux États-Unis et qui y fournissent des emplois à du personnel peu qualifié, mais que la société française regarde avec suspicion ? Est-ce déroger, pour un travailleur « senior », exerçant une activité où l'usure liée à l'âge constitue un handicap, de se trouver dans un emploi moins rémunérateur ? Dans ces domaines, la vision personnelle que chacun de ceux qui sont concernés compte moins que le regard social. Celui-ci est susceptible d'évoluer avec le temps et nous devons nous interroger sur nos « évidences ».

Par ailleurs, comment mieux armer ceux qui ont du mal à s'imposer dans une compétition ouverte ? Comment les accompagner dans le chemin difficile qu'il leur faut parcourir ? Un certain déni par rapport aux questions dites d'« employabilité », ou du moins une insistance quasi exclusive sur les aspects de formation et de « qualification », a conduit à ne porter qu'une attention sporadique au sujet.

D'autres pays y sont attentifs. Ainsi, une étude qui porte sur l'accompagnement des chômeurs constate son efficacité dans les pays où il constitue un axe important des politiques de l'emploi[1]: «Les pays où les politiques d'accompagnement personnalisé ont été menées avec force, comme la Grande-Bretagne ou le Danemark, sont aussi ceux qui obtiennent des taux de chômage très faibles.» Les tentatives, encore modestes, faites en France ont eu des résultats prometteurs. Toutes choses égales par ailleurs, les chômeurs qui ont bénéficié de telles politiques retrouvent un emploi plus rapidement et l'emploi retrouvé est plus stable.

On peut citer, dans cette perspective, l'expérience certes modeste mais riche d'enseignement d'une grande entreprise qui, à la suite d'une opération de restructuration, a créé une filiale de services chargée d'employer ses salariés «difficilement reclassables». L'opération, moins coûteuse pour elle qu'un plan social, a évité aux intéressés de rejoindre la cohorte des chômeurs de longue durée[2]. Au-delà du cas singulier, cette expérience montre qu'il est possible de raccorder les exigences du marché et les questions de statut beaucoup mieux que cela n'est fait habituellement. Certes, des efforts importants ont dû être consentis des deux côtés. Les personnes concernées ont perdu leur métier, et leur pleine appartenance à une entreprise prestigieuse. «En arrivant ici, après toutes ces années de travail, il y avait beaucoup de rancœurs», note une ancienne dactylo, chargée maintenant d'indexer des documents d'état civil pour le compte de collectivités locales. Les premières missions ont été difficiles à vivre: «J'ai été envoyée comme secrétaire chez Unimétal... d'où on venait de me jeter. On m'a traitée

1. Bruno Crépon, Muriel Dejemeppe, Marc Gurgand, «Un bilan de l'accompagnement des chômeurs», *Connaissance de l'emploi,* n° 20, septembre 2005.

2. «Arcelor essuie les plâtres», *Libération,* 10 octobre 2005.

comme une stagiaire. » « Il aurait mieux valu créer de vrais emplois dans l'acier », affirme le délégué central CGT, et il est vrai par exemple que devenir jardinier quand on a été sidérurgiste est quelque peu déchoir. Mais l'épreuve a été surmontée. « La fierté s'est transformée en capacité à relever un défi personnel », commente un ancien syndicaliste CFDT, responsable de la nouvelle entreprise. Un certain lien identitaire a été maintenu avec l'ancien employeur, même s'il n'a pas été évident de le faire reconnaître : « Au début, ça faisait bizarre aux gens de nous voir débarquer avec les blousons Arcelor pour tondre les pelouses. » En fin de compte, selon une des intéressées, « ici on reconnaît les compétences professionnelles des gens qui travaillent », même si ce ne sont pas toujours les mêmes que celles qui étaient utilisées dans leur travail antérieur ; ce sont parfois les compétences, notamment de bricolage, mises en œuvre par chacun dans sa vie personnelle, qui ont été valorisées. De son côté, l'entreprise a dû innover dans sa manière de répondre aux exigences de rentabilité portées par le marché. Elle a accepté de prendre une responsabilité que rien ne lui imposait d'assumer. Comme l'économie d'un plan social a couvert les dépenses qu'elle a dû engager, elle n'a pas affaibli sa capacité concurrentielle. Mais la manière dont elle s'y est prise a exigé pour le moins que, dans ses rapports à son personnel, elle échappe à une conception pure et dure d'une logique marchande.

Peut-être est-il impossible de sortir totalement de la crise actuelle du « modèle social français », mais il y a en tout cas moyen de la réduire. Cela exige de multiplier, tant dans l'action des pouvoirs publics que dans celle des entreprises, les possibilités de vivre de façon honorable les adaptations inévitables aux contraintes de la concurrence et du marché. Et cela exige aussi de ne pas déclarer inévitables celles de ces contraintes qu'aucune fatalité n'impose.

TROISIÈME PARTIE

Questions de société

La France n'est pas seulement singulière par son « modèle social », mais par la forme qu'y prennent toutes les dimensions de la vie collective. Comme toutes les sociétés vouées aux idéaux de liberté et d'égalité, elle doit trouver des manières de les incarner qui restent compatibles avec deux traits fondamentaux de l'existence humaine : côté liberté, l'impossibilité de se passer de formes d'autorité ; côté égalité, l'hétérogénéité foncière des humains.

Dans le quotidien de la vie de travail, l'idéal d'une abolition du salariat, qui permettrait aux travailleurs d'être enfin leurs propres maîtres, ne subsiste plus guère qu'à l'état d'utopie. En pratique, dans la manière d'être fidèle aux grands idéaux, on se contente sans trop de peine d'approximations : pour la liberté, une manière noble de servir ; pour l'égalité, un égal respect des privilèges propres à chacun. Les moments où, comme dans les carnavals d'autrefois, toute autorité est dissoute, toute hiérarchie abolie, restent exceptionnels : on ne les rencontre guère que dans l'exaltation de la grève, temps de résistance au pouvoir du patron où l'on peut espérer un moment que c'est lui qui, à son tour, va devoir plier. Aujourd'hui, où des formes beaucoup plus dures de soumission et d'inégalités, réduisant les « ressources humaines » à la condition de marchandise, menacent de s'imposer, on songe plutôt à préserver cet acquis qu'à revendiquer une liberté et une égalité plus entières. Par contre, il est d'autres domaines où, si distante soit-elle des réalités, l'image d'une société où toute différence de rangs aurait disparu a acquis plus de crédit dans les esprits et plus d'influence sur les pratiques.

C'est sans doute quand il s'agit des destins scolaires que cette image d'égalité radicale a le plus de poids. Certes, dans son fonctionnement actuel, l'école est en France un rouage essentiel d'une société de rangs. Les titres scolaires jouent un rôle central pour désigner ceux qui vont occuper des positions estimées plus ou moins honorables. Mais cet état de fait a perdu sa légitimité. Longtemps le fait que l'école permette à tous, ou presque, d'accéder, avec un ensemble de savoirs fondamentaux, à une certaine forme de noblesse, joint à sa capacité à intégrer au monde des élites le fils de paysan pauvre devenu normalien, a paru une contribution suffisante à l'idéal d'égalité. Il n'en est plus rien. L'avènement d'un enseignement identique pour tous est devenu un impératif politique aussi impérieux qu'impossible à imposer au corps social.

On retrouve les mêmes hésitations entre logique d'une société de rangs et poursuite d'un projet radical d'égalité dans l'intégration des immigrés. Les caractéristiques d'un individu qui affectent son statut social, et donc la manière dont il est traité dans la vie quotidienne, y compris la vie de travail, n'ont souvent pas grand-chose à voir avec celles qui déterminent ses droits de citoyen. Il en est ainsi, en particulier, pour le degré d'allégeance à des codes sociaux dont aucune loi ne prescrit le respect, ou pour l'estime qui s'attache aux cultures où chacun trouve ses racines. Pour une bonne part des immigrés venus du Sud, les écarts permanents entre statut légal et statut social sont une source perpétuelle de tensions.

CHAPITRE VI

Noblesse scolaire et égalité républicaine

Le système éducatif français étonne ceux qui n'en sont pas familiers[1]. Ainsi ils restent perplexes face au rôle unique qu'y jouent les « grandes écoles », avec le poids que donnent les plus notoires d'entre elles à des enseignements de haut niveau théorique – alors même qu'elles ont pour rôle de former des hommes d'action. Bien d'autres traits surprennent de même, tels la gratuité des études supérieures ou le peu d'estime accordée à l'enseignement dit professionnel. Diverses tentatives faites pour les modifier se sont heurtées jusqu'à présent à des résistances insurmontables. Les questions que se posent ceux qui, en France, se consacrent à l'analyse de ce système ont elles aussi quelque chose de singulier. Les études en termes de rentabilité de l'éducation et de « capital humain » sont loin d'occuper la place centrale qui est la leur sous bien des cieux. Par contre, une grande attention est portée aux rapports entre les « niveaux » de sortie de l'appareil éducatif et les « niveaux » d'entrée

1. Ce chapitre doit beaucoup à des réflexions menées, en commun avec Alain d'Iribarne, pour la préparation d'une communication à la conférence internationale *« Human capital investments and economic performance »*, Santa Barbara, Californie, 17-19 novembre 1993 ; une version remaniée de cette communication est parue dans Alain et Philippe d'Iribarne, « Le système éducatif français comme expression d'une culture politique », *Revue européenne « formation professionnelle »*, n° 17, mai-août 1999.

dans l'appareil productif, et aux phénomènes de « déqualification » liés au fait que certains ne trouvent pas directement un emploi du niveau auquel ils devraient « normalement » se situer, compte tenu de leur formation[1]. Comment expliquer ces particularismes ?

Le fonctionnement d'un appareil éducatif dépend étroitement de la manière dont la société où il s'insère conçoit la distribution des places qui échoient à ses membres. Les diverses filières d'enseignement ne diffèrent pas seulement en fournissant des compétences qui permettent de déboucher sur des professions plus ou moins lucratives. Elles donnent accès à des positions sociales diversifiées. En France, la possession d'un « titre scolaire » qui, à l'instar des titres de noblesse dans l'ancienne France, confère plus ou moins de grandeur est un enjeu considérable[2]. Les difficultés à rénover l'appareil français de formation, et en particulier à mettre en œuvre des réformes qui paraissent évidemment désirables d'un point de vue d'efficacité productive, ne peuvent se comprendre en faisant abstraction de cet aspect des choses.

I. Rang social et noblesse scolaire

La vision modernisée de la noblesse que la France post-révolutionnaire a cherché à faire triompher est liée à la raison, aux « capacités », aux « talents » et aux « vertus »[3]. Et il

1. On peut se reporter aux travaux sur l'insertion des jeunes présentés dans les publications du CEREQ, dont la revue *Formation Emploi*.

2. Cette référence aux titres scolaires, sorte d'équivalents modernes des titres de noblesse, a été particulièrement développée par Pierre Bourdieu ; cf. *La Distinction, op. cit.*

3. Rappelons la Déclaration des droits de l'homme et du citoyen (art. VI) : « Tous les citoyens étant égaux à ses yeux [de la loi], sont également admissibles à toutes les dignités, places et emplois publics, selon leur

a longtemps paru comme allant de soi que l'école de la République devait comporter un ensemble différencié de filières correspondant à la variété des talents et des places qui devaient échoir à chacun. Ainsi, en 1944, le « Programme du Conseil national de la Résistance » comportait, parmi les réformes jugées indispensables : « La possibilité effective, pour les enfants français, de bénéficier de l'instruction et d'accéder à la culture la plus développée, quelle que soit la situation de fortune de leurs parents, afin que les fonctions les plus hautes soient réellement accessibles à tous ceux qui auront les capacités requises pour les exercer et que soit ainsi promue une élite véritable, non de naissance, mais de mérite, et constamment renouvelée par les apports populaires[1]. » Pour sa part, le plan Langevin-Wallon, longtemps considéré comme la Bible de la pensée éclairée en matière d'éducation, affirmait que « l'introduction de la "justice à l'école" par la démocratisation de l'enseignement mettra chacun à la place que lui assignent ses aptitudes, pour le plus grand bien de tous[2] ». Il paraissait clair que certains n'ont que des aptitudes limitées. En 1963, les instructions officielles parlaient d'élèves « qui sont, par nature et par goût, orientés vers le pratique, le tangible, le réel[3] ».

Dans une telle vision, les aptitudes intellectuelles, les filières éducatives de haut niveau intellectuel, tout comme les métiers à fort contenu intellectuel, s'opposent à leurs homologues à caractère plutôt manuel comme ce qui est noble à ce qui est commun. Selon les termes de Pierre Bourdieu. « Le

capacité et sans autre distinction que celle de leurs vertus et de leurs talents » ; la question de l'accès aux « dignités », symbole de noblesse, reste centrale.

1. *Programme d'action de la Résistance,* document reproduit dans Jean-Daniel Reynaud, *Les Syndicats en France, op. cit.,* p. 304.

2. Cité dans Christian Baudelot, Roger Establet, *L'École capitaliste en France,* Maspero, 1973, p. 304.

3. *Ibid.,* p. 141.

système d'enseignement, [...] avec ses clivages selon des "niveaux" correspondant à des strates sociales et ses divisions en spécialités et en disciplines qui reflètent à l'infini des divisions sociales, comme l'opposition entre théorie et pratique, conception et exécution, transforme, en toute neutralité apparente, des classements sociaux en classements scolaires et établit des hiérarchies qui ne sont pas vécues comme purement techniques, donc partielles et unilatérales, mais comme des hiérarchies totales, fondées en nature, portant ainsi à identifier la valeur sociale et la valeur "personnelle", les dignités scolaires et la dignité humaine[1] ».

Pour ceux qui restent fidèles à cette perspective, il doit continuer à exister des filières très différenciées. Certains sont faits pour recevoir un enseignement abstrait au sein de filières vouées au savoir théorique et désintéressé (autrefois les humanités, maintenant les mathématiques les plus « pures »), pendant que d'autres sont faits pour recevoir un enseignement avant tout « pratique ».

Mettre en cause l'élitisme républicain ?

Mais, depuis quelques décennies, cette vision des choses est vigoureusement battue en brèche, et l'élitisme républicain rejeté, au nom d'une vision renouvelée de l'égalité. Toute référence à une supériorité, fût-ce la supériorité des talents, déclarée capable de fonder une forme d'aristocratie, est volontiers taxée de mensongère. Les prétendues « élites » sont ramenées à une place de « dominants » qui se parent à tort d'une supériorité imaginaire. Pour les plus radicaux, tels les auteurs d'une dénonciation qui a fait date de « l'école capitaliste[2] », toute différence de capacités entre élèves n'est qu'un effet de l'organisation de l'école. « L'école, affirment-

1. Pierre Bourdieu, *La Distinction, op. cit.*, p. 451.
2. Christian Baudelot, Roger Establet, *op. cit.*

ils, produit non seulement ses bons élèves, mais aussi et surtout ses crétins» (p. 212). Toute référence à des facteurs, externes à l'école, susceptibles d'engendrer des différences de capacité, facteurs organiques (p. 226), ou même rôle de la famille (p. 234), est récusée. Ainsi, quand le «discours des classes populaires est [...] considéré comme une "langue" déficitaire à corriger» (p. 233) ce n'est pas parce qu'il est marqué par une réelle infériorité, mais c'est qu'en corrigeant la langue des dominés on se propose d'étouffer leur parole spontanée qui serait une parole de révolte (p. 274). L'existence, au sein de l'école, de filières inégalement «nobles» (p. 104), que l'on tente de justifier par l'hétérogénéité des capacités, n'est que la trace la plus visible de la tâche d'asservissement des «classes exploitées» que les dominants lui confient. Ainsi, «le réseau primaire-professionnel tend à former des prolétaires passivement soumis à l'idéologie dominante» (p. 160), et les méthodes pédagogiques qu'il utilise visent à produire de la «docilité sociale» (p. 239). Cet asservissement se double d'humiliation. L'«appareil scolaire» auquel est voué le prolétariat est constitué pour l'essentiel de «sections dévalorisées», de «dépotoirs», bons pour les «déchets» (p. 23), par opposition avec la «voie royale» dont il est tenu écarté (p. 30).

Certes, quand le discours marxiste a perdu de son aura, certains aspects de ces propos peuvent paraître outranciers. Mais il est maintenant difficile d'affirmer sans détours que les différences de résultats scolaires traduisent des différences naturelles de capacité. Dès lors, l'exigence d'égalité des citoyens implique que tous aient accès à des enseignements de même dignité, et la différenciation de l'appareil éducatif en filières plus ou moins nobles perd toute légitimité. Plusieurs voies concurrentes sont proposées pour y mettre fin.

La voie la plus radicale est d'avoir un enseignement unique, de supprimer les filières, ou tout au moins de les différencier le moins possible et de multiplier les passerelles entre elles. Il existe deux manières, dont les partisans s'affrontent, d'obtenir cette unité. Pour les uns, tous doivent avoir accès à un enseignement de haut niveau. Il faut un acte de foi dans la capacité de tous à en tirer profit et une politique de soutien scolaire en faveur de ceux qui sont en difficulté, de manière à leur permettre d'être à la hauteur des exigences d'un tel enseignement. La politique des ZEP est, au moins dans ses principes, largement inspirée par une telle vision. D'autres, au contraire, dénoncent le contenu de l'enseignement élitiste : n'est-il pas temps d'admettre que ce qui élève réellement n'a rien à voir avec les subtilités d'une analyse des sentiments de Phèdre, ou avec la virtuosité à traiter un problème de géométrie analytique ? qu'il s'agit plutôt des savoirs communs par la vertu desquels l'humanité se rassemble, savoirs auxquels tous peuvent avoir accès, les prétendus « doués » comme ceux qui sont accusés de ne pas l'être[1] ? Les tenants d'un enseignement élitiste pour tous contre-attaquent bien sûr en accusant les adeptes d'un savoir de base de vouloir procéder à un « nivellement par le bas », nivellement d'autant plus antisocial que les dominants arriveront toujours à trouver les moyens d'y faire échapper leur progéniture. Ainsi Jacques Julliard se demande « comment une nation qui se persuada longtemps que rien n'était assez beau, assez noble, assez ambitieux pour le plus modeste de ses écoliers, a-t-elle fini par capituler devant ce mélange de platitude existentielle et de formalisme pédant que l'on nomme aujourd'hui enseignement du français[2] ? ».

Pendant ce temps, quelques-uns souhaitent maintenir la

1. Ainsi, pour un professeur de sciences de l'éducation, « un collège unique est parfaitement envisageable, à condition que la nature des contenus de savoirs qui y seraient traités et celle des méthodes pédagogiques utilisées ne soient pas alignées sur le souhait des classes moyennes supérieures », Samuel Johsua, *Le Monde,* 3 décembre 2002.

2. Jacques Julliard, *Le Malheur français,* Flammarion, 2005, p. 99.

différenciation des filières, mais en proclamant leur égalité de dignité. Ainsi, pour Claude Allègre, s'exprimant en tant que ministre de l'Éducation nationale : « L'égalité ce n'est pas [...] l'accès pour le plus grand nombre à une filière noble, unique, définie par un parcours tout tracé. [...] L'égalité, c'est reconnaître que la réussite en dessin est tout aussi valorisante qu'en mathématiques, que l'esprit d'observation est aussi noble que le goût des relations abstraites. [...] Quant aux sciences, dont l'apprentissage est à repenser entièrement, il faudra les libérer de la tutelle exclusive des mathématiques, redonner toute sa noblesse à l'observation [1]... »

Dans la pratique, l'ajustement entre la référence hiérarchique et la référence égalitaire tend à se faire en combinant des égalités formelles (entre les divers lycées, les diplômes des diverses universités, etc.) et des inégalités réelles, avec des hiérarchies officieuses que nul n'ignore. Une telle différenciation se retrouve à l'intérieur d'un même établissement. Ainsi, selon un rapport de l'inspection générale de l'Éducation nationale, on peut avoir, dans un même collège, une différenciation telle que « la classe de 3e1 a obtenu 100 % de réussite au brevet des collèges ; la classe de 3e2, 93,4 %, la 3e5, 4,7 % et la 3e6 n'a eu... aucun reçu [2] ». C'est que, pour essayer de garder quelques élèves dont ils puissent s'honorer, les établissements les moins réputés s'efforcent de maintenir pour chaque étape du cursus scolaire au moins une classe d'un niveau décent.

La force du regard social

Un tel écart entre l'officiel et l'officieux suscite des réactions d'indignation, et les promesses, plus ou moins rituelles,

1. Claude Allègre, « Ce que je veux », *Le Monde,* 6 février 1998.
2. Rapport du « groupe vie scolaire » de l'inspection générale de l'Éducation nationale, cité dans *Le Monde,* 12 février 1998.

de le faire disparaître ne manquent pas. Mais il paraît douteux que celles-ci puissent être tenues. En effet, cet écart est suscité par la rencontre de deux phénomènes dont on ne voit pas, en tout cas à l'échelle d'une vie humaine, comment l'un ou l'autre pourrait disparaître : d'un côté, la perte de légitimité de toute différence instituée entre ce qui est considéré comme élevé et ce qui est considéré comme bas ; de l'autre, la persistance d'un regard social qui accorde une place essentielle à cette opposition.

L'élitisme républicain trouvait sa pleine légitimité dans la croyance en l'inégalité naturelle des aptitudes. Il voit cette légitimité hautement menacée avec la mise à mal d'une telle croyance. Toute affirmation ouverte d'une différence fondamentale de rang entre filières, ou entre institutions, est assimilée à une défense de leurs privilèges par des nostalgiques d'un ordre dépassé. Dans ces conditions, il paraît difficile de résister à une usure progressive des distinctions instituées entre ce qui se présente comme plus ou moins grand. Dans une sorte de nouvelle nuit du 4 août, on a envisagé par exemple la fusion de la vénérable École normale de la rue d'Ulm avec son homologue de l'enseignement technique. Et, quand certains anciens se sont indignés, avec des propos tels que « chacun a sa dignité et sa fonction, dans son ordre propre ; les mélanger serait les dénaturer[1] », ils se sont fait vertement tancer : « Acharnement d'une aristocratie républicaine épouvantée par la disparition de ses privilèges », « mépris consternant », « passéisme inquiétant »[2]. À distinguer des « ordres » et à refuser qu'ils se mêlent apparaît à coup sûr comme intégrant le camp frileux des « nouveaux réactionnaires ».

1. Jacques Julliard, « Sauvons Normale sup ! », *Le Nouvel Observateur*, 20-26 octobre 2005, p. 54.

2. Réactions de lecteurs aux propos de Jacques Julliard, *Le Nouvel Observateur*, 10-16 novembre 2005, p. 50.

D'où vient cette volonté égalisatrice, que l'on ne retrouve pas dans bien des pays, pourtant réputés démocratiques, où il paraît de soi qu'il existe des établissements, des filières, de niveaux très contrastés ? C'est que, en France, toute différence de niveau prend immédiatement sens d'une différence de « rang », dans le sens le plus traditionnel du terme, c'est-à-dire de différence de possibilité d'être « quelqu'un ». Elle implique, en fin de compte, un accès inégal à une pleine dignité d'homme et de citoyen. La portée d'une telle différence est bien plus grande que celle des différences que l'on trouve dans un univers marchand. Dans un tel univers, il est certes de bons et de mauvais produits, des positions sociales plus ou moins gratifiantes, et il vaut la peine de se donner du mal pour avoir mieux. Mais la qualité des personnes, et *a fortiori* la pleine reconnaissance de leur humanité, n'étant pas en cause, l'enjeu reste limité. De ce fait, dans les sociétés, telles la société américaine ou les sociétés d'Europe du Nord, où la dignité d'homme et de citoyen n'est pas une question de rang social, la revendication d'égalité est beaucoup moins radicale qu'elle ne l'est en France. Le refus d'admettre l'existence de différences de capacité est étranger aux sociétés où ces différences n'ont qu'une portée limitée. C'est parce que la France reste, dans sa réalité sociologique, une société de rangs qu'elle nourrit la passion égalitaire que l'on y rencontre.

Mais, pour subsister, une société de rangs a-t-elle vraiment besoin d'une sanction officielle ? Dans le monde du travail, le rang attaché à un métier n'est inscrit dans aucun grand livre. Aucun titre, tels que l'étaient dans l'ancienne France ceux de duc, de marquis ou de comte, accordé par un quelconque pouvoir, ne lui est attaché. Aucun statut garanti par l'État n'assure, par exemple, au journaliste du *Monde* ou de *Libération* d'avoir un métier dont peu douteront qu'il est plus noble que celui de son homologue de tel ou tel journal d'entreprise – ne parlons pas de la différence entre le médecin et l'éboueur. Peut-on imaginer qu'il puisse en être différemment en matière de hiérarchie scolaire ? La destruction des différences instituées entre filières d'enseignement plus ou moins nobles ne risque pas d'avoir plus d'effets que la suppression des titres de noblesse. L'opinion continuera, en matière scolaire comme ailleurs, à faire la différence entre ce qu'elle considère comme plus ou moins empreint de grandeur. Et dès lors comment éviter que chacun, soucieux de s'élever et en tout cas acceptant mal de déchoir, travaille à accéder, et à faire accéder sa progéniture, à un état relevé, et comment douter que tous ne sont pas également dotés pour y parvenir ? Un gouvernement a le pouvoir de prendre des mesures symboliques, par exemple fermer le lycée Louis-le-Grand ou le rebaptiser d'un nom moins pompeux. Une série de gouvernements successifs peuvent confirmer de telles mesures. Ils ne changeront pas le regard social sur l'école et les stratégies que ce regard alimente.

II. Autres sociétés, autres systèmes éducatifs

Chaque société conçoit à sa manière l'insertion de ses membres en son sein, distinguant des places plus ou moins valorisées et les attribuant à chacun. Son système éducatif en est marqué.

Allemagne : juxtaposition des groupes sociaux

Norbert Elias, analysant les différences entre les sociétés française et allemande, note qu'elles sont structurées selon des principes fort distincts[1]. Déjà, au XVIIIe siècle, on voyait coexister en Allemagne plusieurs communautés (société de

1. Norbert Elias (1939), *La Civilisation des mœurs,* Calmann-Lévy, 1973.

cour, bourgeoisie intellectuelle, bourgeoisie marchande) dont chacune cultivait sa spécificité comme ses propres références. Au contraire, en France, chaque groupe social avait pour ambition de s'assimiler aux groupes de rang supérieur, et cherchait à adopter leurs valeurs et leurs mœurs. Par la suite, dans la société allemande, les valeurs aristocratiques, qui étaient restées la marque distinctive d'une société de cour largement francophone, ont été rejetées par la bourgeoisie et ont disparu avec les couches sociales qui les portaient. Au contraire, dans la société française, ces valeurs se sont largement répandues dans la bourgeoisie, puis dans l'ensemble de la société. On trouve toujours, dans l'Allemagne contemporaine, un ensemble de groupes sociaux à forte identité. Chacun, attaché à ses propres références, est peu impressionné par celles de groupes qu'une optique française ferait regarder comme nettement supérieurs. Ces groupes sociaux sont plus juxtaposés que placés à diverses hauteurs sur une échelle que chacun chercherait à gravir. Cette forme de structuration de la société marque à la fois l'univers professionnel et l'appareil éducatif allemands. Cela apparaît bien, par exemple, dans l'étude classique que leur ont consacrée Marc Maurice, François Sellier et Jean-Jacques Silvestre[1].

1. Marc Maurice, François Sellier, Jean-Jacques Silvestre, *Politique d'éducation et Organisation industrielle en France et en Allemagne,* Paris, PUF, 1982. On trouve une interprétation des observations contenues dans cet ouvrage, en fonction des différences entre les cultures politiques française et allemande dans : Philippe d'Iribarne, « Culture et "effet sociétal" », *Revue française de sociologie,* octobre-décembre 1991. Depuis cet ouvrage de référence, de nombreux autres travaux de recherche comparatifs entre la France et l'Allemagne, ont été réalisés en France. On peut citer J.-P. Gehin et Ph. Mehaut, *Apprentissage ou Formation continue ? Stratégies éducatives en Allemagne et en France,* Paris, L'Harmattan, 1993 ; M. Möbus et E. Verdier (éds.) ; *Les Diplômes professionnels en Allemagne et en France. Conception et enjeux d'acteurs,* Paris, L'Harmattan, 1997.

Le rapport entre l'enseignement général (partant du *Gymnasium* et qui fournit des « ingénieurs diplômés » formés dans les universités) et l'enseignement professionnel (allant de l'apprentissage à la formation d'« ingénieurs gradués ») est particulièrement significatif. L'un valorise « les humanités », l'autre valorise « la technique » (p. 290). Les deux filières sont *« totalement séparées »* (p. 56). Contrairement à ce que l'on pourrait penser en étant guidé par un regard français, elles sont plus juxtaposées que vraiment hiérarchisées (p. 58). Cela est permis par le fait que l'apprentissage ouvrier ne constitue pas un cul-de-sac. Tout un dispositif de formation offre une possibilité, qui n'est pas réservée à quelques *happy few,* de s'engager à partir de là dans un parcours, à la fois éducatif et professionnel, susceptible de mener aux plus hauts postes (p. 67). Et cette mobilité est également facilitée par la faible concurrence, dans de nombreux secteurs, des diplômés des filières « générales », lesquels tendent à se concentrer dans les hauts niveaux de la fonction publique et du tertiaire privé (p. 92). Dans ces conditions, il ne paraît pas choquant que la filière d'enseignement général soit « de fait pratiquement fermée aux enfants dont les parents exercent un métier manuel » (p. 57). On retrouve la coupure notée par Elias entre des groupes sociaux juxtaposés ; d'un côté, les héritiers d'une sorte de bourgeoisie artisanale et commerçante, peu attachée aux valeurs intellectuelles véhiculées par l'enseignement général ; de l'autre, une couche de professeurs et de hauts fonctionnaires attachés à ces valeurs, dont les enfants sont fortement surreprésentés dans l'enseignement général.

On observe de même une forte coupure entre ouvriers qualifiés et non qualifiés. Il y a « séparation entre deux populations » définies par le fait qu'elles ont ou n'ont pas reçu une formation professionnelle sanctionnée par un diplôme (p. 36). Contrairement à ce qu'on observe en France, l'âge et l'ancienneté ne suffisent pas pour permettre de passer d'un groupe à l'autre (p. 36). Le fait que, simultanément, les écarts de salaires entre ouvriers qualifiés et non qualifiés soient relativement faibles par rapport à ce qu'ils sont en France (p. 51) suggère qu'on est à nouveau dans une logique de groupes qui sont à la fois plus fermés et moins hiérarchisés qu'en France. Les uns, et non les autres, ont accédé à un statut bourgeois, et la logique communautaire allemande conduit à bien dessiner la frontière qui les sépare.

Certes, ce système n'est plus au temps de son âge d'or, du fait en particulier d'un certain déclin du statut des ouvriers qualifiés *(Facharbeiter)* et d'une certaine réticence des entreprises à financer des formations dont elles ne profitent pas directement. Il lui faut s'adapter. Mais il subsiste dans ses grandes lignes[1].

États-Unis : valorisation du capital humain

De même, les spécificités de l'appareil éducatif américain sont en harmonie avec le fait que la société américaine rassemble des individus unis par des relations contractuelles, conçues sur le modèle des rapports entre un client et son fournisseur.

Aux États-Unis, l'éducation joue sensiblement le rôle que lui accordent les théories du capital humain : améliorer la position que l'on occupe comme offreur sur un marché[2].

1. A. Lattard, « Permanence et mutation du système dual. Où va le modèle allemand ? », *Revue française de pédagogie*, n° 131, avril-mai-juin 2000.

2. Les théories du capital humain considèrent l'éducation comme un investissement augmentant la valeur marchande de celui qui en bénéficie, valeur estimée à partir des revenus qu'il est susceptible de tirer de son travail. La relation entre le modèle américain et ces théories transparaît clairement à travers des analyses comme celles de Ch. F. Buechtemann, « L'enseignement professionnel et la formation technique en tant qu'investissement et mobilisation des ressources humaines et financières », dans la revue *Formation Emploi,* n° 64, octobre-décembre 1998, p. 59 à 76.

Elle vaut la peine d'être entreprise si elle est rentable. Contrairement à la vision française, elle ne définit pas pour la vie ce que l'on « est », quel est le « rang » que l'on détient. Et, contrairement à la vision allemande, elle n'insère pas dans une communauté de métier, sauf dans le cas particulier où elle fait accéder à une « profession » – médecin, avocat –, au sens très spécifique qu'a ce terme dans une vision anglo-saxonne. Vue comme un investissement, il n'est nullement choquant qu'elle soit payante, du moment que la qualité du service fourni justifie le prix demandé.

Le contraste avec la France apparaît bien quand on compare les valeurs des cadres aux États-Unis et en France. « L'anti-intellectualisme se double fréquemment d'une vision extrêmement pragmatique du rôle de l'éducation. L'éducation est fortement valorisée par la plupart des interviewés américains, mais souvent pour des raisons purement financières. Nombre d'entre eux voient dans l'éducation un moyen d'accès à une profession qui pourra assurer un train de vie confortable. [...] Le système universitaire américain est nettement moins insensible aux impératifs financiers et aux principes marchands de l'offre et de la demande que ne l'est le système français. Aux États-Unis, les frais de scolarité sont beaucoup plus élevés et les universités sont en concurrence pour attirer les meilleurs étudiants. [...] De même, il existe un grand nombre d'institutions privées aux États-Unis alors qu'en France la majorité des universités et des grandes écoles sont publiques[1]. »

Certes, les pouvoirs publics ont, comme en France, le rôle d'assurer l'égalité des citoyens vis-à-vis de l'enseignement, mais il ne s'agit pas de la même égalité. Le fait que les filières éducatives se distinguent par leur capacité à augmenter la valeur marchande de ceux qui les empruntent relève du fonctionnement normal d'un marché. Les pouvoirs publics

1. Michèle Lamont, *La Morale et l'Argent, op. cit.*, p. 150.

n'ont pas à y faire obstacle. Par contre, il leur revient d'assurer l'égal accès de tous aux biens que le marché propose. La lutte contre les discriminations susceptibles d'affecter le recrutement des élèves et des enseignants relève d'une telle perspective : comment fonctionne la concurrence entre ceux qui désirent suivre un même enseignement ou qui convoitent un même poste ? Certains sont-ils indûment désavantagés par rapport à d'autres, du fait des effets négatifs de la manière dont eux-mêmes ou leurs ancêtres ont été traités dans le passé ? Il convient dès lors de rétablir une concurrence loyale par une politique d'*affirmative action*. Ou est-ce au contraire l'action des pouvoirs publics qui est de nature à fausser la concurrence ? On retrouve le même type de débats que ceux que nous avons rencontrés à propos des rapports entre employeurs et salariés : les pouvoirs publics doivent-ils intervenir pour « aplanir le terrain de jeu » sur lequel les concurrents s'affrontent, ou au contraire est-ce leur intervention qui les empêche de concourir à armes égales ?

III. Des singularités compréhensibles

Les singularités du système éducatif français, leur résistance au cours du temps, sont intimement liées à ces différences de conceptions de la société. On peut le montrer pour trois points majeurs : la dualité entre universités et grandes écoles, la place donnée aux enseignements théoriques dans les formations à fins pratiques, le rôle de l'État et l'attachement à la gratuité des études.

Universités et grandes écoles

La formation des « élites » est marquée par une opposition entre deux systèmes dont chacun a sa logique propre : les facultés de sciences et de lettres d'un côté, les grandes écoles de l'autre (et quand, de nos jours, les premières s'efforcent de reconstituer en leur sein l'équivalent des secondes, elles y construisent une sorte de corps étranger, conçu en dérogeant à leurs propres règles)[1].

Héritières du monde des clercs, les facultés des sciences et des lettres sont traditionnellement vouées au culte du savoir désintéressé. Leur rôle n'est pas de sélectionner une élite, mais d'ouvrir les esprits de tous, de fournir une initiation qui permette d'accéder à un monde plus haut. Inculquant un ethos de clerc, avec la vision correspondante de ce qui est grand, ces facultés préparent mal à l'exercice du pouvoir dans un monde séculier. Analysant la faible présence des diplômés de l'université sur le marché du travail des cadres, Luc Boltanski note que: «Leur refus de la "hiérarchie" et des rapports "hiérarchiques" [...] fonctionne ici dans un double sens: d'abord comme principe de résistance à tout ce qui dans l'organisation des entreprises (horaires fixes, délais limités, cahiers des charges, contrôle des supérieurs, des commanditaires, des clients, etc.), contredit la représentation constituée au cours des études (particulièrement dans les facultés des lettres) de l'excellence intellectuelle comme "vocation" "désintéressée" et comme "pure" "recherche", bref, tout ce qui atteste la subordination des intérêts spécifiquement intellectuels aux intérêts économiques et, par là, la subordination du jeune intellectuel cadre à ses employeurs [...]. Mais aussi, comme répugnance à assumer un "commandement" (comme dit le jargon d'en-

1. On n'évoquera pas ici les facultés de médecine et de pharmacie (auxquelles on peut joindre, dans une certaine mesure, les facultés de droit), qui forment un monde à part, relevant de la logique corporatiste traditionnelle. Les membres éminents de la corporation sont responsables de la formation des jeunes, au sein de professions établies, dotées de privilèges légaux considérables. Le savoir transmis est à la fois théorique et pratique, ceux qui l'enseignent étant des praticiens de leur art.

treprise), à se définir en tant que “supérieur hiérarchique” face à des inférieurs[1].» De fait, une grande partie de ceux qui sont issus de ces facultés aboutissent à une position de clerc : ils se consacrent à l'enseignement (dans l'enseignement secondaire et supérieur) et à la recherche[2].

L'appareil, typiquement français, des « grandes écoles » obéit à une tout autre logique[3]. Les héritiers révolutionnaires des encyclopédistes créant, par décision de la Convention, l'École polytechnique et les écoles des arts et métiers, en même temps que l'École normale supérieure, voulaient fournir de nouvelles élites à la nation[4]. Il s'agissait de fonder solidement une aristocratie des talents. Pour les révolutionnaires, de même que jadis on naissait noble, on naît toujours plus ou moins doté par la nature de talents (terme qui, dans le français de la fin du XVIIIe siècle, évoquait immédiatement la parabole des talents, donc ce que chacun a reçu du Créateur et qu'il doit faire fructifier), et ceux-ci déterminent la place que l'on doit occuper dans la société. Un homme d'un « vrai mérite », affirme Rousseau, est « né pour gouverner »[5]. Il s'agit de former les élites du pouvoir

1. Luc Boltanski, *Les Cadres, op. cit.*, p. 326.

2. Ainsi, en 1991, parmi les étudiants qui avaient terminé leurs études trois ans auparavant, 73 % de ceux qui avaient obtenu un deuxième cycle en mathématiques ou en physique étaient enseignants ; la proportion étant analogue pour les filières littéraires ; *Cereq bref,* décembre 1992. Depuis cette époque, la situation structurelle du marché du travail reste stable, avec des variations en fonction du nombre de postes d'enseignant mis au concours.

3. Philippe d'Iribarne, « Une aristocratie des talents : l'École polytechnique et le modèle français d'organisation », in *Les Polytechniciens dans le siècle ; 1894-1994,* Dunod, 1994.

4. Emmanuel Grison, « Lazare Carnot, fondateur de Polytechnique », *in* Jean-Paul Charnay, *Lazare Carnot ou le Savant citoyen*, Presses universitaires Paris Sorbonne, 1990. J. Cheminade, « Le mouvement des arts et métiers : Hausser l'ordre du monde », in *Fusion,* n° 71, mai-juin 1998, p. 27 à 37.

5. Jean-Jacques Rousseau, *Du contrat social* (1762), *op. cit.,* p. 113.

ou, pour être plus précis, de reconnaître ceux qui peuvent légitimement en faire partie. Le « potentiel » des intéressés, fondement de leur légitimité à occuper des postes d'autorité, compte plus que la formation acquise (et on retrouve bien là l'opposition entre une vision cléricale et une vision aristocratique, la maîtrise du savoir étant vue, côté universitaire, comme le fruit d'une initiation proposée à tous, et côté grandes écoles comme le signe de dons reçus à la naissance par quelques-uns).

Dans ces conditions, l'essentiel n'est pas l'enseignement reçu, mais le niveau du concours d'entrée, niveau qui détermine la hiérarchie, très stricte, de ces écoles. Ce concours correspond à une sorte de jugement de Dieu, au sens des anciennes pratiques judiciaires, par lequel se révèlent les « talents » de chacun, ses « dons »[1]. Une fois le concours passé, et les questions de rang réglées (le degré de noblesse scolaire défini pour la vie), l'essentiel est fait. Il est bon de poursuivre une formation de haut niveau, de manière à affirmer le rang de l'école. Quant à la formation pratique, ce n'est pas vraiment le rôle de l'école de la donner. C'est au contact de ses pairs, par l'exercice du métier, que s'acquiert la véritable compétence professionnelle. Des stages en entreprise, voire une formation en alternance, peuvent commencer à la fournir. Mais c'est avec l'expérience qu'elle sera réellement acquise. En la matière, les propos de Montesquieu sur l'éducation dans les monarchies restent largement d'actualité : « Ce n'est point dans les maisons publiques où l'on instruit l'enfance, que l'on reçoit dans les monarchies la principale éducation ; c'est

1. Les instructions données par la Convention aux examinateurs du premier concours d'entrée à l'École polytechnique leur enjoignaient de sélectionner les élèves moins sur leurs connaissances – c'est le rôle de l'École de leur en donner – que sur leurs « dispositions naturelles » ; Gaston Claris, *Notre École polytechnique*, Librairies imprimeries réunies, 1895, p. 118.

lorsqu'on entre dans le monde, que l'éducation en quelque façon commence[1]. »

Certes, cette conception aristocratique a toujours eu quelque chose de choquant au regard de l'aspect égalitaire des idées révolutionnaires. Déjà sous le Directoire, l'École polytechnique a été l'objet d'attaques dans les assemblées législatives, dénonçant le « privilège exclusif » dont elle bénéficiait[2]. Mais si la référence égalitaire a permis d'asseoir la critique de l'Ancien Régime, elle n'a pas permis de fonder un ordre nouveau. Pièce essentielle d'une société de rangs qui prétend fonder ceux-ci sur les capacités et non sur la naissance, le système des grandes écoles ne peut être ni pleinement accepté ni réellement remplacé.

Primauté de l'enseignement théorique

Un autre point marquant est la prééminence accordée, à tous les niveaux, aux enseignements théoriques. Comment, par exemple, concevoir, hors de France, que l'École polytechnique n'offre que des enseignements strictement théoriques et laisse le soin à des écoles dites « d'application » de faire quelques pas, encore modestes, vers la pratique ? Pour un élève d'une de ces écoles prestigieuses, habitué par exemple par ses professeurs de mécanique à la rigueur et à l'élégance de démonstrations qui tiennent une place centrale dans une discipline conçue en France comme une branche des mathématiques, se retrouver dans une université américaine constitue un choc. Dans les meilleurs départements de *civil engineering,* la mécanique est enseignée comme une discipline essentiellement pratique. De même en France, c'est l'aspect le plus théorique des savoirs qui est valorisé, dans les facultés des sciences et des lettres, pour la forma-

1. Montesquieu, *De l'esprit des lois,* livre IV, chap. II.
2. Emmanuel Grison, *op. cit.,* p. 183.

tion des futurs enseignants. La pédagogie, savoir pratique, est considérée comme un savoir inférieur. Certes, de multiples discours déplorent que les professeurs soient mal préparés à l'aspect pédagogique de leur tâche et donnent en exemple des situations étrangères où la pédagogie tient un grand rôle, mais ils ont peu de conséquences concrètes, d'autant plus que l'on se situe dans la partie du système où le rang à défendre est le plus haut (la formation des professeurs agrégés).

Cet attachement à la théorie se retrouve dans des cursus beaucoup plus modestes. Certes, on entend parfois dire que ceux qui sont voués à un destin d'exécutant ont besoin d'une formation adaptée à leur état ; que cette formation doit être essentiellement pratique (technique), avec une orientation directement professionnelle ; que donner une formation trop théorique, dans des filières dites « générales », à ceux qui sont voués à un tel destin, risquerait de conduire à former des aigris. Ce point de vue, qui ne s'exprime plus que de manière voilée, s'est longtemps déclaré sans fards : « Il faut instruire chacun le plus possible, mais non pas tous de la même manière, ni par des méthodes qui produisent finalement un manque d'adaptation de l'enfant à sa condition future. Les déclassés ne sont pas les enfants instruits. Ce sont les enfants mal instruits, pourvus de connaissances abstraites dont ils ne trouveront pas l'emploi, dépourvus des connaissances pratiques dont ils auraient eu besoin. C'est ce genre de déclassement qui est dangereux pour la moralité d'une nation, plus dangereux encore dans une démocratie [1]. » Dès lors, à une formation scolaire courte, destinée à fournir la maîtrise de savoirs élémentaires (lecture, écriture, calcul) enseignés dans une perspective pratique, devrait succéder

1. A. Fouillée, *Les Études classiques et la Démocratie,* cité dans Pierre Rosanvallon, *Le Sacre du citoyen ; histoire du suffrage universel en France*, Gallimard, 1992, p. 378.

rapidement une formation professionnelle, que celle-ci soit assurée au sein des entreprises (apprentissage, centres de formation internes) ou dans un appareil spécialisé (enseignement technique). Mais il s'agit d'évidence d'un point de vue réactionnaire bien peu respectueux de l'égalité des citoyens.

Dans la France des Lumières, il n'y a sans doute rien de plus noble que la Raison, conçue comme accès aux vérités universelles. Celle-ci est d'autant plus noble qu'elle ne poursuit aucune fin bassement utilitaire. Simultanément, les idées générales, les vérités générales, possèdent une grandeur qui manque aux idées particulières, aux vérités particulières. Il n'est pas d'élites concevables sans accès aux formes les plus hautes, les plus pures, de la raison. Plus un concours porte sur des matières abstraites et se situe à un haut niveau théorique, plus il révèle des talents d'une nature élevée. Simultanément, il est bien difficile de « donner des lettres de noblesse » à la pratique (comme le souhaite Claude Allègre dans les propos précédemment cités). Dans ces conditions, comment éviter que l'enseignement donné aux masses n'ait une dignité inférieure à celle dont jouit l'enseignement des élites à moins d'en développer le côté théorique et abstrait ? Quand le projet républicain exige de permettre à tous d'accéder aux formes nobles du savoir, il n'est pas acceptable que certains soient voués à un savoir qui n'est que pratique.

État et gratuité

Troisième trait singulier du système d'enseignement français, ses divers éléments sont, pour l'essentiel, organisés par l'État et gratuits ou quasi gratuits pour les enseignés. Cette situation, surprenante dans une perspective d'investissement en capital humain, constitue un point de rencontre entre ceux qui mettent l'accent sur l'aspect élitiste de l'enseignement et ceux qui privilégient son aspect démocratique.

S'il s'agit, à travers l'enseignement, de sélectionner une élite des talents, et plus largement de déterminer le rang qui revient légitimement à chacun, toute introduction d'une sélection par l'argent est illégitime. Simultanément, l'État est garant de la validité des épreuves qui vont situer chacun dans la hiérarchie scolaire, de la valeur qui s'attache à chaque formation. On comprend donc son rôle dans la définition des programmes et la place tenue par les diplômes nationaux. Par ailleurs, dans la mesure où l'enseignement a pour fin de former des citoyens, fondamentalement égaux, il ne peut être ouvert de manière privilégiée à ceux qui possèdent. Il revient à l'État d'assurer sa gratuité.

Même pour l'enseignement technique, qui dans bien des pays est largement assuré par les entreprises, la France se distingue par la place que tient le système éducatif public[1]. C'est que l'emprise des entreprises y est regardée non seulement comme de nature à produire un enseignement strictement utilitaire, mais comme établissant avec ceux qui sont formés un lien de dépendance peu compatible avec la dignité dévolue aux citoyens. Confier cet enseignement à un « service public » de l'éducation, mis à l'abri de la pression des entreprises, est un moyen privilégié d'éviter que l'école ne soit asservie au monde de la production. L'apprentissage suscite une certaine méfiance par tout ce qu'il hérite d'une vision domestique (cf. l'image des « formations maison »). Au contraire, un enseignement professionnel dont la qualité est garantie par des enseignants qui ne relèvent que de leur conscience est vu comme bien placé pour fournir à l'économie des travailleurs aussi autonomes que compétents. Tout en étant extrêmement attachés à défendre leur indépendance par rapport à toute « ingérence » extérieure (cf. les propos de Régis Debray rapportés précédemment – p. 96), ces ensei-

1. Vincent Troger, « La formation professionnelle des jeunes en question », *Sciences humaines*, n° 140, juillet 2003, p. 16.

gnants ne sont pas indifférents à l'avenir professionnel de ceux qu'ils forment. Ils sont disposés à en tenir compte quand ils bâtissent des cursus de formation. Mais c'est librement et de leur propre mouvement.

Il existe certes des établissements privés fort coûteux spécialement dans le domaine de la « préparation aux affaires ». Mais, s'ils permettent à ceux qui y sont passés d'améliorer leurs revenus, les enseignements qu'ils reçoivent s'inscrivent dans une logique que la société française considère comme peu noble. Ces établissements peuvent également servir à préparer une entrée dans des filières plus légitimes, à travers un mode d'acquisition du savoir que la société française qualifie péjorativement de « bachotage ».

IV. Des zones de difficulté

Tel qu'il est, le système éducatif français est loin d'être sans mérites. Il a longtemps été, et est toujours dans une mesure non négligeable, un instrument efficace de promotion sociale. Ses produits « haut de gamme » sont très compétitifs sur un marché du travail international. Mais il est confronté à des difficultés qu'il n'arrive pas à surmonter, au point qu'on peut parfois se demander si elles ne sont pas insolubles.

La proportion de ceux qui terminent leur parcours éducatif sans dépasser les niveaux les plus faibles [1] résiste remarquablement à l'élévation du niveau moyen de formation. On a là des sortes de « déchets » du système scolaire, qui en sortent (à seize ans, en fin de scolarité obligatoire) en ayant peu profité des années qu'ils y ont passées. Une partie importante d'entre eux (même si les chiffres sont discutés) n'a

1. VI et V *bis,* dans le jargon des études sur l'enseignement en France.

même pas acquis une maîtrise convenable des enseignements de base, lecture, écriture, calcul. D'un strict point de vue des compétences acquises, on pourrait imaginer apporter une solution à ce problème en concevant un enseignement approprié, plus concret, pour ceux qui profitent mal d'un cursus « normal ». Mais cela serait, en reprenant en sens inverse la route qui a conduit à la création du « collège unique », remettre gravement en cause le rôle de l'école comme garant de l'égalité symbolique des citoyens, égalité qui exige un accès de tous à des enseignements revêtus d'une même dignité. Certes, des progrès ont été faits, en formation professionnelle continue : des pédagogies adaptées à l'enseignement des adultes en difficulté scolaire ont été mises au point[1]. Mais la dimension symbolique n'est plus la même : il s'agit en effet d'un enseignement qui s'adresse clairement aux producteurs et non aux citoyens.

Au moment (novembre 2005) où ces lignes sont écrites, les réactions que suscitent les projets du gouvernement de permettre une entrée en apprentissage dès l'âge de quatorze ans (au lieu de seize) illustrent bien cet affrontement entre visions antagonistes.

Pour le Premier ministre, il s'agit de « pouvoir proposer l'apprentissage dès quatorze ans à des enfants qui visiblement n'ont pas le goût, n'ont pas l'envie, ou qui ont décroché ou qui ont quitté l'école[2] ». Certains enseignants trouvent dans leur expérience quotidienne des raisons de soutenir ce projet : « Certains élèves étouffent au collège. Ils sortent du système sans rien maîtriser, pas même l'expression orale. Ils ont de gros problèmes de comportement. Leur

1. M. Fournier et V. Bedin « L'ingénierie de formation entre traditionalisme et modernisme », dans la revue *Formation Emploi,* n° 63, juillet-septembre 1998, p. 43-59.

2. Propos de Dominique de Villepin à l'Assemblée nationale, le 7 novembre 2005 ; *Libération,* 9 novembre 2005, p. 10.

échec ne se cantonne pas seulement à l'école : on a beau leur dégotter des stages, ils ne les tiennent pas non plus. Derrière ces situations, il y a souvent des structures familiales très problématiques, sans structures auxquelles se référer[1]. » La vieille référence à la diversité des talents se trouve remise à l'honneur : « une large frange de notre population scolaire sort sans rien de l'école, et ce, depuis des décennies. Et, jusqu'à présent, personne, à droite comme à gauche, ne veut régler le problème par une vraie réforme supprimant le *"collège unique"* et instaurant des filières, dès après le CM2, permettant à tous les profils de tirer parti de leurs talents, qui sont réels, pour peu qu'on leur donne la possibilité de s'exprimer[2] ». Mais cette vision des choses néglige tout un pan de la réalité.

Pour leur part, les principaux syndicats d'enseignants sont très hostiles à la mesure : « On condamne les jeunes à un double enfermement, on leur assigne des tâches répétitives et dévaluées et on réduit toute possibilité d'emploi qualifié. Dès quatorze ans on pratique la ségrégation scolaire et sociale » ; « Loin d'améliorer la situation, cela va enfoncer encore plus les jeunes en situation de précarité, les mettre à l'écart de toute possibilité de vraie qualification et d'emploi »[3]. Ceux qui tiennent ces propos n'imaginent sans doute pas que deux années d'école de plus, telles qu'on peut escompter qu'elles se dérouleront, vont fournir des compétences supplémentaires à ceux qui ont si peu profité des années précédentes ; qu'elles leur permettront réellement de mieux s'insérer dans le marché du travail. Mais la question est ailleurs. Laisser les hasards de cheminements indi-

1. Propos d'une enseignante d'Aubervilliers (Seine-Saint-Denis) rapportés dans *Libération,* 9 novembre 2005, p. 10.

2. Courrier des lecteurs, *Le Figaro,* 11 novembre 2005.

3. Propos de Patrick Gonthier, secrétaire général de l'Unsa-éducation, et de Gérard Aschieri, secrétaire général de la FSU, rapportés dans *Libération,* 8 novembre 2005, p. 3.

viduels, mêlés aux fonctionnements obscurs de tel établissement scolaire et de telle entreprise, rendre certains étrangers au monde du travail est une chose. Mettre solennellement « à l'écart », pratiquer ouvertement une forme de « ségrégation », priver officiellement d'une « possibilité de vraie qualification » (même si on sait que cette possibilité est toute théorique), c'est procéder à une sorte de dégradation symbolique, écarter du monde des citoyens de plein exercice.

Comment trouver, pour ceux qui sont en grande difficulté, un parcours scolaire qui tienne compte à la fois de deux dimensions de ce qu'ils sont : d'une part, leur réalité (on pourrait presque dire leur corporéité) d'humains singuliers, ayant chacun son histoire, ses limites, les rapports qu'il a noués au cours du temps avec l'institution scolaire ; d'autre part, leur dignité de citoyens d'une société qui proclame que nul ne doit être traité comme un être inférieur ? On a cru longtemps qu'il suffisait de mieux s'y prendre, ne serait-ce qu'en consacrant plus de moyens aux élèves en difficulté, pour résoudre la quadrature du cercle. Chez beaucoup, au premier chef parmi les enseignants, la foi paraît vaciller.

Des difficultés se présentent également à la frontière de l'enseignement destiné aux élites. Cette frontière a été longtemps vide : il n'existait pratiquement rien entre des enseignements supérieurs longs, universitaires ou de grandes écoles, et des enseignements de niveaux beaucoup plus modestes. Mais elle s'est maintenant largement remplie, avec le développement des formations dites « bac + 2 », BTS puis DUT. Leurs titulaires ont trouvé de bonnes conditions d'insertion, surtout dans les filières industrielles. Mais leur identité sociale fait question. Les savoirs qui leur sont dispensés les font échapper au « commun » auquel appartiennent ceux qui n'ont pas de connaissances technologiques et leur permettent d'accéder directement aux « professions intermédiaires ». Mais ils ne sont pas de nature à les faire accéder à l'élite. Au sein des entreprises, ils ont difficilement accès à la catégorie des « cadres ». Leur position est dès lors malaisée s'ils quittent des fonctions techniques où la distinction des rangs est relativement floue. Les espoirs d'en faire un maillon de la chaîne de commandement ont été largement déçus.

Le taux d'échec de ceux qui entrent dans les universités est élevé. Beaucoup n'y obtiennent aucun diplôme, ou un diplôme de peu de valeur sur le marché du travail. Or la conviction républicaine – qui veut que personne ne puisse se voir interdire d'accéder au rang de citoyen éclairé – rend extrêmement difficile de mettre en place, de façon officielle et générale, une sélection à l'entrée des facultés[1]. La vision cléricale selon laquelle tous doivent pouvoir être initiés au monde de l'esprit pousse dans le même sens. Une solution à l'allemande ou à la suédoise, régulant les places dans l'enseignement supérieur en fonction des débouchés professionnels est difficilement pensable dès que l'on sort de filières à finalité clairement professionnelles.

La tendance « naturelle » du système est une sorte de fuite en avant dans l'accroissement des niveaux de formation. Le fameux slogan « 80 % de bacheliers » a rencontré d'autant plus de succès du côté des « forces de progrès » qu'il a satisfait le désir de démocratisation de la société. Mais ses effets en matière de capacité à trouver un emploi sont discutables. Quand l'explosion scolaire a commencé en France, après la Seconde Guerre mondiale, une grande partie de ceux qui occupaient des postes dits qualifiés se contentaient d'un niveau de formation qui, dans les représentations coutumières, était inférieur à celui de la fonction qu'ils remplissaient. Ainsi, la catégorie des cadres ne pouvait être totalement pourvue à partir de formations de grande école

1. Les facultés de médecine, plus marquées par une logique professionnelle, étant un cas à part.

ou d'université ; la plupart de ceux qui occupaient un poste d'ouvrier qualifié n'avaient pas de « vraie » formation professionnelle, etc. Dans un premier temps, l'élévation des niveaux de formation a permis de se rapprocher d'une correspondance « normale » entre « niveau » de formation et « niveau » d'emploi. Mais progressivement, avec l'augmentation des diplômés, des salariés de plus en plus nombreux ont dû, pour trouver un emploi, accepter des postes « déqualifiés », et se trouver ainsi « déclassés », « déchus ». On voit nombre de jeunes s'engouffrer dans des formations « cul-de-sac » socialement valorisées (notamment dans l'enseignement secondaire général), pendant que d'autres formations, plus susceptibles de déboucher sur un emploi, sont négligées.

En fin de compte, le monde de l'éducation a suivi, à certains égards, au cours du dernier demi-siècle, une évolution contraire à celle du monde du travail. Dans ce monde, l'idéal d'une égalité radicale, associée à l'abolition du salariat, qui permettrait aux travailleurs de devenir leur propre maître, a été rangé au musée des utopies. C'est une forme relative d'égalité, compatible avec l'existence d'une société de rangs, qui est maintenant non seulement acceptée mais défendue pied à pied. La référence au métier, à la noblesse de tout métier, même si tous ne sont pas également nobles, à la considération qui lui est due par tous, au respect que les supérieurs doivent avoir à l'égard de ce qui le distingue, est au cœur de cette sorte de compromis. Pendant ce temps, dans l'univers de l'école, l'élitisme républicain, compromis entre l'idéal d'égalité et la réalité d'une société de rangs, qui avait longtemps fait figure d'idéal, est dénoncé. Et on retrouve dans cet univers la vigueur de la contestation de l'ordre établi, au nom d'une revendication radicale d'égalité, qui a longtemps marqué le monde du travail. Pourtant, devant les difficultés que rencontre cette revendication à déboucher sur un avenir réellement meilleur pour tous, on peut penser que de nouveaux compromis vont prendre corps. On voit par exemple émerger des processus d'écrémage et d'orientation vers les filières élitistes des meilleurs éléments issus des « zones urbaines sensibles [1] ». On parle de mettre en place des « établissements d'excellence » dans les banlieues difficiles. Ce n'est sans doute que le début de la recherche d'une manière renouvelée de concilier autant que faire se peut l'idéal d'égalité et la réalité d'une humanité différenciée.

1. « L'ESSEC investit en ZUS », *Le Monde 2,* 19 novembre 2005, p. 48.

CHAPITRE VII

Quelle place pour les immigrés[1] ?

La France est souvent mise en accusation pour le sort qu'elle réserve à ses immigrés extra-européens. Son refus du « communautarisme » est souvent jugé suspect. Nos voisins britanniques aiment bien en la matière (comme dans bien des domaines) nous donner la leçon. « Je suis étonné, déclarait en 2002 un ministre de Tony Blair, qu'en France, où vivent 5 millions de musulmans, on ne trouve aucun homme politique important qui ne soit pas blanc. Chez nous, on ne se contente pas d'avoir des Noirs dans notre équipe de football[2]. » En France même, le débat qui oppose ceux qui prônent plus d'ouverture à la diversité à ceux qui s'inquiètent pour l'unité de la République fait rage. Certes, tant que l'on s'en tient aux principes, une éthique d'ouverture à l'étranger y fait quasi l'unanimité. Toute réaction négative envers celui qui, différent, est perçu comme une sorte d'icône de l'Autre, scandalise (et ce d'autant plus que sa différence est plus marquée). « Le rapport à l'Autre est devenu le critère essentiel de la moralité. Nous vivons dans l'ère de la religion de l'Autre[3] », note Dominique

1. Ce chapitre a comme point de départ : Philippe d'Iribarne, « Du rapport à l'autre. Les singularités françaises dans l'intégration des immigrés », *Le Débat,* n° 129, mars-avril 2004.

2. Denis McShane, ministre d'État au Foreign Office, entretien dans *Le Monde,* 20 avril 2002.

3. Dominique Schnapper, *La Relation à l'Autre ; au cœur de la pensée sociologique*, Gallimard, 1998, p. 20.

Schnapper. La mémoire de l'inhumanité qu'a pu engendrer la haine de l'autre, ou son mépris, de la Shoah à l'esclavage, crée une sorte d'horreur sacrée dès que se manifestent des sentiments qui évoquent ce passé honni. Mais le fonctionnement quotidien d'une société composée d'individus héritiers d'histoires différentes, de coutumes différentes, et qui y restent attachés, demeure source de difficultés.

Comment donc comprendre la force de cette tension entre un registre moral et un registre d'organisation sociale ? Pourquoi cette tension paraît-elle plus forte en France que dans les pays anglo-saxons ? En théorie, une même distinction entre espace public et sphère privée permet, au sein des diverses sociétés démocratiques, d'organiser les rapports entre ceux qui se sentent mutuellement différents. Mais cette distinction est loin d'être conçue partout de façon identique (et en particulier elle l'est différemment en France et en Grande-Bretagne, ou aux États-Unis), du fait que l'on n'y conçoit pas de la même façon le lien de l'individu à la société.

I. Le modèle libéral : semblables dans l'espace public, étrangers dans la sphère privée

Les Américains, note Tocqueville, se traitent en semblables au sein de l'espace public. Simultanément, ils se montrent particulièrement sensibles, au sein de leur espace privé, à ce qui les rend dissemblables. « Il n'y a point d'état social ni de loi qui puissent rendre les hommes tellement semblables que l'éducation, la fortune et les goûts ne mettent entre eux quelque différence, et, si des hommes différents peuvent trouver quelquefois leur intérêt à faire, en commun, les mêmes choses, on doit croire qu'ils n'y trouveront jamais leur plaisir. Ils échapperont donc toujours, quoi qu'on fasse, à la main du législateur ; et, se dérobant par quelque endroit du cercle où l'on cherche à les renfermer, ils établiront, à côté de la grande société politique, de petites sociétés privées, dont la similitude des conditions, des habitudes et des mœurs sera le lien. [...] Les Américains, qui se mêlent si aisément dans l'enceinte des assemblées politiques et des tribunaux, se divisent, au contraire, avec soin, en petites associations fort distinctes, pour goûter à part les jouissances de la vie privée. Chacun d'eux reconnaît volontiers tous ses concitoyens pour ses égaux, mais il n'en reçoit jamais qu'un très petit nombre parmi ses amis et ses hôtes[1]. »

On retrouve là la logique du modèle libéral, tel qu'il s'est épanoui dans les sociétés anglo-saxonnes. La société est composée d'un ensemble d'individus fondamentalement autonomes. S'ils se regroupent dans des entreprises communes, ou pour fonder une société, c'est parce que de telles associations permettent à chacun de mieux défendre ses intérêts qu'il ne pourrait le faire isolément. Mais il ne s'agit pas que les collectivités ainsi créées prétendent régenter l'existence de leurs membres, empiètent trop sur la liberté de chacun d'agir à sa guise, sous sa propre responsabilité. Il existe certes un corps politique, qui est composé de citoyens se reconnaissant mutuellement comme égaux et qui édicte des lois s'appliquant à tous. Mais chacun est maître de ses propres choix et de son propre destin, et c'est à lui d'en assumer les conséquences. Nous avons vu ce qu'il en est dans la sphère économique : il paraît normal que chacun soit « entrepreneur de lui-même », que les relations de travail ne diffèrent guère de relations commerciales, et puissent en particulier être librement interrompues par les parties. De même, il paraît normal que chacun soit libre de désigner ses héritiers

1. Alexis de Tocqueville, *De la démocratie en Amérique*, t. II (1840) ; troisième partie, chapitre XIII, « Comment l'égalité divise naturellement les Américains en une multitude de petites sociétés particulières ».

comme il le juge bon. Ce n'est pas que manquent les bons sentiments envers autrui, mais c'est à chacun de décider librement jusqu'où ils vont le conduire à se pencher sur le sort de ceux qui sont en difficulté ; on a là les ressorts du « capitalisme compassionnel ».

Dans une telle manière de vivre ensemble, ceux qui sont semblables dans un registre politique et juridique, mais dissemblables dans un registre économique, social, culturel, dans leurs croyances et dans leurs mœurs, voient leurs relations régies par deux logiques bien distinctes, d'une part dans l'univers public et d'autre part dans la sphère privée.

Dans l'univers public, c'est l'égalité qui prévaut. Il s'agit de traiter chacun en citoyen, égal à tout autre, conformément à ses droits. On ne doit le connaître qu'en tant que tel. Qu'il soit riche ou pauvre, célèbre ou obscur, qu'on ait pour lui de la sympathie ou de l'antipathie, peu importe. Peu importe qu'il ait ou non d'autres origines sociales, régionales ou ethniques, une autre religion, qu'il appartienne ou non à une autre génération, qu'il soit ou non du même sexe, que l'on ait ou non avec lui des liens de famille. En tenir compte serait agir de manière discriminatoire. Il revient à la puissance publique de mettre en place une « machinerie contre les discriminations [1] » pour empêcher que cela ne se produise. Ce n'est pas que l'hétérogénéité des humains soit niée. Il s'agit au contraire, pour pouvoir traiter les questions qu'elle pose, de « regarder les questions ethniques et raciales en face [2] ». Ainsi il ne paraît nullement choquant de parler de la « race » de quelqu'un et de lui demander son appartenance ethnique lors des recensements. Mais, tant que l'on est dans la sphère publique, la loi interdit d'en tenir compte, si ce n'est pour réparer des injustices passées.

1. C'est l'expression qu'emploie Trevor Phillips, chargé de la lutte contre les discriminations en Grande-Bretagne, *Libération,* 12 et 13 novembre 2005.
2. *Ibid.*

Par contre, dans les rapports privés, chacun peut à sa guise (et on s'étonnerait qu'il fasse autrement) traiter différemment ses proches et ceux qui lui sont étrangers. Il est libre de fréquenter qui il veut, et de tenir qui il veut à l'écart. Maître chez lui, il peut ouvrir et fermer sa porte à qui il l'entend. Il n'a pas à se justifier de ses choix, et le seul fait de lui demander des comptes sur ce qui les motive paraîtrait une atteinte à sa liberté. Il peut choisir ou non de fréquenter uniquement ceux qui lui ressemblent selon quelque critère qu'il trouve bon. C'est son droit.

Dans cette vision des choses, chacun est maître chez lui selon deux modalités bien distinctes. D'une part, il l'est dans l'espace public, du fait qu'en tant que citoyen il y fait la loi qui s'applique à tous, en association avec ses concitoyens, et que, par là, la loi qui s'y applique est *sa* loi [1]. Cela est vrai en particulier pour les lois qui régissent ses rapports avec ses congénères. D'autre part, il l'est dans sa sphère privée du fait que, dans toutes les matières sur lesquelles la loi ne se prononce pas et qui relèvent de l'infinie variété des choix de vie, il décide souverainement, à l'abri de toute interférence qu'il jugerait inopportune.

En principe, une sorte de muraille de Chine sépare ces deux régimes de gestion de l'hétérogénéité des humains. L'obligation à laquelle chacun est soumis dans l'espace public de considérer tous ses congénères comme des semblables n'entrave en rien sa liberté de mener sa vie privée à sa guise, et en particulier d'y opérer toute distinction qui lui convienne. La manière dont chacun est regardé et traité dans la sphère privée est réputée, dans tout ce qui n'est pas réglé par la loi, ne pas porter atteinte à l'égalité des citoyens. Cha-

1. Locke, *Two Treatises of Government,* 1689, II, 88 ; Rousseau, *Du contrat social, op. cit.*, p. 75 : « il ne faut plus se demander [...] comment on est libre et soumis aux lois, puisqu'elles ne sont que des registres de nos volontés ».

cun est supposé passer avec aisance d'un régime à l'autre, oublier dans la sphère publique les différences qu'il considère comme essentielles dans sa vie privée et faire ce qu'il veut dans sa vie privée de l'obligation de traiter tout autre comme semblable qu'il célèbre dans la sphère publique.

Quelle cohérence y a-t-il dans la coexistence d'attitudes si contraires ? Elle se saisit par contraste avec l'autre forme de cohérence que l'on trouve dans les sociétés dites traditionnelles. Celles-ci ne possèdent pas de domaine public marqué par l'égalité des citoyens. Et, symétriquement, on n'y trouve guère de sphère proprement privée où chacun se retire en compagnie de ceux qu'il considère comme ses semblables. Dans l'ensemble de l'existence, des codes sociaux, qui régissent les rapports entre leurs membres, mettent en scène la diversité des positions sociales, distinguées selon deux registres : celui du rang, en rapport avec les fonctions occupées, l'âge, les origines familiales ; celui de la proximité, des habitants d'un même village, des membres d'une même famille, jusqu'aux étrangers complets. D'infinies nuances, dans les manières de s'aborder, de se parler, de se regarder, marquent, de façon chaque fois spécifique, les positions sociales et les degrés de familiarité[1]. Ce mode de gestion de la diversité est compatible avec l'existence d'une grande communauté de vie entre des individus socialement très éloignés (tels maîtres et serviteurs) : une codification minutieuse de leurs rapports, mettant en scène la distance sociale qui les sépare, permet de gérer l'absence de barrières physiques[2].

1. E. Goffman, *The Presentation of Self in Every Day Life*, Londres, Allen Lane, 1969.

2. La société mauritanienne fournit, encore de nos jours, un bon exemple de ce type de relations ; cf. Alain Henry, « Sensibiliser avec retenue ; une démarche participative en Mauritanie », in *Cultures et Mondialisation, op. cit.*

L'émergence de l'idée d'égalité, la perte de légitimité des rituels hiérarchiques qui en est résultée ont miné ce mode d'organisation sociale. Elles ont conduit, spécialement aux États-Unis, au développement concomitant d'un domaine public marqué de manière rigoureuse par l'égalité des citoyens et d'une sphère privée où ceux qui sont proches socialement se retrouvent[1]. C'est que l'embarras causé par l'obligation de traiter en semblables ceux que l'on ressent comme différents incite à limiter les rapports que l'on entretient avec eux et à privilégier les relations avec ceux pour lesquels la proximité sociale est à la mesure de la proximité politique.

Cette manière de concevoir la société tend à conduire à une gestion des différences plutôt tolérante et peu solidaire[2]. L'autre est invité à gérer ses propres affaires, sans interférer avec les vôtres. Si on n'apprécie pas sa compagnie, il paraît normal d'éviter de le fréquenter, et il serait difficilement concevable qu'on vous oblige à le faire (l'expérience du *busing,* aux États-Unis, a été sans lendemain). Dans cette logique, ceux qui sont socialement semblables tendent à se regrouper dans les mêmes quartiers, à fréquenter les mêmes écoles. La communauté locale de semblables a de grands pouvoirs et une grande indépendance financière pour gérer à sa guise ses affaires intérieures en accord avec les moyens que lui accordent ses membres. Si ces moyens sont considérables ou misérables, c'est son affaire. Il n'y a nullement dissolution du social dans le politique. Ainsi, penser que l'on est semblable au sein d'une même société

1. Cette évolution est évoquée dans Dominique Schnapper, *op. cit.,* notamment p. 217, 241, 242, 296, 325, 347 (où est largement repris le fameux texte de Tocqueville sur les différences entre le nord et le sud des États-Unis dans les rapports entre Blancs et Noirs).

2. John Rex, « Stratégies antiracistes en Europe », in *Racisme et Modernité,* sous la direction de Michel Wieworka, La Découverte, 1993, p. 340, 341.

(ou à l'échelle de l'humanité) socialement et pas seulement politiquement, et que l'on devrait traiter autrui en conséquence, est sans doute profondément étrange pour un Britannique. Cette vie séparée entre groupes autonomes permet d'intégrer facilement dans une logique « communautaire » celui qui a d'autres coutumes, une autre religion, vient d'une autre ethnie. Qu'il construise des mosquées, que ses filles aillent à l'école en tenue islamique, ou qu'il se livre à des prêches incendiaires, c'est son affaire, du moment qu'il reste à l'intérieur de sa communauté. Et que, dans une arène politique où il s'agit de gérer la rencontre des intérêts, il désigne des représentants qui lui ressemblent, cela est bien normal. En fin de compte, en partant d'un individualisme rigoureux, on retrouve à certains égards les pratiques des sociétés, tel l'Empire ottoman d'autrefois, où chacun était perçu comme existant en tant que membre d'un groupe ethnique ou religieux qui, au sein de son propre territoire, se gère en suivant ses propres règles et coexiste avec d'autres groupes.

Les limites d'un modèle

Une telle manière de gérer l'hétérogénéité d'une société fournit une solution qui n'est pas sans mérites à certains des problèmes que pose cette hétérogénéité, et au premier chef à la gestion des rapports de voisinage (point sur lequel nous reviendrons). La séparation entre communautés vivant dans des territoires distincts a le mérite de limiter les difficultés que ces rapports sont susceptibles d'engendrer. La forme de coexistence qui en résulte a pu conduire à des relations entre communautés pleines de tolérance, que certains, évoquant l'Istanbul ou la Grenade de jadis, célèbrent de nos jours avec une certaine nostalgie. Mais on ne peut faire bon marché des moments de crise où éclataient des violences intercommunautaires, allant parfois jusqu'au massacre d'une communauté par une autre. Et, de nos jours, ce modèle montre bien ses limites.

On ne peut pas dire qu'aux États-Unis ce mode de gestion des rapports entre communautés ait permis de trouver une place satisfaisante pour les Noirs. La question des frontières entre ce qui relève de l'univers public et des rapports privés est la source d'affrontements entre ceux qui défendent les droits de l'individu à décider librement de ce qui le concerne en propre et ceux qui dénoncent les discriminations commises au nom de la liberté. Un point important de conflit concerne l'habitat. Ainsi, en Californie, on a vu, dans les années 60, un référendum abroger une loi prohibant la discrimination raciale dans la vente des biens immobiliers, avant que la loi ne soit rétablie par la Cour suprême de l'État. « La propriété de son chez-soi, écrit Eric Foner, est devenue aujourd'hui une composante fondamentale de l'idée de liberté. S'agissant des Blancs, le droit de disposer de sa propriété sans interférence extérieure n'était pas moins important. Soutenus par les agents immobiliers et les promoteurs, les conservateurs californiens ont fait de la liberté le cri de ralliement de la campagne de 1964 contre la loi pour un logement équitable. Sur la couverture du mensuel de la *Real Estate Association,* la statue de la Liberté est apparue, surimposée au dessin de maisons de banlieue chic, avec une légende assimilant la défaite d'une politique d'accès de tous aux logements *(open housing)* à "la préservation de la liberté". Bien que Lyndon Johnson [candidat démocrate] ait largement triomphé en Californie, la proposition 14 a obtenu une majorité considérable, avec trois voix sur quatre en sa faveur parmi les Blancs. Quand la Cour suprême de l'État a rétabli la loi deux ans plus tard, cela a renforcé l'impression que la réforme raciale s'est faite contre la volonté démocratique de la majorité. Cette affaire a contribué, en 1966, au succès à l'élection au poste de gouverneur de l'ex-star de cinéma Ronald Reagan, lequel a explicitement défendu le droit des propriétaires d'une maison vivant dans une "société libre" de "discriminer les Noirs" *(discriminate against Negroes),* si c'est leur choix[1]. »

En Grande-Bretagne, les attentats islamistes de juillet 2005 à Londres ont conduit à douter qu'une approche « communautaire » constitue la panacée. Pour sa part, le président de la Commission pour l'égalité raciale au Royaume-Uni, commentant les violences qui ont marqué les banlieues françaises à l'automne 2005, ne pavoise pas pour autant. « Nous avons trop privilégié l'expression de l'identité historique des minorités ethniques aux dépens de leur loyauté envers la Grande-Bretagne d'aujourd'hui. C'est une erreur. [...] Nous sommes une société de plus en plus ségréguée. Dans chaque municipalité, nous avons encouragé chaque groupe particulier, chaque minorité à vivre dans son environnement, dans son centre communautaire, au nom du respect de leur différence. En fait, nous avons renforcé leur isolement. C'est ce qui ne va pas dans le multiculturalisme. Tout cela commence à l'école. Dans les classes, les enfants sont moins mélangés que dans la rue. À Birmingham, dans le quartier où des affrontements ont eu lieu fin octobre entre des Afro-Caribéens et des musulmans asiatiques, il y a six écoles secondaires publiques : trois sont très majoritairement "blanches", trois "non blanches". Depuis quarante ans, les deux communautés vivent côte à côte sans interagir. Cela peut arranger tout le monde en temps normal. Mais dès qu'un conflit surgit, que quelqu'un met de l'huile sur le feu, chacun trouve une excuse pour accuser l'autre des pires méfaits[2]. »

De toute manière, une séparation rigoureuse entre une sphère privée, où chacun est maître chez lui (et peut se vouer à la défense de ses intérêts propres sans avoir de comptes à rendre à la collectivité sur la manière dont il le fait), et une

1. Eric Foner, *The Story of American Freedom, op. cit.,* p. 315.
2. Entretien avec Trevor Phillips, *Le Monde,* 12 novembre 2005, p. 10.

sphère publique, régie par l'égalité devant la loi, relève d'une conception de la société qui n'a rien d'universel. Elle est certes en harmonie avec les cultures politiques britannique et américaine. Mais elle fait beaucoup moins bon ménage avec une culture politique française marquée par une tout autre conception des rapports entre l'individu et la société.

II. La France, entre attachement au rang et vision radicale d'une humanité indifférenciée

On retrouve formellement dans la théorie de l'intégration à la française la même distinction entre espace public et sphère privée que dans l'univers anglo-saxon : « Au privé la libre expression des différences, au public l'assimilation à l'ordre juridique et politique de la citoyenneté. Au privé l'affirmation libre des identités et des références particulières grâce auxquelles l'homme donne librement un sens à son existence [...], au public l'unité-égalité-universalité de la citoyenneté de l'individu[1]. » Mais, dans les faits, la société française n'est guère prête à accepter la manière libérale de gérer l'hétérogénéité de ses membres[2]. Celle-ci y est largement perçue comme ayant quelque chose d'hypocrite : faire semblant en certaines circonstances de traiter en égal celui qu'on refuse en fait d'accepter comme tel. C'est que prévaut une vision différente de ce que veut dire former une société de semblables. Il ne s'agit pas seulement, ou d'abord, d'avoir les mêmes droits politiques tout en restant socialement bien distincts. Le combat de l'égalité se situe en France sur un terrain moins politique et plus social qu'en Grande-Bretagne ou aux États-Unis.

1. Dominique Schnapper, *op. cit.*, p. 186.

2. C'est également le cas, sous des formes très diverses et au nom de conceptions très diverses, pour la plupart des sociétés européennes.

C'est l'abolition des privilèges, la suppression de la distinction entre ordres, qui a été au cœur des conquêtes de la Révolution française. Corrélativement, il paraît beaucoup moins légitime que dans les pays anglo-saxons de gérer les rapports avec celui que l'on considère comme différent en s'en tenant à distance. Agir ainsi est immédiatement compris dans une logique de rang, comme un signe clair de ce qu'on se considère comme appartenant à une autre caste. S'associer à ceux qui vous ressemblent pour se tenir à part dans la fraction la plus large possible de son existence est moins perçu comme un exercice légitime des droits de l'individu que comme une tentative pour reconstituer la société d'ordres tant honnie. Ainsi, par exemple, la création de communautés fermées *(gated communities)* marquées par une grande homogénéité sociale, qui paraît si naturelle aux États-Unis, suscite en France des réactions d'indignation[1]. Plus largement, le développement de « ghettos » séparés où chaque groupe ethnique se met, ou est mis, à part, est vu comme un anti-modèle par excellence. Cette perspective incite à développer une politique de « mixité sociale » des quartiers, qui vise à obliger la part la plus grande possible de la population à vivre dans des environnements à la fois socialement et ethniquement mêlés. Prêter simplement attention, même avec les intentions les plus pures (développer des politiques de discrimination positive), aux caractéristiques ethniques d'un individu est vu comme une « stigmatisation » inacceptable.

Pendant ce temps, même si cela n'est pas explicité, le public n'est pas seulement politique et juridique mais inclut le social. Or, le corps social n'est guère prêt à seulement voir en chacun, hors le strict exercice des droits politiques, un porteur de droits attachés de manière indifférenciée à la condition de citoyen. L'essentiel de la vie sociale – de la vie économique aux rapports de voisinage – relève en bonne

1. « À l'abri derrière les grilles », *Le Monde 2,* 26 novembre 2005, p. 26.

part d'une autre logique. Le statut social de chacun n'est pas perçu comme une sorte d'enveloppe contingente, revêtue de manière transitoire et dont il est fort possible qu'elle change bientôt du tout au tout, ou du moins comme quelque chose qui n'atteint pas l'essentiel de sa personne. Il est plutôt vu comme une sorte de caractère quasi indélébile marquant son être même, caractère que seules des circonstances exceptionnelles seront susceptibles de modifier, et qui détermine la manière dont il convient de le traiter. Même les aspects des rapports les plus publics (entre un fonctionnaire dans l'exercice de ses fonctions et un citoyen) qui ne relèvent pas strictement de l'application de la loi, mais d'un style de relations, sont en fait concernés ; ainsi un agent de police aura tendance à ne pas s'adresser exactement de la même façon à une dame à cheveux blancs et collier de perles et à un « jeune » d'une cité.

Certes, l'idéal d'une société de semblables exerce une certaine influence sur les rapports « publics », c'est-à-dire, pour l'essentiel, sociaux. À la différence des sociétés dites traditionnelles, il existe un domaine public marqué par une égalité de citoyens, ignorante des conditions sociales, qui concerne au premier chef l'exercice des droits politiques, dont le droit de vote. De plus, dans la vie proprement sociale, bien des traits d'une société de rangs se sont effacés. De nombreux codes sociaux qui violaient trop ouvertement l'idéal d'égalité ont disparu ; il en est ainsi, par exemple, des codes sociaux, très marqués par les différences sociales, qui, dans de nombreuses provinces, ont longtemps régi les rapports de voisinage au sein de la France rurale. On a même eu quelques moments de radicalité, tels ceux qu'a connus la France des sans-culottes, qui a tenté d'abolir toute manifestation des différences sociales, l'individu social (fût-il « ci-devant ») étant totalement absorbé par la figure du citoyen. Si ces moments ont été sans lendemain, un mouvement de fond a affecté progressivement, et continue à affecter, l'ensemble de la vie sociale. Les relations d'intimité entre individus socialement très éloignés (tels maîtres et serviteurs) ont disparu avec les rituels mettant en scène la distance sociale qui les sépare. Cette évolution a incité progressivement, au fil des siècles, au développement à l'anglo-saxonne, d'une sphère privée où ceux qui sont proches socialement se retrouvent[1]. Mais seule une partie du chemin a été accomplie, et les rapports sociaux restent fortement marqués par la disparité des statuts.

Ce statut, qui régit la façon dont on est traité dans les rapports sociaux, qu'il s'agisse des rapports de voisinage ou des rapports de travail, est déterminé par de multiples attributs qui, dans la France d'aujourd'hui, ne sont pas définis par la loi mais par les mœurs, et les pouvoirs publics sont bien mal armés pour donner des « lettres de noblesse » à ceux à qui l'opinion commune n'est pas prête à les concéder. Parmi ces attributs, les titres scolaires ont un rôle important. Mais ils ne sont pas les seuls. Il n'est pas indifférent de savoir « d'où on vient », de quel milieu social, brillant ou obscur, et, si l'on est étranger fraîchement naturalisé ou descendant d'étranger, d'où viennent ses ancêtres. Quand un individu, quelque peu ignorant de ce à quoi l'autorise sa condition, prétend échapper aux limites de celle-ci, il a tôt fait de se faire « remettre à sa place » par un entourage qui s'est aussitôt demandé : « Pour qui se prend-il ? » Le statut que l'on acquiert dépend aussi de la manière dont on se comporte en public, y compris dans des domaines où la loi ne prescrit rien ; la manière dont on s'exprime, dont on s'habille, etc. Ce comportement social influence le « rang » comme le degré de proximité ressenti. Dans ces conditions, le « privé », au sein duquel chacun peut agir à sa guise sans

1. Ce mouvement a commencé à se produire à la fin de l'Ancien Régime, avec une certaine privatisation de l'existence de la famille royale. Roger Chartier, *Les Origines culturelles de la Révolution française, op. cit.*, p. 216.

que cela ait de répercussions sur la façon dont il sera traité dans le domaine « public » reçoit le sens très restrictif de ce qui ne se remarque pas en public, qui se déroule hors de l'espace public, et non l'ensemble de ce qui n'est pas concerné par le respect de la loi.

Simultanément, le mode d'intégration à un corps social (qu'il s'agisse d'une entreprise ou de la communauté nationale) relève largement de l'échange d'une protection contre une allégeance. Par rapport aux sociétés anglo-saxonnes, la communauté nationale est vue comme beaucoup plus responsable du sort de chacun et ayant beaucoup plus son mot à dire dans la manière dont il gère son existence. Chacun est moins laissé à son propre destin. Il n'y a qu'une petite minorité pour estimer que les rapports de travail devraient être traités comme des rapports commerciaux, ou que chacun devrait être responsable de son « employabilité » et de sa retraite. Le développement d'une santé « à deux vitesses » indigne. On admet mal que des collectivités riches coexistent avec des collectivités pauvres. Mais, moins l'autre est vu comme quelqu'un avec qui on a simplement à gérer des intérêts communs et qui reste socialement tout autre, plus il l'est comme quelqu'un qui partage une même allégeance à quelque chose de plus grand, plus on tend à être exigeant à son égard. Quand on entend qu'il « s'intègre », cela n'a pas seulement le sens qu'on pourrait lui donner dans une vision purement politique et juridique de la société. Il s'agit de manifester son appartenance à un corps social, et pour cela de devenir indiscernable, pas seulement dans le respect d'une loi commune, mais dans celui des codes sociaux qui régissent le quotidien. En voulant que l'étranger devienne un semblable, la tradition française lui demande de s'approprier ses manières d'être[1].

1. Par ailleurs, quand les dirigeants n'ont pas d'abord à défendre les intérêts de leurs mandants, mais à représenter la nation en corps, il leur est

La pression assimilatrice qui s'exerce ainsi paraît d'autant moins choquante que la vision radicale d'un monde de semblables va de pair avec la conviction que c'est en abandonnant tout enfermement dans les traditions d'une communauté singulière que l'on accède vraiment à ce qui est grand. De plus, les manières de vivre que l'on trouve en France ne sont pas forcément perçues comme marquées, comme toutes les autres, par des traditions, des préjugés, singuliers. Dans ces conditions, demander aux nouveaux venus de s'y conformer peut donner le sentiment de favoriser leur accès à l'universel.

La question du « voile islamique » a bien manifesté cette singularité française. Là où, comme en Grande-Bretagne, les attentes vis-à-vis des « non-Blancs » (pour prendre une expression anglo-saxonne courante) sont limitées, où on n'y voit des semblables que dans un sens purement politique et juridique, il ne paraît pas gênant qu'ils restent soumis à la pression de leur communauté d'origine, englués en quelque sorte dans cette communauté. Peu importe si, à respecter formellement leurs droits, on les laisse sans protection face à une telle pression. À rester soumis à d'autres coutumes, ils ne font que conforter le sentiment qu'ils sont, socialement et culturellement, étrangers, et que l'on fait bien de s'en tenir à l'écart au sein de sa vie privée. Au contraire, quand on attend des nouveaux venus qu'ils deviennent des semblables dans un sens beaucoup plus fort, on peut difficilement concevoir qu'ils restent victimes de pareil engluement. Il paraît peu supportable qu'ils refusent la proposition qui leur est faite de devenir de « vrais Français », et c'est un devoir pressant que de voler au secours de ceux (celles) qui, prêts à répondre à cet appel, voient leur marche entravée par ceux qui y sont réfractaires.

Certes, l'idée d'intégration gommant les différences est

---

difficile de jouer ce rôle s'ils ne sont pas pleinement « intégrés » dans un tel sens.

maintenant critiquée, jugée contraire au respect de l'autre. Le fait d'exercer une pression sociale sur les immigrés pour qu'ils respectent les codes de la société qui les accueille, en les mettant à l'écart s'ils enfreignent ces codes, alors même qu'ils respectent la loi, est de plus perçu comme discriminatoire, voire raciste. La pression assimilatrice, est-il alors affirmé, doit être remplacée par une lutte contre les discriminations. Mais, si cette vision des choses a triomphé dans le discours officiel, il n'en est pas de même dans la profondeur du corps social. Le choc de conceptions antagonistes de ce qu'implique l'appartenance à une société (le seul respect d'un ordre politico-juridique ou l'intégration dans un corps social) conduit, comme pour les rapports de travail ou pour l'école, à des compromis plus ou moins problématiques et parfois à de vives tensions. On a souvent affaire, en pratique, à des cotes mal taillées, avec (par exemple en matière d'embauche), des principes de non-discrimination solennellement affirmés, mais respectés de façon approximative. Souvent, un même aspect de l'existence n'est pas placé pour tous du même côté de la barrière séparant le domaine où prévaut l'obligation de non-discrimination de celui où règne la liberté de choix. On a de ce fait des situations très disparates dans les possibilités qui s'ouvrent à chacun de gérer à son goût ses rapports avec ceux qu'il reconnaît mal comme ses semblables.

III. Un domaine sensible : lieux d'habitation, rapports de voisinage et rencontres dans les loisirs

Ce qui touche à la répartition de la population sur le territoire et aux rapports de voisinage constitue un domaine spécialement sensible. À certains égards, chacun est libre de choisir son domicile, ses amis, ses lieux de vacances et plus généralement ses loisirs. Mais agir ainsi n'a pas en France la même légitimité absolue que dans les sociétés anglo-saxonnes. Comme dans le domaine de l'école, on a plutôt affaire à des pratiques permettant d'échapper de fait à ce qui est attendu en principe d'un bon citoyen, et tous ne sont pas également armés pour prendre de telles libertés.

L'endroit où l'on demeure constitue, par excellence, le lieu où l'on est « chez soi », le sanctuaire de la vie privée. En principe, ce caractère, protégé par la loi, n'a strictement rien à voir avec la gestion de l'hétérogénéité de la population. En pratique, les choses sont plus complexes. Bien des influences extérieures sont susceptibles de pénétrer, sans qu'on le veuille, dans son monde strictement privé. Si les murs d'un appartement ou d'une maison arrêtent efficacement la vue, il est loin d'en être toujours de même pour les bruits. Certes, les lois qui répriment les bruits excessifs et le tapage nocturne sont les mêmes sur tout le territoire national, mais leurs effets pratiques sont loin d'être uniformes. Dans les immeubles, les parties communes constituent une zone intermédiaire entre un espace vraiment privé et un espace vraiment public. La cohabitation y est largement régie par des codes sociaux dont le respect, pas toujours très strict, est essentiel dans le sentiment que l'on peut avoir d'être maître de son espace. Et si la loi est censée s'y appliquer, comme dans l'espace plus vaste environnant, elle est là encore plus ou moins respectée. Un voisin qui vous fait profiter de sa télévision ou de ses démêlés conjugaux, des graffitis dans sa cage d'escalier, un quartier où la police craint de s'aventurer, et on ne sent plus vraiment « chez soi ».

L'hétérogénéité des populations complique singulièrement ces rapports de voisinage. Il est sur la planète des conceptions fort diverses de ce qu'est en la matière un comportement civilisé ; par exemple du choix qu'il convient de faire entre la liberté pour chacun de fêter ses amis jusque tard dans la nuit dans les rires et les chansons, et celle de pouvoir s'assoupir paisiblement dans l'attente d'un réveil matinal. De plus, les bruits n'ont pas seulement une intensité, mais un pouvoir d'évocation ; il est des bruits qui évoquent un univers familier et d'autres qui donnent le sentiment d'être ailleurs. Et il en est de même des fameuses odeurs, qui ont fait couler tant d'encre[1]. Qui n'a partagé avec Proust le sentiment de l'infinie puissance évocatrice des odeurs ? Nul ne se choque que, pour les ethnopsychiatres, les odeurs familières soient quelque chose d'essentiel. Ainsi, en France, dans le plus fameux de leurs centres de soins « les personnes sont accueillies en tenant compte de leurs attachements à une langue, à des mondes d'odeurs, à des sensations, à des pensées, à des logiques, à des objets culturellement spécifiques[2] ». Du reste, tant que l'on est dans la sphère privée, qui s'étonnerait que l'univers des bruits et des odeurs suscite des attachements et des refus ?

On pourrait de même passer en revue ce qui touche à la variété des codes sociaux, qu'ils définissent ce qui se fait et ce qui ne se fait pas ou qu'ils donnent sens aux situations, dans les difficultés qui marquent les relations de voisinage[3]. En la matière, la loi ne tranche pas entre ceux qui adhèrent à des codes différents. Alors que, dans le registre des rapports sociaux, une distinction majeure oppose les usages de ceux

1. *Le Monde,* après l'élection présidentielle d'avril 2002, rappelait encore les « fâcheux dérapages » de Jacques Chirac « lorsqu'il évoquait naguère "le bruit et l'odeur" que subit le travailleur français qui voisine avec une famille immigrée ». Éditorial, *Le Monde,* 30 avril 2002.

2. Compte rendu de Tobie Nathan, *Nous ne sommes pas seuls au monde* (Éd. du Seuil, 2002), in *Sciences humaines,* juin 2002.

3. Ces questions des bruits et des odeurs jouent un rôle central dans la difficulté des rapports de voisinage entre ceux dont les codes sociaux diffèrent, telle que l'évoque Pierre Bourdieu dans *La Misère du monde, op. cit.* Cf., sur les aspects concrets de cette difficulté, les p. 22, 28, 33, 34, 38, 44, 45, 48, 58, 59, 137, 144, 147, 282.

qui accueillent et de ceux qui sont accueillis, ceux-ci étant censés respecter les usages de ceux-là, la situation est tout autre dans un registre juridique et politique. Les usages de tous les citoyens sont considérés comme également respectables, du moment qu'ils n'enfreignent pas la loi, et ceux qui se perçoivent comme accueillant sont sommés de s'accommoder des usages de ceux qu'ils voient comme accueillis. La distinction entre accueillants et accueillis perd même toute pertinence. Dès lors, savoir qui imposera ses codes est une question de rapports de force. Les plus nombreux ont un avantage, mais aussi, même s'ils sont minoritaires, ceux qui sont le plus « sans gêne » : que peuvent ceux qui privilégient le silence face à ceux qui aiment le bruit, ceux qui privilégient la propreté de l'espace public face à ceux qui n'en ont cure, ceux qui goûtent des rapports pleins de retenue face à ceux qui préfèrent une grande exubérance ? S'ils se trouvent dominés, ceux qui se perçoivent comme accueillant ont le sentiment de ne plus être « chez soi ». Et leurs réactions donnent aux nouveaux venus le sentiment d'être rejetés. Ainsi, dans certains quartiers d'Aulnay, « les familles "françaises", même modestes, ont déserté ces quartiers les unes après les autres. Les familles étrangères sont restées et ont vécu cette relégation comme une discrimination raciale [1] ».

Le mal-être qui peut résulter de ce type de situation apparaît de manière particulièrement parlante sous la plume de Pierre Bourdieu quand, dans *La Misère du monde,* il explore un certain tragique du quotidien et se propose de « comprendre ce qui se passe dans des lieux qui, comme les "cités" ou les "grands ensembles", et aussi nombre d'établissements scolaires, rapprochent des gens que tout sépare, les obligeant à cohabiter, soit dans l'ignorance et l'incompréhension

1. Témoignage d'un médecin appartenant à un service psychiatrique de la Seine-Saint-Denis, *Le Monde,* 15 novembre 2005, p. 14.

mutuelle, soit dans le conflit, latent ou déclaré, avec toutes les souffrances qui en résultent[1] ».

Celui qui, doté de solides ressources, achète son logement ou le loue sur le marché n'a pas grand mal à se protéger de ces difficultés. Rien ne l'empêche de choisir un logement bien isolé, un environnement où les codes sociaux auxquels il adhère sont plutôt respectés, un quartier où la loi de la République s'applique. S'il se trouve que ce choix l'amène dans des lieux où telle population est peu présente (où, par exemple, la densité d'immigrés venus du Sud est particulièrement faible), il peut toujours dire qu'il s'agit d'une question de goûts personnels, d'affections singulières, et que cela n'a rien à voir avec un quelconque refus de l'autre. Ainsi, quand il préfère le Ve arrondissement de Paris à telle ville de la Seine-Saint-Denis, il n'aura aucun mal à évoquer des raisons inattaquables : sa rue lui fait penser au roman de Balzac qu'il lisait à dix ans, le boulanger le plus proche fait le meilleur pain de Paris, etc. Mais qu'en est-il de celui dont les ressources sont plus réduites, qui a investi dans une résidence de banlieue d'abord pimpante, puis dégradée au fil du temps pendant que la composition sociale et ethnique de ses habitants changeait et que sa valeur marchande s'effondrait ? Il reste libre en principe de changer de lieu, mais n'en a pas toujours les moyens[2]. Celui qui est candidat à l'attribution d'une HLM n'a lui aussi qu'une liberté de choix limitée quant à la composition de son voisinage, et il doit sérieusement compter avec les « politiques de mixité sociale[3] », à moins qu'il ne dispose, faute de capital économique, d'un solide capital de relations au sein d'instances appropriées ; très convoitées, les places dans les endroits

1. Pierre Bourdieu, *La Misère du monde, op. cit.*, p. 9.

2. *Ibid.*, p. 43, 167, 224, 239.

3. Sur les résistances à l'application de ces politiques, cf. par exemple une enquête publiée dans *Le Monde*, 27 avril 2002.

« bien habités » sont d'accès difficile si l'on n'a pas d'appui en haut lieu.

Parallèlement, en matière de loisirs, la capacité à jouir de la liberté de choisir son environnement, y compris humain, est fort inégalement répartie. Le grand bourgeois qui reçoit pour sa fille au Tir aux pigeons ou au Jockey club est parfaitement dans son droit quand il sélectionne à sa guise ses invités et confie à des cerbères le soin d'être intraitable vis-à-vis de ceux qui, non élus, prétendraient se joindre à la fête. Même si le lieu où il reçoit n'est pas privé par nature, il l'est devenu du fait qu'il a payé pour en avoir l'usage exclusif. Le bourgeois-bohème qui a loué une cave sympa pour passer une bonne soirée avec des copains a le choix lui aussi de n'y trouver que ses semblables. Ni l'un ni l'autre ne risque d'être poursuivi pour discrimination. Celui dont les loisirs, pour des questions de moyens financiers ou d'habitudes sociales, se déroulent en très grande part dans un espace public n'a pas la même latitude de choix. Une discothèque ou un camping n'ont pas le droit de sélectionner de manière discriminatoire ceux qu'ils accueillent, et risquent de plus en plus d'être poursuivis s'ils enfreignent la loi. De ce fait, les possibilités offertes à chacun de passer ses loisirs dans un environnement où les codes sociaux auxquels il adhère sont respectés sont fort inégales. Et, au-delà des codes sociaux, on trouve l'inégal respect de la loi républicaine selon les lieux. Là où les bandes s'affrontent pour faire régner leur loi, dans des territoires juridiquement publics mais que chacune entend contrôler, celui qui n'a pas les moyens de participer à la lutte pour la souveraineté risque fort de se sentir bien dépossédé.

Certes, celui qui utilise de manière avisée les possibilités que lui offre ainsi le droit de mener sa vie privée à sa guise risque d'avoir la conscience moins tranquille que son homologue anglo-saxon. Il est clairement soupçonné de racisme. Mais il peut trouver des excuses sans trop de mal. Ainsi, dans un ouvrage consacré au combat antiraciste, on rencontre des appréciations divergentes sur les stratégies de ceux qui cherchent pour leurs enfants un établissement scolaire peu pourvu en immigrés venus du Sud. Pour un des auteurs, pareille manière d'agir relève, quelles qu'en soient les motivations, d'une « logique racisante [1] ». Mais un autre auteur est beaucoup plus indulgent : « Après tout, c'est une expérience banale que de constater que les individus et les groupes qui ne manifestent aucun préjugé raciste se comportent, dans le domaine scolaire, comme des "consommateurs avertis" dès qu'il s'agit de choisir l'établissement et la filière de leurs enfants. Plus qu'une race, ils s'efforcent de "fuir" les catégories défavorisées et la plus visible d'entre elles : les immigrés. Bien des gens se sentent pris dans une sorte de dilemme et choisissent l'intérêt supposé de leurs enfants selon un calcul qui n'est pas différent de celui qui conduit à privilégier le latin, les mathématiques et les lycées de centre-ville afin d'accroître les chances de succès [2]. »

Au total, les divers segments de la population sont placés dans des positions très inégales quant à la capacité à être maître chez soi, et donc à se sentir « chez soi », dans le triple registre de la maîtrise effective de son espace privé, du respect au sein de son voisinage des codes sociaux auxquels il adhère, et du fait que la force y reste à la loi [3]. Cette capacité est elle-même fortement influencée par l'intensité de la présence de populations qui obéissent à d'autres

1. Angelina Peralva, « Le racisme et la ville », in *Racisme et Modernité, op. cit.*, p. 241.

2. François Dubet, « Le racisme et l'école en France », in *ibid.*, p. 300-301.

3. Cette question de qui fait réellement la loi, en particulier du fait des risques de représailles qu'encourt celui qui tente de la faire respecter en sa faveur, joue un grand rôle dans le malaise de ceux qui habitent certains quartiers. Cf. Pierre Bourdieu, *La Misère du monde, op. cit.*, p. 46, 48, 53, 79, 117, 137, 139, 142, 144, 147, 291.

codes sociaux. Cela explique le fait que, comme le note un hebdomadaire aussi attaché à la lutte antiraciste que *Le Nouvel Observateur,* « le discours tolérant, ouvert et quelque peu irénique de la gauche généreuse est de plus en plus circonscrit à des milieux qui n'ont pas à supporter les conséquences du brassage des populations dans leur vie quotidienne[1] ». De son côté, Pierre Bourdieu souligne à quel point il n'existe aucune harmonie préétablie entre l'attachement éthique à l'ouverture à l'Autre et la facilité à vivre les relations concrètes avec l'autre. Donnant la parole en particulier à ceux qui se trouvent tenaillés entre leur éthique et la gestion de leur quotidien, il constate que « tout tend à montrer que les traditions et les convictions internationalistes et antiracistes qu'ils ont acquises à travers leur éducation et leurs engagements politiques [...] et qui sont renforcées par la condamnation officielle de la discrimination et des préjugés raciaux, sont mises à rude épreuve, au jour le jour, par la confrontation avec les difficultés réelles de la cohabitation ». Ainsi il évoque divers témoignages, tels « celui de cette vieille militante socialiste qui, surtout l'été, et en période de fête, ne peut plus supporter les bruits et les odeurs de l'immeuble auquel elle se sent enchaînée, ou celui de ce couple de vieux militants communistes, qui, pour les mêmes raisons, ont dû déménager, la mort dans l'âme, avec le sentiment de manquer à toutes leurs convictions[2] ».

1. Laurent Joffrin, « À droite toute ? », *Le Nouvel Observateur,* 23-29 mai 2002.

2. *La Misère du monde, op. cit.,* p. 21. La première personne citée est sans doute « Maria D. », dont les propos sont rapportés et analysés p. 101 à 114.

IV. Les difficultés présentes des immigrés venus du Sud

Au cours de l'histoire, les descendants d'Italiens, de Polonais, d'Espagnols, d'Arméniens, etc., venus en France se sont intégrés, devenant des Français « comme les autres », pratiquement indiscernables. Les descendants de Portugais sont en train de le faire. Quand on a monté en épingle l'entrée au gouvernement d'une « fille d'immigrés », et que certains ont fait remarquer que le gouvernement comptait déjà deux ministres issus de l'immigration, Nicolas Sarkozy et Patrick Devedjian, cela a fait sourire tant il paraissait évident qu'ils étaient l'un et l'autre des Français parfaitement ordinaires. « Avec les avantages d'une citoyenneté, note Jean Daniel, les nouveaux Français recevaient l'honneur d'une appartenance. Peut-être les parents de Nicolas Sarkozy et les miens eussent-ils été moins bien “intégrés” aujourd'hui qu'ils ne le furent hier. Ils ne se demandaient pas ce que le pays leur devait, mais ce qu'ils devaient au pays. Et ce qu'ils devaient était simple : un partage de souvenirs et de projets ; une profonde adhésion aux valeurs de la société qui les accueillait ; un respect scrupuleux des valeurs, des rites et des usages de cette société[1]. »

Mais les temps ont bien changé. Nombre de descendants d'immigrés venus du Sud paraissent, sous des formes diverses, réticents à suivre la même voie d'intégration que leurs prédécesseurs d'origine européenne. Sans parler d'événements à forte portée émotionnelle, telle *La Marseillaise* sifflée au stade de France, il n'est quasi pas de jour où l'on n'entende parler d'une volonté de rester à part. La presse qui se veut la plus fidèle aux idéaux antiracistes regorge de récits

1. Jean Daniel, « Barrage contre le communautarisme », *Le Nouvel Observateur,* 19-25 décembre 2002.

d'épisodes où se manifeste une telle volonté[1]. Cette fidélité aux origines, qui se manifeste à la fois dans une affirmation identitaire et dans l'attachement à des codes sociaux propres, ne poserait pas question dans une vision britannique de la société. Mais elle fait difficulté dans une perspective française[2]. Ainsi, les intéressés sont-ils vraiment français, sociologiquement et pas seulement juridiquement ? Il n'est pas que l'extrême droite pour avoir des doutes. On a pu lire, par exemple, là encore dans *Le Nouvel Observateur,* à propos d'élèves de collèges : « Bien sûr ils sont français, mais *en réalité* [c'est nous qui soulignons], à la maison, ils parlent arabe, cap-verdien, bambara, portugais, *"marocain"*, kurde, turc, *"algérien", "malien", "congolais"*[3]... »

D'où provient cette rupture ? Des comportements bien peu accueillants sont dénoncés : « Dès qu'ils voient d'où on vient, les patrons changent de tête » ; « Pour nous, la capitale, c'est l'insécurité. Et c'est difficile de porter le regard des autres, les petites vieilles s'accrochent à leur sac à main, et les autres nous traitent de racaille. En France on a le choix entre ce regard et rien[4]. » Et sont dénoncés symétriquement des comportements asociaux, tels les méfaits de « ceux qu'on

1. Ainsi, par exemple, dans un lycée d'Avignon, tel fils d'immigrés maghrébins se fait traiter de « sale Français » par ses homologues parce qu'il fréquente des « Français français ». Parmi les lycéens d'origine maghrébine, peu se déclarent français ; l'une « se présente comme marocaine, même si elle n'en possède pas la nationalité », une autre « fait de même en se présentant comme algérienne ». Dans une réunion, « une majorité ne se définissait pas comme français parce que cette identité leur paraît incompatible avec leurs origines ». Luc Bronner, « La grande confusion des lycéens », *Le Monde,* 24 avril 2003.

2. Rémy Leveau, « L'immigration de culture musulmane : racisme et marginalisation », in *Racisme et Modernité, op. cit.,* p. 393-399.

3. « La bataille d'Utrillo », *Le Nouvel Observateur,* 26 septembre-2 octobre 2002.

4. Propos de jeunes des « cités », *Le Nouvel Observateur,* 17-23 novembre 2005.

nomme les racailles ou "cailleras" (en verlan), groupes de jeunes dont tout le monde a peur, qui conduisent des scooters sans casque, roulent sur les trottoirs au mépris des piétons, ignorent royalement les feux de signalisation, comme ils récusent toute autre forme de conduite sociale[1] ». Le « modèle français d'intégration » est mis en accusation, et l'a été particulièrement, à l'automne 2005, lors des événements qui ont secoué les banlieues. « Pendant longtemps, Paris a observé avec une supériorité goguenarde les émeutes raciales, les affrontements interethniques au sein des États ayant opté pour le communautarisme. Aujourd'hui, c'est à son tour de pleurer son modèle incendié[2]. » De multiples facteurs sont couramment mis en avant, avec plus ou moins de sérieux, et chacun fait son choix en cherchant à désigner des coupables : des comportements racistes, les problèmes sociaux causés par l'insuffisance de la croissance et l'ampleur du chômage, une haine de l'Occident attisée par un islam radical, etc. Les spécificités de la société française ne sont pas seules en cause ; les difficultés d'intégration des immigrés venus du Sud se retrouvent actuellement, sous une forme ou une autre, dans toute l'Europe. Par ailleurs, bien des distinctions seraient à faire selon les régions d'origine des immigrés, pays du Maghreb, Afrique noire, Chine, Turquie ou autre. Mais le problème a effectivement un aspect proprement français.

La manière usuelle dont la société française gère son hétérogénéité consiste à assigner à chacun un statut, dans sa double dimension de rang et de degré de proximité. Ce statut conditionne la façon dont chaque individu est traité

1. Azouz Begag, tribune dans *Le Monde,* 8 mai 2002 ; ces propos ont été rappelés lors de la polémique qu'a suscitée l'utilisation du terme « racaille » par Nicolas Sarkozy, *Le Monde,* 6-7 novembre 2005.

2. Alain Duhamel, « Le bûcher de l'intégration à la française », *Libération,* 9 novembre 2005.

dans les rapports de personne à personne, tout comme les places qu'il paraît légitime qu'il occupe. Il est attribué par le corps social et non par la loi. Les multiples facteurs qui le régissent ne coïncident pas avec ceux qui déterminent les droits du citoyen. Il en est ainsi pour l'origine sociale. Il en est de même pour le plus ou moins grand respect des usages vis-à-vis desquels la loi est indifférente, telle une plus ou moins grande conformité à des règles de civilité. C'est par ce biais que des considérations «ethniques» entrent en jeu.

Pendant longtemps, ces questions de statut n'ont pas entravé durablement l'intégration de ceux qui venaient d'ailleurs. Pour ceux qui étaient originaires de la bonne bourgeoisie européenne (en y incluant les restes des anciennes aristocraties), cette intégration pouvait se faire sans difficultés dès la première génération. Ils maîtrisaient déjà, avant d'arriver, des codes de civilité et des références culturelles qui, dans ces milieux, étaient largement partagés par l'Europe entière. En général, ils avaient déjà une familiarité notable avec la société française. Plus difficile pour la première génération issue de milieux plus modestes, tenus de découvrir des codes sociaux inconnus, l'intégration se faisait sans trop de mal pour une deuxième génération qui avait acquis leur maîtrise. Certes, certains provenaient de pays ayant eu dans le passé de multiples conflits avec la France. Mais il suffisait qu'ils fassent clairement allégeance à leur nouvelle patrie pour être vus comme de «vrais Français». Le «respect scrupuleux des valeurs, des rites et des usages», qu'évoque Jean Daniel, constituait une manifestation claire de cette allégeance. Il est vrai que les différences, plus ou moins fondées, entre les images associées aux divers pays d'origine, le prestige reconnu à chacun d'eux, pouvaient introduire d'infinies nuances dans les positions sociales des nouveaux venus. Mais ces nuances n'excédaient pas celles qui, associées à de multiples facteurs, distinguent déjà les statuts des Français les plus ordinaires. Les « immigrés » partageaient vite la condition sociale de leurs compatriotes « de souche » pourvus des mêmes attributs, tels les titres scolaires et la profession exercée.

Pourquoi la situation est-elle si différente pour les nouveaux venus d'aujourd'hui et pour leur descendance ? Ou, plutôt, comment se fait-il que l'on ait de tels écarts entre eux : pendant que certains ne paraissent pas rencontrer de difficultés d'intégration supérieures à celles de leurs prédécesseurs d'origine européenne, d'autres sont rejetés en marge de la société. Avant d'accuser tel ou tel, mieux vaut réfléchir aux difficultés objectives inhérentes à la situation. On y trouve au premier chef ce qui touche à la maîtrise, à la fois si subtile et si cruciale dans la société française, des codes sociaux, souvent très opaques, qui régissent son fonctionnement, avec tout ce qui en résulte dans le statut assigné à chacun.

Certes, même pour ceux qui sont issus de familles appartenant, avant de prendre racine en France, à une bourgeoisie intellectuelle ou à une bourgeoisie d'affaires déjà très occidentalisées, la compréhension des codes sociaux propres à la société française ne va pas de soi. Mais la tâche est possible. Leur cursus scolaire et universitaire, souvent dans des établissements haut de gamme où la majorité de leurs condisciples ont une parfaite maîtrise des bons usages, ne peut que consolider ce qu'ils ont déjà appris dans leur famille. La situation est très différente pour ceux dont les origines se situent au fin fond des campagnes du Tiers-Monde et qui demeurent dans les « cités ». Comment, pour les immigrés de la première génération qui se trouvent dans ce cas, assumer une rupture souvent radicale entre ce dont ils ont hérité et ce qu'ils sont tenus de transmettre, mais dont personne ne leur a révélé la teneur ? Comment le faire quand, de plus, la manière même de transmettre fait question ? Ainsi, se plaint une mère : « On nous reproche de manquer d'autorité, mais on nous a enlevé l'autorité. À six ans, à l'école, on apprend aux gamins que si les parents les frappent, ils peuvent appeler un numéro vert, porter plainte en justice. Les enfants menacent les parents à la moindre engueulade, et des pères se font traîner en justice pour de simples gifles. Les parents n'osent ensuite plus rien faire[1]. » De même, « certains parents qui ont été élevés en Afrique s'attendent à ce que les enfants qui sont dans la rue soient pris en charge par les adultes, comme dans l'habitat traditionnel africain. Mais personne n'intervient et les enfants finissent par être livrés à eux-mêmes[2] ». Peut-on compter sur l'école pour apprendre à se comporter de manière « civilisée », de la façon dont cela est conçu en France dans le milieu social où chacun devra vivre ? Certains maîtres, sans doute, considèrent que cela fait partie de leur mission, et heureux ceux qui les rencontrent, mais ce n'est pas le cas de tous, et encore faut-il qu'ils soient écoutés. Les codes sociaux, qu'il s'agisse des manières de parler, de s'habiller, de gérer les conflits, qui prévalent dans les « bandes » où beaucoup reçoivent une bonne part de leur éducation, ne ressemblent guère à ceux qui permettent de recevoir un bon accueil dans la France ordinaire.

Cette absence de maîtrise de manières « normales » de se conduire et l'image globale associée à cette absence affectent non seulement ceux chez qui elles sont le plus manifeste mais, par une sorte d'effet de halo, les lieux où ils sont en nombre et l'ensemble de ceux qui résident dans ces lieux. Elle ne pèse pas seulement sur les interactions de la vie quotidienne, mais aussi sur les questions d'emploi. Pour ceux qui occupent des emplois à basse qualification,

1. Témoignage d'une mère d'une « cité », *Libération,* 11 novembre 2005, p. 4.

2. Témoignage d'un médecin appartenant à un service psychiatrique de la Seine-Saint-Denis, *Le Monde,* 15 novembre 2005, p. 14.

les entreprises sont particulièrement attentives aux questions dites de «comportement». Il s'agit, dans l'industrie, d'accepter sans broncher l'ordre qui règne dans l'atelier, de se montrer ponctuel, respectueux vis-à-vis des consignes reçues, tout en étant capable de rentrer dans des rapports de coopération impliquant un minimum d'écoute mutuelle. La rupture est brutale aussi bien avec le fonctionnement permissif de l'école qu'avec les rapports au sein des «bandes». Pour ne pas être rejeté, il faut avoir été un minimum préparé par l'éducation familiale à ce type de discipline et de coopération. Certaines familles, y compris parmi les plus modestes, jouent pleinement ce rôle, et ceux de leurs enfants qui «réussissent» ne manquent pas de célébrer ce qu'ils doivent en la matière à leurs parents. Mais tous n'en sont pas issus. On retrouve le même décalage pour les emplois de service.

S'agissant des processus que nous venons de considérer, parler de racisme n'a guère de sens. Les employeurs potentiels, à la recherche de «bons éléments», prêtent attention à certains facteurs qui, selon l'opinion commune, laissent augurer des comportements peu favorables. Ils se méfient au premier chef de certains lieux d'habitation. Craignant des ennuis, ils écartent les candidatures en provenance de ceux qui y demeurent. Certains demandeurs d'emploi ainsi écartés seraient personnellement tout à fait dignes qu'on leur fasse confiance. Le rejet de leur dossier sans examen constitue bien une forme de discrimination personnelle. Le problème est que les employeurs ne se donnent pas la peine de faire un tri qui leur permette de distinguer ces «bons éléments», au sein d'ensembles qui en sont relativement peu pourvus. Si, dans ce type de processus, des caractéristiques ethniques peuvent susciter l'attention, elles ne sont pas considérées pour elles-mêmes. Ce sont des questions de formes de socialisation et d'adaptation au monde du travail qui sont en jeu.

Cela dit, le statut assigné aux immigrés n'est pas seulement une question de maîtrise de codes sociaux. Leurs origines sont aussi concernées. Et c'est alors qu'il peut être pertinent de parler de racisme.

Quelle est l'influence sur le statut assigné de l'origine « ethnique », vietnamien, kabyle, malien ou autre ? Le sujet a été moins étudié en France (où il n'est pas sûr qu'on ait le droit de s'y intéresser) qu'aux États-Unis (où il paraît naturel d'analyser précisément ce qu'implique en matière de statut social le fait d'être d'ascendance irlandaise, allemande, italienne, chinoise ou pakistanaise). Il n'est pas indifférent, dans la manière dont on est considéré, de provenir d'une société plus ou moins réputée, à tort ou à raison, pour l'ancienneté et la profondeur de sa culture, et perçue, dans les événements qui s'y déroulent de nos jours, comme faisant plus ou moins honneur à l'humanité. Dans ce domaine, des tensions peuvent se produire quand la vision la plus courante des autres sociétés que l'on trouve en France diffère trop de celle qui prévaut chez les nouveaux venus. La question se pose particulièrement à propos du grand passé dont se glorifient les sociétés arabo-islamiques et de l'influence de ce passé sur le statut de ceux dont la famille est concernée. Ne sont-ils pas les héritiers d'une grandeur qui les honore ? Ne pas reconnaître cette grandeur ne relève-t-il pas d'une forme de racisme ? En fait, dans la société française, le statut de rejeton déchu d'une famille jadis brillante n'est pas forcément enviable. Et tous ne sont pas à égalité. Le polytechnicien marocain, algérien ou tunisien (ils ne manquent pas) qui a « tenu son rang » ne fera pas sourire s'il évoque le glorieux passé de la science arabe. Celui qui maîtrise mal les savoirs élémentaires est mal placé pour en tirer honneur et gloire.

Par ailleurs, en quoi le fait qu'une bonne partie des immigrés d'aujourd'hui soient issus de pays anciennement colonisés affecte-t-il leur statut et celui de leurs descendants ?

Tout dépend de la lecture que l'on fait de la colonisation, et dans ce domaine la situation est paradoxale. Une lecture plutôt positive, très répandue dans le corps social, y voit pour l'essentiel un processus par lequel les acquis de la modernité, qu'il s'agisse de la science, des techniques ou de l'attachement à la démocratie, se sont répandus dans des sociétés qui avaient pris du retard dans ces domaines. Dans cette perspective, et surtout si des luttes de libération ont permis de « laver l'honneur » des défaites subies au temps de la conquête, la colonisation n'est pas plus humiliante pour ceux qui en ont été l'objet que ne l'est, pour les Français, le fait que leurs ancêtres aient été colonisés par les Romains. Les descendants d'anciens colonisés sont en droit de s'affirmer pleinement héritiers de l'ancien colonisateur. Leur venue en France est à la fois la reconnaissance et le recueil d'un héritage. Mais, au nom de la défense des immigrés et de leurs descendants, certains (comme les auteurs du manifeste tant controversé des « Indigènes de la République ») ne veulent connaître dans la colonisation que ce qu'elle a impliqué de domination d'un fort sur un faible. Ils cherchent à lui donner sens en faisant appel à l'image de l'esclavage, avec des propos tels que : « la colonisation et l'esclavage c'est la même chose, un crime contre l'humanité, sans aspect positif. Le même principe d'asservissement, d'humiliation et de dépossession [1] ». Cela conduit à un refus de s'insérer dans la société française en tant qu'héritiers qui, parmi d'autres héritiers, assument à la fois la gloire et les errements des ancêtres adoptifs. La posture adoptée est alors celle de victime, fondée à demander éternellement réparation, et ayant à ce titre des droits sur la France sans avoir pour autant d'obligation de lui faire allégeance.

Une telle lecture a sans doute été un instrument puissant

1. Serge Letchimy, maire de Fort-de-France. *Le Nouvel Observateur*, 15-21 décembre 2005, p. 54.

de mobilisation dans les luttes qui ont mis fin au phénomène colonial. Mais ses effets actuels sont redoutables. Dans le registre de l'honneur, ce n'est pas l'offenseur mais l'offensé qui perd la face. « C'est l'individu qui a subi la souillure et non celui qui l'a perpétrée qui appelle sur sa tête le mépris [1]. » Les manifestations de ressentiment contribuent, elles aussi, à donner de soi une image bien peu noble. Et, dans une telle perspective, l'humiliation menace spécialement ceux qui sont venus travailler chez le colonisateur du temps où d'autres combattaient sa présence ; ils peuvent donner (et avoir) le sentiment non de s'être élevés mais de s'être laissé acheter.

En fin de compte, les conditions d'intégration au sein du corps social (et pas seulement au sein d'un ordre juridique et politique) des immigrés du Sud et de leur descendance sont extrêmement contrastées. Pour certains, les choses sont relativement faciles. Issus de classes favorisées et ayant fait de brillantes études, ils n'ont de mal ni à se comporter en « vrais Français » ni à intéresser un employeur ; sensibles au côté positif de la colonisation, avec tout l'effet qu'elle a eu, en fin de compte, sur leur propre destin, ils se sentent chez eux sur les terres de l'ex-colonisateur. Acceptant de faire allégeance à la société française, reconnus comme semblables par leurs compatriotes d'élection, ils retrouvent le chemin de leurs prédécesseurs venus d'Europe. À l'opposé on trouve les chômeurs des cités. Ils vivent dans l'humiliation les difficultés qu'ils rencontrent dans tous les domaines de l'existence, au premier chef l'emploi et le logement, d'autant plus qu'ils sont hors d'état de faire la part entre ce que ces difficultés doivent à leur propre manière d'être, à la réputation que leur vaut la conduite ordinaire de ceux qui leur ressemblent, ou à un authentique racisme. Entre les

1. Julian Pitt-Rivers, *Anthropologie de l'honneur*, Le Sycomore, 1983, p. 52.

deux, on trouve toute une gamme de positions, avec leurs lumières et leurs ombres : ceux qui se sont fait reconnaître par leurs prouesses, notamment sportives, même si parfois leur parcours a été difficile ; ceux qui ont fait des études, mais ont reçu des diplômes, licence, BTS ou autre, décernés par des universités ou des lycées techniques réputés peu regardants, et qui, ayant bien du mal à faire reconnaître leur valeur par un employeur, se sentent discriminés ; bien d'autres encore, plus ou moins satisfaits de la situation qui leur est faite.

La dynamique qui s'instaure à partir de ces diverses positions ne relève pas d'une fatalité. Elle dépend de la manière dont chacun donne sens à la place qui lui est faite, la ressent et y réagit. Sa personnalité entre alors en jeu, mais aussi les manières d'interpréter les situations que privilégie la culture dont il est issu. Celles-ci ne sont pas les mêmes en Chine, dans les sociétés d'Afrique noire ou dans celles du Maghreb. Ainsi, pour ceux qui se sentent mal traités, la conception exigeante de l'honneur que véhiculent les cultures méditerranéennes ne facilite pas les choses. Elle ne peut qu'inciter à rétablir celui-ci par un refus radical de faire allégeance à la société française, et donc un rejet des conditions auxquelles celle-ci propose de s'intégrer. L'humiliation nourrit alors le ressentiment, la révolte, un refus de s'identifier à une société qui vous rejette et d'en adopter les usages. Ce refus trouve parfois à s'exprimer par l'adhésion à un islamisme plus ou moins virulent. Or, on ne peut s'intégrer dans un corps social qu'en acceptant le statut qu'il vous assigne en même temps que ses usages. D'humiliation en ressentiment, en révolte, en rejet et en nouvelles humiliations, un cercle vicieux fonctionne implacablement.

V. Une cohérence à trouver

Peut-on sortir d'un tel cercle vicieux ? Il ne suffira pas pour cela de quelques pincées de « politique de la ville » et de quelques « mesures anti-discrimination ». La « révolte des banlieues », entre attaques contre les pompiers et destructions d'écoles, met en lumière la profondeur du ressentiment accumulé. Quand certains disent qu'ils « ont la haine », il ne faut pas trop vite croire qu'il ne s'agit que d'une expression convenue. Ils incitent à méditer les sombres propos de Taine, évoquant les illusions des contemporains face à l'intensité du ressentiment qui a animé certains épisodes de la Révolution française : « Au plus fort de la Jacquerie, les sages du temps supposeront toujours qu'ils vivent en pleine églogue, et qu'avec un air de flûte ils vont ramener dans la bergerie la meute hurlante des colères bestiales et des appétits déchaînés[1]. » Il est vrai qu'il n'est pas usuel de prendre en compte la violence des passions dans les analyses sociales et politiques. C'est à tort[2].

Peut-on réintégrer dans le corps social la fraction de celui-ci qui vit dans l'humiliation et la révolte ? Y arrivera-t-on en faisant comme si la vision purement politique et juridique que notre société donne et se donne volontiers d'elle-même était la seule à prendre en compte ? De nos jours, la « question de l'immigration » comme « les problèmes des banlieues » tendent à être pensés dans l'univers des droits, reconnus ou bafoués. Les réactions du corps social inspirées par d'autres considérations apparaissent comme autant de résistances qu'il convient de réduire par des politiques mus-

1. Hippolyte Taine, *Les Origines de la France contemporaine*, *l'Ancien Régime* (1875), Robert Laffont, coll. « Bouquins », 1986, p. 178.

2. Pierre Hassner, *La Revanche des passions,* Société des amis de François Furet, mai 2004.

clées de mixité sociale et de lutte contre les discriminations. Objet de honte, le comportement de ce corps social dans l'isoloir montre combien il a besoin d'être éduqué. Cette façon de voir ne peut mener loin. À se placer quasi exclusivement dans l'univers des droits, non seulement les responsables de ces dernières décennies n'ont pas expliqué clairement aux immigrés et à leurs descendants à quelles conditions ils pouvaient être bien accueillis dans la société française, mais ils leur ont positivement menti. Comme l'accusation plus ou moins incantatoire de « racisme » dispense d'analyser le fonctionnement du corps social, on ne réfléchit guère aux manières dont il pourrait réellement s'ouvrir. Il est vrai que, dans le contexte passionnel qui sévit actuellement, où fusent de tous côtés les accusations les plus graves, de fasciste à fossoyeur de l'Occident, il est difficile de raison garder. Face à ses maux, la société française a du mal à trouver des remèdes adaptés aux pesanteurs de ce bas monde. Comment pourrait-elle y arriver sans accorder ses idéaux à la réalité de ses ressorts ?

Dans une telle recherche, il ne faut pas oublier que, s'il existe plusieurs manières cohérentes de gérer l'hétérogénéité de la société, avec leurs mérites et leurs limites, on ne peut tenter impunément de combiner des pièces et des morceaux.

Plus on veut, conformément à une vision libérale, respecter les usages de chacun, ses traditions, les codes sociaux qui organisent son existence, le sentiment d'identité que cet héritage aide à entretenir, plus la coexistence sur un même lieu de vie de ceux dont les héritages diffèrent est source de tension. Plus il est sage, suivant en cela le modèle que fournissent sous des formes différentes la Grande-Bretagne ou les États-Unis, de laisser opérer de concert la liberté de chacun à choisir son environnement et le jeu du marché. Si leur combinaison conduit les diverses communautés, y compris celle que forment les « Blancs », à vivre largement entre elles, il n'y a pas à s'en soucier. Et il n'y a pas lieu d'être trop exigeant en matière de solidarité entre ceux qui ne se reconnaissent pas comme semblables.

Plus l'on veut au contraire, conformément à la vision qui a longtemps prévalu en France, que tous se mêlent et soient solidaires sans souci de leurs origines, plus il faut admettre que les nouveaux venus et leurs descendants doivent adopter, au-delà du respect des lois, les usages du pays d'accueil, quel que soit le coût que représente pour eux un tel changement de repères. Dans une telle perspective, il est normal que la pression sociale nourrisse une telle évolution, et l'école se doit d'y contribuer.

Face à un tel dilemme, la société française d'aujourd'hui est pleine d'hésitations et de contradictions. Elle ne paraît prête à opter ni dans un sens ni dans un autre. Elle est incapable d'offrir à ceux qui ont du mal à y trouver leur place un cahier des charges clair définissant à quelles conditions ils peuvent être effectivement reconnus comme Français, socialement et culturellement, et pas seulement juridiquement. Elle incite ainsi nombre d'entre eux à croire que de toute façon une telle reconnaissance est inaccessible, et à donc se replier sur leur « communauté », rendant par là leur situation encore plus inextricable. Bien des options sont sans doute ouvertes à la France. Mais elle ne peut se dispenser de choisir.

CONCLUSION

Une manière créative d'être différents

Que l'on considère les problèmes d'emploi, la crise de l'école ou les difficultés d'intégration des immigrés, on retrouve, sous la forme spécifique qu'ils revêtent en France, les effets d'un regard social épris de grandeur, de noblesse, de souci du rang. Ce regard nourrit la conception française de l'idéal républicain, la défense des statuts, l'enseignement élitiste, le peu de considération pour les «jeunes» des banlieues. Il alimente la défense des archaïsmes du «modèle social français». Ne serait-il pas temps de se débarrasser de ce reste du passé pour devenir enfin modernes? Ou une telle perspective relève-t-elle de l'illusion? Et, s'il en est ainsi, comment gérer la rencontre entre le monde contemporain et un héritage lourd à porter? Comment trouver à nouveau, comme cela a été fait tout au long de l'histoire, des manières créatives d'assumer cet héritage?

I. Serons-nous un jour modernes?

Notre époque a pour projet de rassembler l'humanité au-delà de toute frontière, ethnique, religieuse, nationale. Elle veut créer un monde commun, où les droits de l'homme seraient respectés en tout homme quel qu'il soit, considéré en tant que tel, qui serait ouvert à la circulation des personnes et des marchandises, un monde libéré des préjugés qui divisent… La persistance d'un attachement à une société de rangs, éprise de noblesse et de grandeur, y détonne. Elle détonne d'autant plus, s'agissant de la France, que celle-ci s'est toujours voulue à la pointe du combat pour une humanité unie autour de valeurs universelles, oublieuse des préjugés, attachée à la raison. On l'a bien vu, par exemple, dans les débuts de la construction européenne ou dans l'invention du « devoir d'ingérence ». La persistance de traits archaïques a dès lors quelque chose de profondément humiliant. Comment ne pas y voir un signe de retard dans une adhésion aux Lumières pour laquelle l'ambition française a toujours été de montrer le chemin ? N'est-il pas temps d'être enfin à la hauteur d'une vocation trop méconnue ?

Mais, dans sa glorification de l'universel, la France cherche-t-elle vraiment à échapper à son passé ? Ne s'agit-il pas plutôt, dans une parfaite fidélité à l'esprit d'une société de rangs, d'exprimer une vision particulière de la grandeur ? Le désir d'accéder à un monde voué à la pureté de l'esprit, où la diversité des cultures et des talents aurait perdu tout relief face à la majesté de l'homme universel (et donc de cesser d'accorder quelque attention à ce par quoi tout humain singulier, quand il se voue aux particularismes d'un terroir, reste souillé par l'impureté de la terre), n'a-t-il pas quelque chose d'éminemment noble et grand ? Et n'en est-il pas de même de l'ambition d'être la « lumière des nations » ? Le projet moderne, dans sa radicalité, est une manière d'accéder à la grandeur, non un oubli de celle-ci. Par son côté universaliste, il en incarne la vision cléricale et, par le rôle qu'y joue la France, la vision aristocratique. Il permet ainsi, au moins dans l'imaginaire, de réconcilier la France avec elle-même. Il le fait d'autant plus qu'il élève au-dessus d'un quotidien où chacun poursuit ses intérêts de façon plus ou moins mesquine, avec le sentiment qu'il devrait mieux faire. En outre, pour ses partisans les plus farouches, le projet de noyer les différences sociales dans la glorification de ce que tous les hommes ont en commun n'est pas forcément pur de tout désir de revanche à l'égard d'une société qui, pensent-ils, ne leur accorde pas le rang qu'ils méritent[1].

Y aurait-il, ailleurs, une société plus débarrassée de ses « archaïsmes » que ne l'est la société française ? En la matière, les sociétés libérales lui montreraient-elles le chemin ? Rien n'est moins sûr si l'on qualifie d'archaïsme tout ce qui, loin de ne relever que de la raison universelle, traduit un attachement pour des traditions singulières. En ce sens, la monarchie, l'absence de constitution, les *public schools,* la portée différenciatrice d'un bon accent, la distance sociale entre l'élite et le peuple, ne sont qu'une part des « archaïsmes » de la société britannique. Et que penser des États-Unis ? Qui a, par exemple, vu de ses yeux l'intronisation de George W. Bush pour son deuxième mandat présidentiel, le serment sur la Bible, l'homélie du pasteur, le *Benedicite* ouvrant le banquet qui a suivi l'intronisation, le président, son prédécesseur, leurs épouses et toute la compagnie en prière, la tête pieusement entre les mains, devant les télévisions du monde entier, ne peut que se demander qui, des États-Unis et de la France, est le plus marqué par ses traditions.

En fait, il n'existe nulle part de société qui ne serait régie que par un ordre juridico-politique créé de toutes pièces, en ayant éliminé tout préjugé, tout sacré autre que la pure célébration de l'humanité. Même quand pareille utopie inspire l'action, elle le fait toujours en s'incarnant sous une forme où l'on reconnaît la présence de réalités d'un autre ordre. Partout s'y mêle, jusque dans l'organisation de la vie

1. On pourrait reprendre ici les remarques de Tocqueville sur la place de l'idée d'égalité à la fin de l'Ancien Régime : « Le tiers état était une portion de l'aristocratie révoltée contre l'autre, et contrainte à professer l'idée générale de l'égalité pour combattre l'idée particulière d'inégalité qu'on lui opposait » ; Alexis de Tocqueville, *État social et politique de la France*, *op. cit.,* p. 46. Cf. également les analyses de Pierre Bourdieu sur l'idéologie des fractions dominées de la classe dominante.

publique, une forme ou une autre de désir de pureté, alimentant des distinctions bien peu « rationnelles » : pureté sociale associée à l'idée de noblesse chez les uns, pureté morale d'inspiration religieuse chez d'autres, pureté ethnique chez d'autres encore. Partout, ce désir de pureté est un facteur d'union en même temps que de division. Il interdit d'aller au bout de ses intérêts, qu'il s'agisse ici de ne pas s'abaisser à une conduite de charretier, là de faire preuve de compassion envers son prochain en détresse, là encore de se montrer solidaire des siens. La forme qu'il prend en un lieu subsiste remarquablement, dans ses grandes lignes, à travers les siècles, et il serait bien illusoire de croire qu'on peut l'éradiquer.

Mais pourquoi donc les sociétés modernes n'arrivent-elles pas à créer des formes d'organisation qui ne soient fondées que sur la raison ? Pourquoi la vision même que chacune d'elles se fait de la liberté et de l'égalité a-t-elle une forte dimension mythique ? « L'objet du mythe, note Lévi-Strauss, est de fournir un modèle logique pour résoudre une contradiction (tâche irréalisable, quand la contradiction est réelle)[1]. » Quelles contradictions, indépassables, les sociétés modernes doivent-elles gérer ? Elles promettent la liberté, mais soumettent chacun à un ordre. Elles promettent l'égalité, mais la rendent impossible : d'un côté, la liberté d'agir à sa guise permet au fort de l'emporter sur le faible, de l'autre, tout ordre construit pour limiter ce processus institue une inégalité entre dirigeants et dirigés. Chaque société produit des mythes qui permettent de surmonter ces contradictions en esprit : regarder comme liberté la forme particulière de soumission à un ordre qu'elle instaure et comme égalité la forme particulière de distribution des positions qu'elle produit. Sans doute, aujourd'hui comme hier, aucune société ne croit parfaitement à ses propres mythes. Mais elle

1. Claude Lévi-Strauss, *Anthropologie structurale,* Plon, 1958, p. 254.

y est néanmoins attachée et ils constituent un ingrédient essentiel d'un minimum de paix sociale.

La France a son mythe à elle, ni plus ni moins « irrationnel » qu'un autre, qui lie la liberté à la noblesse et l'égalité à un accès partagé à celle-ci. Il en existe plusieurs versions, associées à diverses manières de concevoir la noblesse et à diverses manières d'imaginer que tous puissent y accéder. Dans une version du mythe, tous vont recevoir une éducation qui va les ouvrir aux productions les plus nobles de l'esprit humain, et s'approprier ainsi ce qui est au cœur d'une vraie noblesse. Dans une version concurrente, qualifier certaines productions de l'esprit de plus nobles que d'autres n'est qu'une manœuvre déloyale de ceux qui y ont un accès privilégié ; il convient plutôt de reconnaître l'égale noblesse de toutes les productions de l'esprit, du rap et de Jean-Sébastien Bach, des tags et de Rembrandt. Pour une version du mythe qui concerne un autre domaine de la vie sociale, c'est à travers la défense par chacun de la noblesse spécifique de son métier, avec les devoirs et les privilèges qui lui sont attachés, que tous peuvent avoir également accès à une forme de grandeur. Mais, pour une version concurrente, c'est en détruisant les distinctions entre métiers, en ne s'attachant qu'à la dignité du travail et du travailleur en tant que telle, que l'on obtiendra le même résultat.

Chacune de ces versions du mythe peut, à juste titre, être dénoncée comme illusoire. De même, on peut dénoncer comme illusoires les diverses versions du mythe américain, celle qui magnifie le cow-boy ne comptant sur personne d'autre que lui pour défendre son droit, et celle qui magnifie le *lawyer* fondateur d'un État où la loi règne[1]. On peut faire de même pour toutes les sociétés. Mais quand ils cherchent à construire une société meilleure, les humains n'ont rien

1. John Wayne et James Stewart dans *L'homme qui tua Liberty Valance.*

d'autre que ces mythes pour alimenter leurs espoirs et guider leurs combats. Quand on veut agir sur une société, pas seulement dans l'imaginaire mais dans la réalité, on ne peut faire comme si ces mythes n'étaient pas au cœur de la vie sociale.

Faut-il s'attrister de cette résistance de manières singulières de concevoir l'existence ?

Il ne faut pas accorder trop de prix au projet de construire une humanité où tous se reconnaissent comme semblables. Plus s'effacent les différences instituées de tous ordres, entre nations, religions, âges, sexes et autres, plus une différence unique prend du relief, celle qui sépare les faibles des forts. Ce que Marx affirmait de l'œuvre de la bourgeoisie peut s'appliquer plus justement encore à ce que serait une société mondiale d'humains qu'en principe rien ne distingue : « La bourgeoisie a joué dans l'histoire un rôle éminemment révolutionnaire. Partout où elle est parvenue à dominer, elle a détruit toutes les conditions féodales, patriarcales, idylliques. Impitoyable, elle a déchiré les liens multicolores qui attachaient l'homme à son supérieur naturel, pour ne laisser subsister d'autre lien entre l'homme et l'homme que l'intérêt tout nu, le froid "paiement comptant". Frissons sacrés et pieuses ferveurs, enthousiasme chevaleresque, mélancolie béotienne, elle a noyé tout cela dans l'eau glaciale du calcul égoïste. Elle a dissous la dignité de la personne dans la valeur d'échange, et, aux innombrables franchises garanties et bien acquises, elle a substitué une liberté unique et sans vergogne : le libre-échange. En un mot, à la place de l'exploitation voilée par des illusions religieuses et politiques, elle a mis l'exploitation ouverte, éhontée, directe, dans toute sa sécheresse[1]. » Caricature sans doute si l'on considère la réalité empirique de sociétés dites modernes qui en fait ne le sont que très

1. Karl Marx, *Le Manifeste communiste,* in *Œuvres, op. cit.,* t. I, p. 163.

partiellement, mais élément pertinent de réflexion sur la logique d'un projet de destruction des identités et des liens dits traditionnels.

Certes, le projet de construire une société nouvelle inclut l'idéal de fraternité universelle. Un tel idéal exige que l'on ait souci du plus lointain, du plus pauvre, que l'on refuse de l'exploiter. Mais notre monde ne paraît guère prêt à le mettre en pratique. Dans les pays qui montrent la voie sur le chemin du progrès, les inégalités ne font que s'élargir, et des barrières, légales ou matérielles, de plus en plus hautes s'édifient contre l'invasion des pauvres, pendant que croît sur toute une partie de la planète la haine du monde occidental. Quand les identités instituées, associées à l'appartenance à une lignée, une nation, une Église, un corps professionnel, et les formes d'insertion associées à ces identités s'effacent, les humains se regroupent autrement, pour se défendre ou pour attaquer, dans des bandes, rassemblées autour d'un caïd, luttant pour le contrôle d'un quartier, des mafias réunies autour d'un parrain, des réseaux occultes d'intérêts, sans oublier les réseaux terroristes ; la nébuleuse d'al-Qaida n'a besoin d'aucun statut public pour prospérer. Quand les structures traditionnelles se désagrègent, la précarité et l'insécurité s'installent. Pour les limiter, le mode d'organisation en groupes soudés et rivaux qui, à l'aube du monde féodal, a émergé d'une société en crise renaît de ses cendres.

Il est courant par ailleurs d'affirmer que la perte de la part originale d'humanité qui se manifeste dans la culture des Bororos ou des Pygmées serait une catastrophe. La manière de concevoir l'homme et la société qui a pris racine en France n'est-elle pas précieuse elle aussi par son étrangeté même, par le rêve un peu fou de grandeur qui l'habite ? Certes, pour des Français qui se sont vus longtemps comme devant montrer la voie au monde, admettre qu'ils ne sont que français peut être frustrant, voire humiliant. Et dès lors, la tentation peut être grande de rejeter, dans un large geste de dépit, ce qui n'est pas à la hauteur des rêves[1]. L'universalisme français peut facilement conduire de l'arrogance à la dépression : si on ne peut se donner en modèle, c'est que l'on ne vaut rien. Comment dès lors rester vêtu malgré tout de la grandeur de l'universel ? Sortir du « provincialisme » français, être pleinement européen, ou « citoyen du monde », ou encore copier ce qui se fait dans la société américaine, ne plus vivre qu'en parlant anglais, les voies ne manquent pas. Mais une autre attitude est possible : plus modeste, admettant que la France n'est que la France ; plus confiante, croyant que dans ses limites elle mérite toujours d'exister et qu'elle a quelque chose de particulier à apporter au monde ; plus réaliste, sachant qu'une société ne peut oublier l'univers mythique où elle baigne.

Un tel réalisme n'est pas synonyme d'immobilisme. La stabilité des repères culturels est compatible avec de grands changements sociaux et politiques ; on l'a bien vu lors de la Révolution française. Bien des pistes s'ouvrent encore aujourd'hui.

II. Comment traiter l'hétérogénéité des humains

Que l'on regarde le chômage, les problèmes de l'école ou l'intégration des immigrés, on retrouve la même interrogation : que faire de l'hétérogénéité des humains ? La question

1. Pour l'auteur de ces lignes, qui, pour être français, n'en est pas moins basque, l'idée selon laquelle une société pourrait s'ériger en modèle universel a quelque chose d'étrange ; il ne viendrait sans doute à personne l'idée de donner la société basque en exemple au monde, même si, dans le *Contrat social* (livre IV, chap. I), Rousseau le fait quelque peu. Sans doute, adopter vis-à-vis de la société française le regard distant de l'ethnologue engendre un manque d'empathie vis-à-vis de l'épreuve que peut représenter le fait de n'être que français. Mais regarder cette épreuve en face n'est-il pas le meilleur moyen de la surmonter ?

de l'égalité, qui se pose, en tout état de cause de manière particulièrement épineuse dans une société de rangs, a toujours été, en France, un sujet sensible. Après avoir reçu, au cours du temps, des amorces de solutions plus ou moins satisfaisantes, elle rebondit aujourd'hui avec une acuité particulière. Quelle place donner à ceux qui, d'une manière ou d'une autre, sont en difficulté : à ceux qui ont du mal à trouver un emploi, à ceux qui peinent à l'école, à ceux qui, venus d'ailleurs, restent en marge de la société ? Que peut vouloir dire les traiter dignement ?

Sur le terrain délicat des rapports entre employeurs et salariés, et plus largement des rapports de subordination au sein du monde du travail, une forme d'égalité, certes très imparfaite mais qui n'est pas sans mérite, s'est construite au fil du temps. Si on ne rêve plus d'abolir le salariat, les formes de dépendance que l'on trouve dans le monde du travail ne sont plus ce qu'elles étaient du temps de Marx ou de Zola. À la suite d'une longue évolution, où les effets des luttes sociales ont rencontré les impératifs d'une économie moderne en matière d'implication des salariés, chaque travailleur a obtenu un statut lié à la combinaison des traditions d'un métier et d'un droit du travail protecteur. Le respect dû à tout homme de métier, si modeste soit l'activité qu'il exerce, en fait, à certains égards, l'égal de ceux dont le métier pour être plus brillant n'en est pas pour autant plus digne d'être honoré. Beaucoup se contentent de cette égalité relative. Mais, de nos jours, de multiples évolutions de la société font que ce qui semblait acquis se trouve remis en cause. Le « modèle social français » est profondément déstabilisé par l'intensification de la concurrence à l'échelle de la planète. La volatilité des marchés des biens et services, les exigences des marchés financiers engendrent une économie fortement turbulente au sein de laquelle il est de plus en plus difficile de garantir à chacun un statut doté de quelque pérennité. Les écarts se creusent entre les « vrais battants » et ceux qui le sont moins, entre ceux que les entreprises recherchent et ceux dont elles se passent volontiers. Une partie importante de la population, à qui le marché n'est prêt à proposer que des formes de travail et de rémunération socialement inacceptables, se trouve privée d'emploi.

Pendant ce temps, ce qui était perçu comme des approximations acceptables d'une société d'égaux se voit de plus en plus dénoncé comme porteur de formes insupportables d'inégalité. Ainsi, l'organisation de l'école en filières plus ou moins nobles a longtemps paru compatible avec les idéaux républicains. Comme chacun était censé avoir accès aux plus prestigieuses de ces filières en fonction de ses seules capacités, une forme d'égalité paraissait respectée. Mais cette vision a perdu l'essentiel de sa légitimité.

Pour sortir de la crise qui résulte de l'incapacité à faire advenir une réalité qui réponde à des idéaux plus que jamais proclamés, on voit évoquer des perspectives largement imaginaires. Faisant fi des réactions du corps social, oubliant que la société française a ses manières propres de réagir, c'est de manière bien peu réaliste qu'elles proposent de traiter l'hétérogénéité des humains, et plus précisément le fait qu'ils sont inégalement armés pour « réussir ».

L'optique libérale, qui a actuellement le vent en poupe, considère cette hétérogénéité comme un fait de nature, et croit qu'il faut faire confiance aux mécanismes du marché pour la gérer : c'est au marché, conduit-elle à affirmer, d'assurer à chacun la place à laquelle il est destiné, compte tenu des capacités dont la nature l'a gratifié et de la manière dont il fait fructifier ce qu'il a ainsi reçu. Il revient au marché du travail, au marché de l'éducation, au marché du logement de mettre en correspondance les caractéristiques de chacun et la position qu'il occupe. L'égalité politique implique certes que tous aient un droit égal à proposer leurs services à leurs congénères et à faire ainsi reconnaître leurs talents. Si, tous ayant vu ce droit respecté, les places qu'occupent les uns et les autres sont inégalement gratifiantes, c'est, est-il supposé, que la nature a fait les hommes différents. Il n'y a qu'à s'incliner devant ses décisions. Chacun doit accepter sans broncher la place que lui assigne le jeu du marché. Ailleurs, est-il affirmé, aux États-Unis, en Grande-Bretagne, c'est ainsi que les choses se passent et, si l'on en juge par le faible niveau de chômage qui en résulte, la société s'en trouve bien. Mais c'est justement ailleurs, là où le marché est regardé comme une sorte d'instance sacrée à qui il revient de fixer, à l'abri de toute intervention d'un pouvoir arbitraire, la place que chacun occupe dans la société ; une instance dont les verdicts, s'ils rendent inégales les positions sociales, laissent inentamée une égalité conçue comme une égalité politique ; une instance contre laquelle seuls les insensés peuvent se révolter.

Vouloir transplanter en France un tel imperium du marché, c'est n'être guère sensible à tout ce qui sépare l'univers mythique où baigne la société française de l'univers mythique anglo-saxon. C'est oublier que, dans cet univers mythique français, les questions de statut sont centrales, que c'est l'égalité sociale, et pas seulement l'égalité politique, qui est objet de lutte. C'est oublier que le marché n'y est pas regardé comme l'instance capable de fixer de manière légitime le statut économique et social de chacun, mais comme une sorte de monstre froid pour qui les hommes ne sont que des marchandises et sous la domination duquel il faut refuser de tomber. C'est croire qu'un pays peut faire bonne figure dans la « guerre économique » mondiale avec des salariés qui, convaincus qu'ils sont mal traités, sont mûrs pour la révolte ou le repli.

Cette optique libérale est en concurrence avec une autre optique, que l'on pourrait qualifier d'éradicatrice, actuellement sur la défensive mais qui n'a pas dit son dernier mot. Pour celle-ci, qui se veut fidèle à l'idéal républicain d'égalité sociale, le fait que tous ne soient pas également armés pour réussir n'est pas regardé comme un fait de nature ; c'est un effet du jeu social, de la capacité des dominants à défendre et à transmettre leurs privilèges. Pour incarner l'idéal d'égalité, il faut construire une société conçue selon de tout autres principes, une société dont toute relation de domination aurait disparu. Peu, sans doute, croient qu'une telle société adviendra un jour dans sa plénitude. Mais le projet subsiste sous des formes moins ambitieuses : faire en sorte que, dans la partie la plus large possible de l'existence, tous soient traités également. Il faut pour cela échapper, autant que faire se peut, à la pression du marché : laisser le moins possible aux employeurs la possibilité de mettre en concurrence les demandeurs d'emploi et de choisir, en l'ayant longuement mis à l'essai, celui qui offre le meilleur « rapport qualité / prix », éviter la concurrence du « plombier polonais », bannir la concurrence entre établissements scolaires. Cette optique conduit à défendre sans faiblesse, et même à chercher à développer les aspects les plus protecteurs du « modèle social français » : minima de salaires élevés, protection contre les licenciements, réduction de la durée du travail. Elle conduit de même à lutter contre la sélection à l'entrée des facultés, contre les privilèges des grandes écoles.

En théorie, faire ainsi obstacle aux effets de l'hétérogénéité des humains sur l'inégalité des positions sociales – et donc, dans la logique d'une société de rangs, aux inégalités de dignité – protège ceux que le jeu de la concurrence et du marché tend à reléguer dans des positions subalternes. Mais, dans sa radicalité, cette optique fait, elle aussi, bon marché des réactions du corps social. Elle ne se préoccupe guère de savoir quel sera le destin réel de ceux qui sont mal armés pour séduire un employeur : que va-t-il leur advenir quand d'autres, mieux armés, leur font concurrence ? Qu'arrivera-t-il quand cette concurrence est d'autant plus sévère que ce que l'employeur doit débourser est quasi identique qu'il ait affaire à ce qu'il considère comme un « bon » ou un « mauvais » élément ? De même, cette optique conduit à affirmer, en en faisant une question de principe, que tous les élèves sont également capables de suivre un enseignement de haut niveau. Mais elle n'incite guère à se préoccuper du destin réel de ceux qui, en fait, ne sont pas prêts à en tirer bénéfice. Elle conduit à les revêtir d'une sorte de costume trop grand pour eux qui peut certes leur donner quelques satisfactions symboliques, mais sur lequel ils ne peuvent guère compter pour trouver leur place dans la société.

Que l'on adopte l'une ou l'autre perspective, le peu d'attention prêtée aux réactions du corps social est la source d'une grande difficulté à accorder le discours et l'action politique à la vie réelle de la société. L'un a souvent un caractère incantatoire, et l'autre une portée essentiellement symbolique (songeons par exemple à l'écart entre la valeur symbolique d'une mesure telle que la création du « collège unique » et la façon dont ledit collège fonctionne réellement). Pendant ce temps, de multiples problèmes, tels le niveau de chômage des « seniors », l'absence d'un enseignement qui convienne à ceux qui sont en échec scolaire ou l'intégration des « jeunes » des cités ne trouvent pas de solution.

Plutôt que fuir dans diverses formes d'imaginaire, et le faire d'autant plus que la France va mal, ne vaut-il pas mieux regarder en face la réalité du corps social en cherchant à en tirer le meilleur parti ?

III. Une société de rangs entre déclin et grandeur

Prise entre les effets différenciateurs d'un monde largement ouvert à la concurrence, le relief que prennent les différences sociales dans une société de rang et la radicalité qu'y revêt l'idéal d'égalité, la France est en position difficile. Il serait illusoire de croire qu'elle va trouver tout d'un coup le moyen de concilier l'inconciliable. Mais il ne paraît pas impossible de diminuer l'intensité de la crise à laquelle elle est confrontée.

Rien ne peut se faire sans retrouver une certaine cohérence entre la gestion de l'économique et celle du social. Certes, les discours ne manquent pas qui affirment que l'on peut concilier une économie ouverte aux grands vents de la concurrence et un social attaché à la pérennité des positions et des statuts. Ne s'agit-il pas, ce faisant, d'unir modernité économique et modernité sociale ? Cette double référence à la modernité n'est-elle pas un gage de cohérence ? En fait, pareille cohérence n'est qu'incantatoire. Dans une économie largement ouverte, des employeurs privés de la souplesse que permet un marché du travail flexible ne peuvent que se montrer extrêmement frileux dans leurs recrutements, à la fois quantitativement et qualitativement : pris entre la pression du marché et la dépendance où ils se trouvent vis-à-vis de salariés en position de leur tenir la dragée haute, comment n'appliqueraient-ils pas une sorte de principe de précaution, en évitant pour le moins de recruter ceux vis-à-vis de qui ils peuvent avoir des doutes ? Les pays qui arrivent à combiner une gestion de l'économie régie par une logique libérale et un niveau de chômage modéré ont tous un marché du travail flexible. Cela veut-il dire que la France doit les imiter ? Encore une fois, ce serait oublier la vision d'une société de citoyens qui y prévaut. On ne voit pas comment elle pourrait sortir de ses difficultés sans échapper à l'idolâtrie de la concurrence et du marché.

Compte tenu de ce que sont les orientations de l'Union européenne, inverser de manière significative la tendance à la radicalisation progressive de l'imperium du marché risque pour le moins de prendre bien des années. Comment, en attendant, permettre à ceux qui ont du mal à trouver leur place dans un monde de concurrence d'accéder à des positions qui soient malgré tout honorables, tout en étant en rapport avec les limites de ceux qui les occupent (des fins de carrière adaptées pour les travailleurs âgés, des filières d'enseignement convenant à ceux qui ont des difficultés scolaires, etc.) ? La tâche est rude. Les souhaits parfois exprimés de « donner des lettres de noblesse » à des voies (tel l'enseignement technique) généralement considérées comme inférieures peuvent être jugés naïfs. Ils indiquent toutefois une direction qu'illustrent déjà de multiples tentatives à la fois balbutiantes et précieuses.

Mais rendre acceptable la position de ceux que, malgré tout, le jeu de la concurrence tend à reléguer à des positions jugées inférieures (quoi qu'on fasse, tous ne peuvent passer par une grande école de premier rang et devenir cadre dirigeant) ne demande pas seulement des solutions techniques. Est fondamentalement en question la façon dont la différence des rangs prend sens.

Dans les diverses phases de son histoire, la France a accordé une place centrale à l'opposition entre ce qui est plus ou moins grand, noble, et il serait illusoire de croire que cela va cesser. Mais elle a oscillé, et oscille toujours, entre plusieurs manières de vivre cette opposition. Selon les individus, selon les groupes sociaux, selon les circonstances de l'existence, selon les époques, l'une ou l'autre tend à l'emporter. Elles sont inégalement porteuses d'union ou de division.

Un premier registre est celui de la morgue et du ressentiment. On en trouve une expression particulièrement éclatante dans l'œuvre de Sieyès. De la morgue des privilégiés sourdent « le mépris, l'injure et les vexations de toute espèce » dont le tiers est victime[1]. En même temps qu'il alimente la haine envers ceux qui s'en rendent coupables, le mépris ainsi reçu se reporte sur ceux qui sont situés plus bas dans l'échelle sociale. Ces sentiments troubles n'ont pas fini de colorer les rapports sociaux.

1. Emmanuel Sieyès, *op. cit.*, p. 45.

Un deuxième registre est celui de la futilité. Il tient une grande place dans la vision de la France que l'on trouve en bien des pays. La Bruyère l'a mis au centre de ses *Caractères*. Il incite chacun à briller comme il peut, avec les moyens dont il dispose. Il ne s'agit sans doute pas, en cherchant les honneurs, d'être vraiment grand, mais de faire semblant de l'être, d'en avoir, dirait-on aujourd'hui, le « look ».

Un troisième registre est celui de l'honneur. C'est en faisant son devoir sans chercher son intérêt qu'il incite à être grand. L'histoire de France telle qu'on la racontait autrefois aux enfants a longtemps donné une place de choix à des personnages, plus ou moins mythifiés, Vercingétorix, Bayard, Pasteur, présentés comme des modèles d'une telle manière d'être. Dans notre monde post-moderne, son évocation fait quelque peu sourire. Mais sa réalité, plutôt pratiquée que célébrée, n'a pas disparu du corps social.

Selon les époques, l'un ou l'autre de ces registres occupe le devant de la scène. La fin de l'Ancien Régime, la Terreur, les massacres de septembre ont donné une place centrale au premier. La Régence, la « Belle Époque » ont préféré le deuxième. L'immédiat après-guerre, dans la foulée de la Résistance, autour de la figure du général de Gaulle et d'une pléiade de grands commis de l'État a été la dernière manifestation de quelque ampleur du troisième. Il a été pour la France un ultime moment de grandeur.

De nos jours, une sorte de combinaison de morgue, de ressentiment et de futilité paraît triompher. Certes, le terme de « populace » a pratiquement disparu du vocabulaire, mais celui de « populiste » l'a avantageusement remplacé. S'y associe une aura de bassesse, d'impureté et de mépris. Les commentaires de la « France du haut » face aux résultats du référendum sur le projet de Constitution européenne ont fait largement usage de ce vocable. Le personnel des multinationales se sent ravalé au rang de simple outil de production par des dirigeants dont il paraît clair que, vivant dans un autre monde, ils relèvent d'une autre espèce. Pendant ce temps, de la presse *people* à l'appétit pour les « marques » dans les « cités », on voit triompher une vision bien limitée de ce que veut dire « être quelqu'un ».

La « France du bas » est sommée d'accepter d'innombrables réformes, du recul de l'âge de la retraite à la « flexibilisation » de l'emploi ou à la privatisation des entreprises publiques, réformes dont, est-il affirmé, souvent avec raison, le pays a absolument besoin. Mais pourquoi les accepterait-elle ? Il est noble, certes, de se sacrifier sur l'autel du bien commun, mais qui montre l'exemple ? N'est-ce pas aux puissants de le faire ? N'est-ce pas à eux de convaincre par l'exemple qu'il est peu honorable de profiter sans retenue des moyens dont on dispose pour faire triompher ses intérêts, d'aller « jusqu'au bout de ses droits » quand les autres en pâtissent ? Quand ils s'en dispensent, quand de plus toute idée de grandeur ayant quelque dimension morale est suspecte, pourquoi d'autres se sacrifieraient-ils sur l'autel de l'intérêt général ? Comment éviter, dès lors, que ne règne un climat délétère, entre luttes mesquines pour la défense de petits intérêts et désengagement à l'égard d'un monde décevant, que peut accompagner la culture douillette des « 35 heures » ? Pendant ce temps les laissés-pour-compte hésitent entre découragement et révolte.

La France a déjà connu des moments semblables, porteurs d'immobilisme et de déclin, à diverses étapes de son histoire. Cela a été encore le cas entre les deux guerres, avec au bout du chemin l'humiliation de la défaite et de la collaboration. Cette époque sombre a fini par engendrer un grand sursaut. Aujourd'hui encore, le pire n'est pas toujours sûr.

ANNEXE

Un chemin d'unification pour les sciences sociales

Les analyses présentées dans cet ouvrage constituent un élément d'un programme de recherche plus vaste, dont l'objet est de comprendre la diversité des manières de vivre et de travailler ensemble que l'on rencontre de par le monde. À la date où ces lignes sont écrites, ce programme, qui a démarré il y a un peu plus de vingt-cinq ans, a conduit à des investigations menées dans une quarantaine de pays situés sur les divers continents [1]. Des comparaisons effectuées entre la France et d'autres sociétés, ainsi que l'analyse d'interactions impliquant des Français, y ont tenu une place importante. L'ensemble de ces recherches a été l'occasion, même lorsque la France n'était pas directement concernée, de devenir de plus en plus conscient de ce qu'ont de singulier les « évidences » françaises en matière de vie en société, « évidences » qui alimentent l'étonnement que suscite ce que l'on observe ailleurs.

La réalisation de ces recherches a demandé un travail soutenu de recomposition disciplinaire. Pour tenter de mieux

1. Une équipe de recherche, Gestion et société, a été constituée pour mener ces travaux. De nombreuses publications, livres ou articles, ont rendu compte de ces investigations, notamment : Philippe d'Iribarne, *La Logique de l'honneur,* Éd. du Seuil, 1989 ; Philippe d'Iribarne *et al., Cultures et Mondialisation, op. cit.* ; Philippe d'Iribarne, Alain Henry, *Le Tiers-Monde qui réussit,* Odile Jacob, 2003.

comprendre la société française, il nous a fallu mettre en relation des observations concernant de multiples aspects de l'existence. Certaines portaient sur la vie économique et sociale, tels les rapports de travail, le chômage ou la pluralité des filières au sein de l'appareil éducatif. D'autres portaient sur le monde des idées, telle la conception de la liberté qui a émergé en France lors de la Révolution française. Or, l'examen de nombre de ces relations ne relève, pour l'essentiel, d'aucune discipline constituée. Plus encore, l'idée même de les étudier est (en tout cas s'agissant des sociétés dites modernes) largement étrangère aux « évidences » régissant la construction des sciences sociales.

Ainsi, l'analyse de la variété des conceptions de la liberté relève classiquement de la philosophie politique. Celle-ci, reprenant une distinction mise à l'honneur par Benjamin Constant, prête par exemple une grande attention aux différences entre la « liberté des Anciens » et la « liberté des Modernes ». Mais, traditionnellement, se livrer à une sorte d'ethnologie de la liberté, et considérer Locke, Kant ou Sieyès comme des sortes d'informateurs donnant accès, à travers une analyse des évidences implicites qui sous-tendent leurs propos, aux univers mythiques des sociétés au sein desquelles leur esprit s'est formé (univers que chacun partage avec ses concitoyens ordinaires) ne relève pas de son domaine. Or, ce n'est pas non plus du domaine traditionnel de l'ethnologue. Ce type d'investigation tombe dans un no man's land disciplinaire. De même, l'utilisation de telles analyses pour mieux comprendre les rapports de pouvoir au sein des entreprises ne fait partie ni du domaine traditionnel de la sociologie du travail ni de celui de la sociologie des organisations. Or on ne voit pas trop quelle autre discipline pourrait être concernée. Prenons encore les relations entre la nature du chômage que l'on trouve dans un pays et la conception de la liberté qui y prévaut. Il ne viendrait pas à l'idée de l'économiste, fût-il « hétérodoxe », d'envisager même qu'une telle relation puisse exister. Quand au non-économiste, il n'a pas son mot à dire sur ce type de sujet. Certes, nombreuses sont les recherches d'un grand intérêt menées sur de multiples aspects du fonctionnement de la société française. Mais des questions qui ont été l'objet d'une accumulation d'analyses raffinées en jouxtent d'autres qui sont laissées en friche.

Où situer les analyses ici présentées dans la nébuleuse des sciences sociales[1] ? Partout, ou presque, et nulle part. Partout, si l'on considère la diversité des publications académiques auxquelles elles ont conduit, que ces publications en présentent les résultats ou qu'elles les discutent. De telles publications relèvent de multiples disciplines, de la sociologie à la linguistique, en passant par la gestion, l'économie, l'ethnologie ou l'histoire des idées, chacune adoptant la perspective de la discipline concernée quitte à chercher à l'élargir à la marge. Mais nulle part, si l'on considère l'ensemble pris dans sa cohérence. Le lecteur « profane » aura peut-être l'impression d'un ensemble qui fait corps. Mais celui dont le regard est formaté par les traditions disciplinaires risque d'y voir un ensemble quelque peu baroque, mariant ce qui « évidemment » n'a rien à faire ensemble. Quelle valeur faut-il donc accorder à un tel découpage entre disciplines, qui s'est considérablement durci au cours du siècle dernier ? Relève-t-il de la nature des choses ? Il me paraît plutôt correspondre à un état du savoir qu'il faut dépasser si on veut faire des progrès significatifs dans la compréhension des sociétés contemporaines.

Une difficulté centrale dans ce travail de recomposition disciplinaire vient de ce que le découpage actuel des disci-

1. Nous avons abordé cette question, à des stades précédents de nos travaux, d'une part dans la préface à l'édition de poche de *La Logique de l'honneur, op. cit.*, d'autre part dans les chapitres IX et X de *Cultures et Mondialisation, op. cit.* Un ouvrage en cours de rédaction y revient en tenant compte de l'avancée de la recherche.

plines s'enracine dans le « regard indigène » que les sociétés qui se proclament modernes portent sur elles-mêmes. Selon ce regard, ce qui se passe dans la sphère économique, dans la sphère politique ou dans la vie sociale relèverait pour l'essentiel de comportements « rationnels », dépourvus en tout cas de tout ancrage mythique. Dans ces conditions, il serait légitime de construire, s'agissant de ces sociétés, une science économique, une science politique et une sociologie relevant de domaines autonomes du savoir. De plus, cette croyance va de pair avec celle selon laquelle les sociétés modernes s'opposeraient radicalement aux sociétés dites « traditionnelles ». Celles-ci seraient vouées à l'immobilisme, enfermeraient leurs membres dans un réseau d'obligations et d'interdits les privant de toute autonomie d'action. Prétendre que les « Modernes » sont beaucoup plus dépendants qu'ils ne le croient d'un univers mythique, d'une culture, qui les dépassent, c'est, quand on croit à une telle dichotomie, les rejeter du côté du traditionnel. C'est leur faire l'injure d'affirmer qu'ils n'ont pas accédé en fait à l'autonomie qu'ils prétendent avoir conquise. Mais on ne peut comprendre nos sociétés sans s'affranchir de cette dichotomie et sans analyser précisément comment la réelle autonomie d'action que l'on y trouve s'y combine avec le fait qu'il n'est pas d'existence humaine hors d'une culture qui lui donne du sens [1].

1. Cf., sur les questions théoriques que pose cette articulation, Philippe d'Iribarne, « *The combination of strategic games and moral community in the functioning of firms* », *Organization Studies,* 24 (8), 2003, et « Analyse stratégique et culture ; un nécessaire retour aux sources », *Revue française de sociologie,* XLVI (1), 2005.

Table

PREMIÈRE PARTIE

Un univers mythique

DEUXIÈME PARTIE

Un « modèle social » en crise

TROISIÈME PARTIE

Questions de société

RÉALISATION : PAO ÉDITIONS DU SEUIL
IMPRESSION : CORLET IMPRIMEUR S. A. 14110 À CONDÉ-SUR-NOIREAU
DÉPÔT LÉGAL : AVRIL 2006. N° 86038 (91214)
IMPRIMÉ EN FRANCE

LA COULEUR DES IDÉES

DERNIERS TITRES PARUS

Jacques Donzelot
Faire société
La politique de la ville aux États-Unis et en France

Guy Petitdemange
Philosophes et philosophies du XXe siècle

Hélène Merlin-Kajman
La langue est-elle fasciste ?
Langue, pouvoir, enseignement

Franz Rosenzweig
L'Étoile de la Rédemption

Pierre Hassner
La Terreur et l'Empire
La violence et la paix, tome II

Étienne Tassin
Un monde commun
Pour une cosmo-politique des conflits

Cornelius Castoriadis
La Création humaine II
Ce qui fait la Grèce. 1 d'Homère à Héraclite
Séminaires 1982-1983

Olivier Remaud
Les Archives de l'humanité
Essai sur la philosophie de Vico

Hamadi Redissi
L'Exception islamique

Abdennour Bidar
Un Islam pour notre temps

Dominique Lestel
L'Animal singulier

Mark Hunyadi
Je est un clone

Alain Frachon et Daniel Vernet
L'Amérique messianique
Les guerres des néoconservateurs américains

Jean Baubérot
Laïcité 1905-2005, entre passion et raison

Mireille Delmas-Marty
Le Relatif et l'Universel

Abdellah Hammoudi
Une saison à La Mecque

Cornelius Castoriadis
Une société à la dérive
Itinéraires, interventions (1974-1997)

Kenneth J. Gergen
Construire la réalité
Un nouvel avenir pour la psychothérapie

Alain Supiot
Homo juridicus
Essai sur la fonction anthropologique du Droit

Emilio Gentile
Les Religions de la politique
Entre démocraties et totalitarismes

Jackie Assayag
La Mondialisation vue d'ailleurs
L'Inde désorientée

Jacques Sémelin
Purifier et Détruire
Usages politiques des massacres et génocides

Olivier Mongin
La Condition urbaine
La ville à l'heure de la mondialisation

Edward W. Said
L'Orientalisme
L'Orient créé par l'Occident
(nouvelle édition)

Myriam Revault d'Allonnes
Le Pouvoir des commencements
Essai sur l'autorité

Mireille Delmas-Marty
Le Pluralisme ordonné

Mark Osiel
Juger les crimes de masse

Slavoj Zizek
La Marionnette et le Nain
Christianisme entre perversion et subversion

Jacques Donzelot
Quand la ville se défait
Quelle politique face à la crise des banlieues ?

Marina Yaguello
Les Langues imaginaires

Fabrice Midal
Quel bouddhisme pour l'Occident ?